新课标导向的
高中政治教学
策略研究

丛昕　邓洪斌　汪小波 ◎ 主编

辽宁人民出版社

©丛昕 邓洪斌 汪小波 2025

图书在版编目(CIP)数据

新课标导向的高中政治教学策略研究 / 丛昕,邓洪
斌,汪小波主编. — 沈阳 : 辽宁人民出版社,2025.2
ISBN 978-7-205-10538-9

Ⅰ . ①新… Ⅱ . ①丛… ②邓… ③汪… Ⅲ . ①政治
课 – 教学研究 – 高中 Ⅳ . ①G633.202

中国版本图书馆 CIP 数据核字(2022)第 149176 号

出版发行：辽宁人民出版社
地址:沈阳市和平区十一纬路25号　邮编:110003
电话:024-23284325(邮　购)　024-23284300(发行部)
http://www.lnpph.com.cn
印　　刷：辽宁一诺广告印务有限公司
幅面尺寸：170mm×240mm
印　　张：16.25
字　　数：240千字
出版时间：2025年2月第1版
印刷时间：2025年2月第1次印刷
责任编辑：张天恒　　王晓筱
装帧设计：中知图印务
责任校对：刘再升
书　　号：ISBN 978-7-205-10538-9
定　　价：68.00元

前言
PREFACE

　　高中思想政治课是学校德育的主导渠道，育人始终是学科教学的终极目标。高校思想政治课以社会主义物质文明、政治文明、精神文明建设常识为基本内容，引导学生紧密结合与自己息息相关的经济、政治、文化、哲学生活，经历探究学习和社会实践的过程，领悟辩证唯物主义和历史唯物主义的基本观点和方法，切实提高参与现代社会生活的能力，逐步树立建设中国特色社会主义的共同理想，初步形成正确的世界观、人生观、价值观，为终身发展奠定思想政治素质基础。教育是生命为了求得发展而进行交往的活动，学生应该在这个过程中享受生命成长的快乐。

　　随着世界政治、经济的飞速发展，越来越多的思想、机遇的出现，给人们的思想和观念带来极大的冲击，世界范围的教育教学改革影响着我们。在新课改的背景下，思想政治课程改变了以往传统的教学方式，让思想政治课程焕发了生机。传统的高中思想政治教学更多注重学生基础知识的教授，而忽略了培养学生的思维情感与核心素养，并且旧有的学习方式也不利于发展学生的综合素质。面对高中思想政治教学，必须要以新课改为依据，教师根据自身实践经验，寻求教学改革。以学生为主，充分发挥教师自身能动性，提高教学水平，促进教学质量的提升。教师在实际教学开展过程中，应当从多方面多角度入手，并立足于思想政治教学新课标，运用巧妙精彩的多种教学活动促进学生掌握理解相关知识。

基于这一背景，为了更好地贯彻新课程标准的精神，本专著围绕"新课标导向下的高中思想政治课教学策略"这一主题，以新课程改革及高中思想政治新课程标准相关概念解读为切入点，以高中思想政治课教学的历史进程研究为基础，分析了新课程背景下教学策略与教学模式的研究与发展、参与理念下的高中政治课堂教学、新课改及专业化视角下的高中政治教师专业发展。探讨了新课标背景下的高中思想政治教学影响、新课标与教育现实的差距根源以及高中思想政治教学面临的挑战。并结合相关实践基础和教学经验提出了相关应对之策。在此基础上，做出了高中政治教学相关结论与启示总结性陈述，内容科学、有针对性，繁简适当、层次分明，结构清晰、诠释深入，对于促进新课标背景下的高中思想政治教学实施成效具有重要意义和价值。

2022 年 8 月

目 录
CONTENTS

第一章 绪 论

第一节 问题的提出

思想政治学科是利用马克思主义基本原理对中学生进行思想道德品质教育的学科。2014年3月30日，教育部印发了《关于全面深化课程改革落实立德树人根本任务的意见》，强调深化课程改革、落实立德树人的根本任务。早在2001年，我国就开始了新课程改革，当前课程领域是基础教育改革的重点领域，同时也是改革的核心领域。新课程改革下，国家不仅对高中思想政治课程教材进行了变革，同时也对思想政治课程教学内容及教学目标进行了变革，可以说这种变革是对思想政治课程教学方法、方式的一个根本性变革。改革的不断深入推动了素质教育的发展，在素质教育的影响下，人们的思想观念也发生了巨大变化。联合国教科文组织在20世纪70年代提出了"学会生存"的教育观念，20世纪80年代提出了"学会关心"的教育观念，20世纪90年代又提出了"学会求知、学会做事、学会共处、学会与他人一起生活、学会做人"的教育观念。教育观念不断发展变化，学生的主体地位也逐渐被重视起来。

2010年，中共中央、国务院颁布了《国家中长期教育改革和发展规划纲要（2010—2020年）》（以下简称《纲要》），对高中阶段教育进行了明确规定，认为高中阶段作为学生个性形成的关键时期，也是学生个性自主发展的时期，因此高中阶段教育应注重对学生自主学习能力的培养，注重对学生自立自强能力的培养，注重对学生适应社会能力的培养，要通过高中阶段教育全面提高学生的综合素质。《纲要》还明确将参与式教学法列为我国未来要普及推广的一个主要教学模式。

参与式教学法提倡将课堂还给学生，让学生参与到教学活动中来，鼓励学生为教学出谋划策，鼓励学生在课堂上主动与同学、老师交流、讨论，通过师生交流、生生交流实现高效课堂。参与式教学实施过程中，学生需要对教学目标、内容、工具、策略有全面了解，能够对教学有全面认知，并根据认知做出正确选择及决策。参与过程中学生全身心投入，学习兴趣更高，学生主体性在参与式教学中得到了有效提升，课堂教学的成效会更为明显。可以说，参与式教学法在教学功能上同新课程改革要求相符合，更适合对人才的后续发展潜力进行培养。在思想政治课堂上采用参与式教学法能解放传统教育对人们的思想束缚，最终提高人才培养质量。

第二节　高中思想政治课教学的现状、特点和趋势

在《普通高中思想政治课新标准》（2020年修订版）的实施建议中明确指出："讲好思想政治课关键在教师"；"本课程的教学要运用多种方式、方法，引导学生自主学习、合作学习和探究学习，强调学生的活动体验是其思想政治学科核心素养发展的重要途径"。由此可见，随着时代的发展，传统的教育理念和教学方式已经不完全适用于当前的教学情境，素质教育理念、信息技术教学工具和各种各样新教学模式的出现，已经给高中思想政治课程造成了足够的冲击。再加上新课改教学政策的明确要求，对传统教学模式进行改革已经迫在眉睫。高中思想政治教师必须思考如何凸显学生在学习中的主体地位，并促进学生思想政治学习效率的提升。

在实施《普通高中思想政治课新标准》（2020年修订版）项目中明确提出，"讲好思想政治课关键在教师"，本课程的教学应采用不同的途径和方法，引导学生自主学习、协作学习、探索性学习，强调学生在活动中的体验，是培养学生思想政治领域基础知识的重要途径。可见，随着时代的发展，传统的教育理念和教学方法已不能完全适用于

当前的教学情况。优质教育理念、信息技术辅助教学、各种新型教学模式的出现，对中学生产生了思想政治影响。随着课程改革新教学方针的明确要求，传统教学方法的更新是必然的。高中思想政治教师必须思考如何突出学生在学习中的主体地位，有效促进学生思想政治学习。

一、新形势下高中思想政治课程进行教学改革的重要意义

（一）为高中思想政治教学指明方向

高中思想政治课是开展立德树人基本任务的重点学科，与社会生活密切相关。面对国内社会经济形势的不断变化和发展，以及国际形势的突然波动，高中阶段的思想政治课是实际实施的基础，与社会生活息息相关。经济的、政治的、文化的、社会的等变化会极大地影响思想政治课的教学内容和教学方法，不仅增加了教师的教学压力，而且造成了很多教学的不稳定性。因此，新课程的教学方针为高中思想政治教学指明了方向，可以帮助思想政治教学尽快适应新的教育形式。

（二）提升高中思想政治教学科学性

科学性是思想政治课的生命，没有科学性，思想政治课就失去了作为一门独立学科存在的依据，保持科学性是教育必须遵循的原则，而新课改的教学政策不仅为新形势下的高中思想政治课程指明了教学方向，更增添教学的科学性，保证采用的教学素材和教学内容是符合国家对高中思想政治课程的教学要求的，学生在接受了教育之后能够对他们的未来发展和道德品质的养成起到一定的保障作用，从而加深高中思想政治教学的科学性。

科学性是思想政治课的命脉。没有科学，思想政治课就会失去独立学科的存在基础。保持科学性是教育必须遵循的原则，新课程改革的教学方针也不仅仅针对新创造的环境。高中思想政治课注重教学方向，科学教学为辅，确保教材和教学内容符合国家对相关教学要求，对高中思想政治有一定的保证道德素质发展的作用，从而深化高中政治思想教学的科学性。

（三）联系思想政治教学与实际生活

知识虽然来源于生活，但如果知识在传递过程中没有与现实生活相结合，就会导致学生无法将课堂上学到的知识运用到现实生活中去解决遇到的问题。尤其是在当今社会，国际教育的新模式和新形式鼓励教师在课堂上将知识与现实生活联系起来，以有效提高学生参与社会实践的能力，提高学生的道德品质和人文素养，目的是培养更多的人才，为未来的国家建设和发展服务。

二、高中思想政治课教学现状

在我国教育改革的不断推进之下，高中思想政治课程教学从教学内容、教学方法、教学形式、教学手段等方面有了创新性改进，但是在高中思想政治课程的教学实践中还存在一些不足，并对思想政治教学的实效性起到了制约作用，不利于教学开展。这些不足主要表现在：

（一）学生的学习主体地位不突出

在高考压力和关注学校"本科上线率"和"重本率"的社会压力下，传统教学方式仍有很大的市场空间。在课堂教学中，教师应用的教学方式没有显示学生在学习中的主要作用。教师通常只根据成绩评估学生的学习成果。他们无法真正了解学生学习的状态和影响，难以做到因材施教。

（二）未充分利用课堂资源

在高中思想政治课程教学发展过程中，教师没有认真分析相关课程创新的具体教学要求，没有利用实际情况，进行课堂教学资源的利用与开发。而教师对科学研究和相关教育资源的合理利用，可以有效激发学生的学习兴趣，激发学生的好奇心，巧妙地依托学生的早年生活，紧密结合，提升和优化学生的学习，从而取得良好的教学成果。

（三）教学过程缺乏一定的互动

尽管高中思想政治课在教学方法上有了很大的改进，但是传统的教学方法还没有完全转变，课堂教学中，教师多注重课堂理论讲述，忽视对学生的实践锻炼，只是将学生当作理论知识被动接受的"容器"，一味进行德育知识传授，忽视了学生的实际感受、学生主体性和对学生人文素养的培养。教学中教师没有脱离讲台教学这一方式，课堂上师生缺乏互动，教师不了解学生需求，导致了思想政治课教学外化内容少，学生积极性难以充分调动，思想政治教学实效性差。

(四)教学的评价体系不够完善

各项教学考核制度已经实施多年，在一些地区和学校取得了较好的效果，但仍有一些具体的地区和学校的教师教学效果评价与课程创新不一致。每个学生都是独立的人，具有不同的学习能力、背景和特点及思想政治偏好，有的同学辩论好，有的同学思考得好，有的同学记得好。这些优势不能通过单一的测试来呈现。因此，目前高中的思想政治学科还没有一个全面多样的考核体系。

(五)心理教育存在一定的盲区

今天的高中思想政治课大多是教育工作者提前准备的，属于有计划的思想政治教育范畴。但是，对人民群众的政治思想教育，要有目标，根据人民群众的需要进行。高中生正值青春期，在高考前，他们面临着人生的重大抉择。思想政治教育需要对他们进行心理和价值观教育，帮助他们形成良好的人生观和价值观，帮助他们度过人生重要的转折点。然而，在当前的高中思想政治教育中，缺乏对学生心理的专业指导，学生的心理负担与日俱增，情感难以得到纾解。

三、高中思想政治课教学特点

《普通高中思想政治课程标准》提供适合高中生当前知识和身心发展的政治生活、经济生活、文化生活、生活哲学等相关科目，其反映了高中教育的特点。从思想政治课的内容分析，高中思想政治课具有以下特点：

(一)政治性和思想性

先进的思想政治学科，特别是思想政治理论学科具有独特的政治性和思想性特征。我国高中指导和管理工作决定了思想政治学科要始终坚持正确的政治路线，以学生建设有中国特色社会主义为主要方向。

根据我国的教育方针,高中思想政治教育必须创造条件,让学生运用辩证唯物主义和历史唯物主义的方法,分析生活中的政治现象及经济、文化、伦理等现象,同时能够用辩证材料法分析各种社会问题,识别这些思想趋势,打击错误思想,确保高中生健康成长。

(二)生活性

根据新课程标准,高中思想政治课以学生实际生活为出发点,教材内容以生活为基础编写。在教学中,教师要以学生的发展需要为基本参照点,将思想政治理论融入生活主题。通过生活主题,开发一个将学科知识与生活现象相结合的课程模块。可以说,思想政治教学需要打破"思想政治学科"的简单概念,以高中生的日常生活作为学习内容的主要来源,将教学与高中生的日常生活结合起来,并对齐高中生的价值观。上课前,让学生观察自己,让学生了解课堂上要讨论的话题;在课堂上,学生要积极讨论和交流,让学生通过自己的经历表达自己内心的真实感受;只有在讨论、模仿等活动中,学生才能加深对自己思想的理解,才能将与生活相关的道德信念灌输在心中。让学生在生活中接受思想教育,让思想教育课堂从小课堂转变为大社会。学生思想政治教育不再局限于课堂45分钟,课堂内外都可以随时随地进行。

高中政治思想学科的生命力还体现在课程设置上,尤其体现在生活与哲学、政治生活、经济生活、文化生活等内容上,与现实生活息息相关,政治反映生活、服务生活。

(三)实践性

思想政治课本身就是一门具有明显实用性的学科,教学必须立足于高中生的现实生活,感悟积累。知识融入学生的现实生活,让学生从现实生活中感悟。大量的实践活动使课堂充满生机,学生自觉地把马克思主义理论知识应用于实践,最终成为有高尚道德情操和较高社会责任感的高素质的人。

(四)开放性

根据新课程标准,思想政治课在教学内容、教学方法、教具、考核等方面均开放，为学生创造条件，让学生在学习、理解、生活体验中发展。而且，高中思想政治课本不仅是教师讲授的，更是教师激发学生积极性的有效工具，是学生进步、开展实践活动的有效资源。在教学中，教师要创造性地运用思想政治课教材，将其与社会主义现代化建设实际联系起来，与时俱进，调整和丰富教学内容，使思想政治教育工作落到实处，按照目标和方向进行。思想政治课的教学应以教学计划中的教材为依据，但不应仅限于教材。从教材内容延伸到学生感兴趣的话题，让学生了解时事和政策，使课堂活动和教学相得益彰。它围绕学生感兴趣的社会问题和生活问题组织课程，同时实现学科目标。这种观点认为，根据新课程标准，高中思想政治课的内容是面向学生身边的自然，面向学生所处的社会。

高中思想政治课教学必须以学生直接参与的实践活动为主要教学形式，将教育融入实践活动。活动是教师"教"与学生"学"之间的中介。在明确思想政治教育基本标准的基础上，教师应将教材内容与学生生活相结合，在活动中鼓励学生独立思考，鼓励学生合作。研究为学生提供足够的交流机会和学习空间，让学生在活动中体验观察、工作、讨论、问答、测试的过程，同时在活动中培养学生的务实态度和创新精神。

(五)人文性

人文学科是以学生为中心的教学，重视学生的发展，包括知识、能力、人格、情感、创造力等，提高主动学习的能力，促进自主发展。高中的政治思想教学为学生创造了民主的氛围，这意味着未来的社会将更加民主；通过教学提高学生自主发展能力，证明"以人为本"是高中阶段思想政治体制改革的基本宗旨。选修课在延长的基础上进行，并延长了必修科目的教学时间。从人文角度看，高中思想政治选修课更明显地体现了"以人为本"的精神。学生可以根据自己的兴趣爱好选择与思想政治相关的科目，选择自己喜欢、感兴趣的科目，而在这个过程中学生的主动性和积极性会得到更好的体现。

（六）综合性

在高中所教的众多科目中，思想政治科目具有独特的综合性。可以说，高中的思想政治课具有经济、哲学、历史、法律、人文、地理、理化思维等要素。思想政治科目就教学内容而言，在课堂上，教师要从多角度向学生讲解社会实践中的问题，让学生在实际行动中发现、分析和解决问题。在实践中提出问题、解决问题是思想政治教学的基本目的，在实践中能培养学生多方面的思考能力。高中思想政治学科是人文思想、哲学思想等诸多方面的综合，也正是因为这种综合性，思想政治学科才显得枯燥无味。

概括地说，高中思想政治课是政治与思想、生活、实践、人文与综合的有机结合，它们的内容构成了高中思想政治课的教学内容。

四、高中思想政治课教学趋势

面对新课程标准下高中思想政治教学的特点，思想政治教学不得不面临一定的挑战。高中思想政治教师面对这些挑战，应实施思想政治教学内容的选择性创新，改变陈旧的教学方式。当前，高中思想政治教育改革已成为大势所趋。尽管各国的教育传统和教育发展水平各不相同，但在教学创新方面存在着许多共同的趋势。

（一）教学方法由以传统灌输式为主向以参与式为主转变

在高校思想政治课教学方法更新中，教学方法的创新是更新过程中最重要的阶段。在课堂教学中，只有采用正确的教学方法，才能事半功倍。在以往的教学中，教师是课堂教学的主要对象。老师在讲台上讲课本上的知识，要求学生简单地背诵这些结论，忽略知识的形成和学生对知识的思考。传统的课堂教学只是教师对学生的单向培训。教师负责教学，学生负责学习。教师在为课堂教学做好充分准备后，会一步步引导学生进入自己在课堂教学中设计的每一个知识包。而学生只是被动地听、背、抄、写。虽然课堂上会有一些学生活动，课堂气氛看起来很热闹，但实际上学生回答的所有问题都是教师在上课前预先设计好的，这个问题的答案是统一的。这种课堂教学形式属于灌输式教学法。学生只是知识的容器，没有机会独立思考。在这样的课堂教学中，学生无法将知识转化为智慧，无法发现和更新知识，教师和学生会发现自己处于被知识奴役的尴尬境地。因此，教师必须改变这种教学方式，引导学生积极参与课堂，培养学生学习思想政治课的兴趣。

随着现代社会信息化的发展和互联网、多媒体等教学手段的广泛应用，在思想政治课教学中，教师也应大胆创新教学方式，转变教学方式和方法，科学选择适合学生的教学方法，为学生积极参与教学过程创造条件，在课堂教学中培养学生积极的思维方法，提高学生学习的主动性，为学生创造交流、合作和思考的机会。在学生实践中，培养学生获取知识和信息的能力，通过参与式课堂教学，学生自主学习，调动学生取得更好的教学效果。

(二)教学形式由单一性向多元性转变

1983年，发展心理学家加德纳提出了"多元智能理论"。多元智能理论认为，人的智能不是一种简单的能力，而是一组能力。加德纳告诉我们，人与人之间的差异不在于智商的高低、聪明与否，而在于智力的类型和智力强度的差异。加德纳想告诉我们的是，人类智能不是独一无二的，而是多样化的。加德纳认为，人类智能主要由八种独立且密切相关的智能组成。这八种智能主要是：身体—动觉智能、空间—视觉智能、言语—语言智能、认知—自然智能、交流—交际智能、音乐—节奏智能逻辑—数字智能、自知—内在智能。在个体智能的结构中，这八种智能的状态同样重要，但这八种智能在不同的个体中表现出不同的特征，所以个体人格有其独特的表现形式，但并不能说明什么。一种智能在于个体的发展，哪种智能更重要，哪种就更优越。智能之间的八种智能的不同组合，构成了个体之间的智能差异。教育的起点不在于一个人本身有多聪明，而在于怎样让一个人变得聪明，从哪些方面去变聪明。

加德纳的多元智能理论是转变教学观念、实施教学改革的理论基础。多元智能理论为我们将素质教育落到实处，为促进每个学生的成长提供了指导方针。在课堂教学中，教师应借鉴多元智能智力理论，尝试运用该理论教授政治课。

当前世界一体化趋势持续强劲，我国与世界的一体化正在逐步融合。在这种融合中，人们的思想和价值观发生了变化。在世界一体化进程中，中西文化交融，民众的意识形态对抗越来越激烈。一个具有多种经济部门和利益的多元化社会对人类价值观产生了重大影响和干扰。面对这种情况，思想政治教育工作需要更加有条不紊、更加务实。

互联网和多媒体技术的不断发展为思想政治课教学方式的创新开辟了新的方向。在课堂教学中，教师可以充分利用多媒体、互联网等现代教学手段，通过教学手段将故事、图像、声音有机地结合起来，现代多媒体使教学更加直观、富有表现力和趣味性。在这种多样化的教学形式下，学生的求知欲更强，课堂学习的兴趣更高，思维更活跃。此外，历史视频影像资料的应用，为思想政治课提供了生动丰富的教材，更有说服力，学生的学习效率更高，教学质量更高。

随着参与式问题解决，协作参与、研究参与等参与式教学形式的出现，课堂教学打破了传统的"教一学"的独特教学方式，课堂教学形式日益多样化。在这些参与式教学形式中，也有很多具体的、小型的教学形式，所以课堂教学更注重教学形式。随着现代社会的不断发展，社会对人才的需求越来越大。新时代，国际文化相互渗透。新革命对教育教学产生了深远的影响。同时，高中思想政治教学的要求必须多样化、个性化、有效化发展。

（三）课堂教学主体地位由以教师为主向以学生为主转变

统计一些流行的教学方法的吸收效率，第一种是"听"，教师在讲台上讲课，学生在现场听课。这是课堂教学中最常用的教学形式。但是，按照这种教学方法，学生的学习成绩是最差的。24小时后，学生所掌握的学习内容只剩下5%。第二种是"阅读"，24小时后学生可以保留10%已经掌握的学习内容。第三种是"视听"，24小时后学生可以保留20%已经掌握的学习内容。第四种是"示范"，24小时后学生可以保留30%已经掌握的学习内容。第五种是"小组讨论"，24小时后学生可以保留50%已经掌握的学习内容。第六种是"边做边学"或"实践练习"，24小时后学生可以保留75%已经掌握的学习内容。第七种是"教别人"或"现在实践"，这种教学方式在课堂上使用最少，但24小时后学生可以保留90%已经掌握的学习内容。

从以上分析可以看出，在课堂教学中，要注重学生的主体地位，告别以往的机械学习方式，建立以学生为主体，释放学习热情的新教学方法。传统课堂需要改变，让学生在课堂上能有目的地学习和改变。将学生的被动学习转变为主动、有意识地学习，使学生变得积极主动，积极主动关系到对学生进行思想政治学科教育的功能目标的实现。

（四）教学目标由单一性向多元性转变

在传统的高中思想政治课程教学中，上课的主要目的是帮助学生掌握理论知识，但对能力的培养却没有给予足够的重视。为适应现代社会的发展需要，20世纪五六十年代以后，出现了很多以培养学生能力为目标的教学模式。新课程改革还要求教学注重培养学生的基本素养。课堂教学不仅要让学生掌握知识，还要关注学生智力和非智力因素的发展，从而改变课堂教学目标，从个性到多样性改变，以使课堂教学的目标更加全面。

（五）教学理念由传统教育向现代素质教育发展转变

高中思想政治课教学的根本任务就是要让学生通过马克思列宁主义、毛泽东思想、邓小平理论、"三个代表"重要思想、科学发展观及习近平新时代中国特色社会主义思想来武装自己的头脑，让学生通过这些理论树立正确的世界观、人生观、价值观。当遇到问题时，他们可以有意识地运用这些理论来理解和分析问题，并且可以抵制各种误解。传统的高中思想政治课程教学教学只注重学生对理论知识的掌握程度，学生的知识掌握情况是通过考试来考核的。但是，随着新课程标准实施，高中思想政治课程教学已经从原来的传统教育转变为素质教育。在课堂教育中，教师要时刻关注教学质量，注重培养学生的全面素质。通过教学，为国家培养更多适应现代化需要的优质人才。

在研究思想政治课堂教学的发展趋势时，我们发现，现行的高中思想政治课教学方式已经从单一的教学模式向多元化的教学模式发展，朝着现代化和多元化的目标迈进。参与式教学是一种有效的教学方式，符合高中思想政治课堂教学的发展趋势。课堂参与式思想教学强调学生领导力，课堂上学生交流与合作，通过提问、分析和讨论问题，学生之间积极互动，通过课堂教学增强学生的自我发展能力。参与式思想政治课堂教学旨在让所有学生参与课堂教学，让学生在课堂上与教师平等对话，让学生在同行交流中产生新的想法和见解，丰富学生知识结构，以提高学生解决问题的能力，从而提高高中思想政治课程教学的有效性。

第三节　参与式教学的研究现状

一、我国关于参与式教学思想的理论与实践探索

在我国，参与式教学思想最早可追溯到孔子的启发式教学。近代典型的代表则是陶行知"教学做合一"的思想。20世纪80年代以后，我国在各地的教育教学改革实验中也涌现一些体现现代教育思想的教学法，它们大多具有一定的参与式教学思想。较典型的代表有魏书生的六步教学法、邱学华的尝试教学法、钱梦龙的导学教学法、黎世法的异步教学法、张熊飞的诱探教学法等。

(一)当前国内有关参与式教学探索的学者及其代表著作

北京师范大学的裴第娜教授在《主体参与的教学策略》一文中提出了主体参与的发展性教学思想，包括了主动参与、合作学习、差异发展、体验成功四个基本策略。王升博士所著的《主体参与型教学探索》，对国内外研究者提出的参与式教学模式的重要内容做概括，比如四个为主，即教材自学为主、课堂讨论为主、作业案例为主、考核平时为主；四个注重，即注重投入、注重参与、注重个性、注重创造；也提出了实施主体参与模式的基本原则，分别为主体性原则、体验性

原则、激励性原则、反馈性原则；其文章还提出了主体参与教学的特点是参与教学的广泛性、参与活动的广泛性、参与过程的调控性、参与效果评价的多样性。另外，刘宏武教授所著的《主动参与教学模式》，鲍希奎、陈迅等主编的《课堂教学主动参与模式研究》及华东师范大学郑金洲教授所著的《参与教学》等，都对参与教学进行了较深入和系统的研究。

(二)我国的部分实验研究

北京师范大学的裴第娜教授主持的"主体教育与少年儿童的主体发展"实验研究，提出了主体参与的目的、参与的基本形式、参与过程及有效参与的条件等。此外，一些基层学校，如江苏锡山高级中学、宿迁市马陵中学等也有对各学科教学，主要是一些高中思想政治课教学中参与式教学进行了研究与实验。其中，马陵中学更是对学生主动参与教学模式教学提出了高中政治教学的五种创新模式：读、讲、议、练、评模式；两步七环节模式；"知识结构网络化"教学模式；新授课超前自学模式。山东省枣庄市的张标老师等也申报了参与式教学模式教改实验课题，并开始了可贵的教学实验探索。

二、高中思想政治课参与式教学法基本概述

20世纪末，参与式教学法作为一种新型教学方法逐渐地发展起来。它注重以学习者为中心，在尊重学生个性特点的基础上，采用多种多样、直观生动的教学手段，以激发学生学习兴趣，通过教师的科学引导，学生主动参与到课堂教学的互动环节之中，培养学生发散性思维与实践能力。

(一)参与式教学法相关概念

关于参与式教学法的概念，国内外研究者都做出了不同的解读，但其出发点都是指导教师运用灵活多样、直观形象的教学手段吸引学生积极主动地参与到教学活动中，培养学生的创新思维和实践探究能力。

1.参与式教学法概念

《现代汉语词典》(第七版)将"参与"解释为：参加，参与其事，

即加入某种组织或某种活动。"参与"在英文中的翻译是participate，是指个人的认知和情感都投入到团队的活动之中，在活动中，激励个人以团队为目标与其他个体进行互动交流，为团队的发展作出贡献。

参与式教学法是指师生双方在平等参与课堂活动的基础上，教师引导学生积极地参与活动。在教学过程中，学生进行自主学习和探究。学生在课堂活动中，自主地探索知识以获取情感体验，促使学生在政治认同、科学精神、法治意识和公共参与等方面的认识更加深刻，不断提升自身素养，实现综合发展。关于参与式教学法，从广义角度看，是引导学生主动参与课堂活动的一种教学方法；从狭义角度看，是教师以培养学生核心素养为目标，通过实施教学活动以引导学生个体融入到群体合作探究中，在充分参与课堂活动的基础上，发挥学生课堂主体作用，培养学生发散性思维和实践能力。参与式教学法相较于传统的教学法更加注重学生的主体参与性和师生间的平等对话，更具有灵活性、开放性和包容性。随着新课程改革的不断完善和发展，越来越多的教育教学研究者和实操者将教育重点放在培养学生综合能力方面，而参与式教学法的合理运用将为培养复合型人才打下坚实基础。

2.思想政治课参与式教学法概念

基于以上对"参与式教学法"的含义分析，可得出参与式教学法与思想政治课参与式教学法，是共性与个性的关系，即它们的含义是一脉相承的。但是，思想政治课是一门具有自身特性的学科，思想政治课以马克思主义原理为理论基础，以立德树人为根本任务，目的是培养践行社会主义核心价值观的全面发展的人才。它是一门提高学生参与能力的综合性、活动型学科课程。它承担着培育学生道德情操的重要任务。因此，可将思想政治课参与式教学法定义为：思想政治课的具体教学中，教师以学生已有的知识经验为基础，着眼于学生身心全面发展的需要，以经济、政治、文化、哲学等方面内容为知识载体，运用灵活多样的教学方法引导学生主动参与教学活动，唤醒学生课堂参与意识，并以马克思主义基本立场、观点和方法观察、分析和解决现实问题，最终作出正确的价值判断与选择，实现思想政治课学科核心素养目标的一种教学方法。

(二)参与式教学法基本特征

1.主体参与性

参与式教学法具有主体参与性。教师在设计教学的过程中从教学内容的选择，再到学习活动的参与过程，都充分尊重学生的课堂主体地位。主体参与教学强调的是学生动态参与过程，教师通过创设情境以及设计灵活活动，吸引并鼓励学生主动参与到教学环节中，在活动中引导学生构建知识体系以提高运用知识能力。

2.民主性

参与式教学法具有民主性。课堂教学环节中，应确保课堂活动的民主性。教师充分尊重学生的认知与感受，平等对待每一名学生，让学生在平等交流中感受到温暖，促使学生更加积极地、主动地参与教学活动。此外，教师应确保学生中，男女之间、学优生与学困生之间的平等，为课堂教学活动创造平等的、轻松的和愉悦的氛围。

3.创造性

参与式教学法具有创造性。参与式教学法的顺利实施需要教师发挥其创造力，为学生创造平等、舒适和愉悦的课堂学习氛围。每个学生的知识面、看待问题的角度都是有差异的。学生在交流探讨中，会产生新颖的想法，学生会在各种想法的碰撞中，提高其思维创新能力。

4.合作性

参与式教学法具有合作性。参与式教学法实施的必要前提是双方进行互动，在互动中进行自主学习、合作学习和探究学习。在学生通过自主学习掌握了一定知识的基础上，再进行合作学习。在合作学习中，每个人分工明确，完成既定的学习任务。但同时小组成员会为达成小组目标而相互沟通、交流、探讨，进行思维碰撞。在思维碰撞的过程中，学生的沟通能力、表达能力等多方面能力得到提升。

第四节　理论基础

一、马克思主义认识论基础

马克思主义认识论同以前的认知论之间存在着本质上的区别，马克思主义认识论引入了科学实践论及辩证法，运用辩证法指导实践，从而让认识论成为真正意义上的科学的认识论。马克思主义认识论认为，所有知识及经验都源自社会生产生活实际，学生的实践生活是所有知识经验的源泉。马克思主义认识论强调课堂教学中需不断强化学生的主体意识，不断改进教学方法及教学模式，引导学生将以往的被动接受式学习转变为积极主动式学习。要实现并达到这种教学效果就要求课堂教学中构建以实践为中心的参与探究式教学模式，这种参与探究式教学模式是提高学生学习兴趣，培养学生核心素养的最有效途径。课堂教学中教师需对学生自身特点进行仔细分析，对学生主动获取知识的积极性要给予精心爱护。课堂教学中需要按照教学内容设置不同教学模式，通过灵活多样的教学模式调动学生学习兴趣，让学生主动参与到课堂教学中来。除改变教学模式外，教师还需要借鉴应用各种教学方法，通过多种教学方法的应用引导学生轻松活泼地学习。在课堂教学中，教师应做好学生学习的引导者，做好学生的伙伴，引领学生去探寻知识宝库，让学生在轻松和谐的课堂氛围中完成学习任务，让学生真正成为课堂的主人。

辩证唯物主义认识论提出实践是认识的基础，感性认识是指人们对事物外部现象的认识，理性认识是指人们认识事物的本质与规律，感性认识可以上升为理性认识。生动、形象的情境可以使抽象的理论具体化、通俗化，帮助学生形成感性认知，从而实现理性知识的升华。高中思想政治课内容理论性较强，但学生的知识积累和阅历有限，如果政治教师运用传统的形式进行教学的话，容易导致学生不理解教学内容而对政治课失去学习兴趣。政治教师在教学活动中可以创设恰当的情境，引导学生主动参与探究活动、讨论活动等解决问题的过程，让学生对知识进行分析、综合和归纳，从而把感性认识上升到理性认识，以此加深对政治知识的理解，最后把理性知识运用到实践中。这个学习的过程符合认识的一般规律，即人们要把对事物表面的感性认识上升为理性认识，再用理性认识来更好地指导实践。

二、建构主义学习理论

著名儿童心理学家皮亚杰为建构主义的代表，他认为，认识不是主体对于客体现实的、简单的、被动的反映，而是需要主体通过自己现有的知识对客体进行积极主动建构。

皮亚杰认为教学中应在发挥教师指导作用的同时突出学生的主体地位，强调课堂教学中学生要充分发挥主体认知作用。在课堂教学中，教师要做好学生的帮助者，不应在课堂上对学生进行单纯的知识灌输。学生是课堂教学认知的主体，课堂教学中学生对知识的积极获取是学习的一个重要条件。课堂教学中教师应将课堂还给学生，让学生对认知信息主动加工，主动参与到教学活动中。皮亚杰认为："陈旧的教育观念已经把教师变成了基本知识或比基本知识略高一点的普通知识的单纯的传递者"。

建构主义学习理论认为课堂教学中要让学生主动参与到教学中来，要实现这点，第一，需要学生在主观上能充分调动起自我创造性，学习中仔细观察思考，对学习相关信息资料主动搜集，在信息资料整理分析中发现问题、解决问题；第二，学生学习中还需要将自己课堂实践中所得到的结论同日常生活建立联系，通过深入性思考，将课堂上所学到的理论性知识应用到生活实践中。也就是说，学生课堂上所学到的"知识"，不能单纯只是"知识"，而是要通过学习将这些知识应用到日常生活实践中，让知识活化到日常生活实践中，只有这样，知识才是真正被学生掌握，也只有这样学生主动参与的学习，才能够将知识真正"学会"，才能对知识灵活应用，才会让学生综合素质得以提高。

在学生学习主动构建的过程中，教师应该是学生知识构建意义上的帮助者，在课堂教学中帮助学生明确学习动机，在学生参与课堂教学的环节中，设置适当的问题进行衔接，让学生实现新、旧知识的过渡。课堂教学中，教师还可以安排一些同教学内容密切联系的讨论环节，让学生在交流讨论中对所学知识内容进行更加深入的理解。课堂教学中教师对学生有效引导，能帮助学生主动发现错误，从而改正自己的片面认知，在实践中发现规律，这种建构式学习是一种较好的学习方法。

建构主义教育教学理论认为知识不是单纯地由教师讲授学生就能学会的，而是需要学习者在社会文化大背景下，借助有效的学习资料及他人帮助，通过特定的建构方式获得。建构主义教育教学理论提倡进行教师指导下的以学生为中心的课堂教学方式。建构主义认为，学生为信息加工主体，属于实际意义上的主动构建者，而不是在外部刺激下的被动灌输者及被动接受对象。教学中，教师需由知识信息灌输者转变为学生主动构建过程中的促进者及帮助者，应彻底摒弃以往以教师为中心的传统教学模式，对教学进行全新设计，采用互动式教学方法，改变课堂教学满堂灌输，让学生在互动式教学中对思想政治学科知识进行主动建构。

建构主义教育教学理论认为，在建构主义学习环境下，教学的目标不仅是让学生对知识点进行记忆，还要让学生对学习过程进行自我监控；在学习过程中能够互相合作、互相交流；此外，学生在学习过程中可获得情境性更强的多样化知识信息。要达到这一要求，教师在教学前需要对学习内容进行针对性设计，设计出能够引导学生分析、推论的有意义、有价值的问题，通过问题引导学生的思维活动，帮助学习者构建知识体系。教学中教师要为学生创设一个自由、平等的学习气氛，学生间可以相互接纳，在合作交流、争辩讨论过程中教师引导学生对学科知识有新的理解，掌握新的解题思路、新的解题方法。

建构主义教育教学理论认为，学生应在适当环境下对问题主动探索，在探索中发现，对问题主动学习，并通过主动探索学习来掌握学科知识。因此，政治课堂教学中，学生在认真听讲的同时，还要积极发言，对问题独立思考，小组间合作探究，在主动动手操作实践中完成对课堂教学内容的内化。政治课堂教学中只有让学生参与其中，才能完成对学生独立思考、主动钻研、积极创造等能力的培养。从这点上说，政治课堂教学中，如果学生不参与，那么学生认知就不能在真正意义上得到发展。

建构主义认为个人的认知发展和学习过程密切相关，强调学习的情境性、探究性和社会性。建构主义指出学习是以学习者为中心，让学生建构自身知识体系的过程，而非教师给学生传递知识的过程。理想的学习环境包含情境、协作、交流以及意义建构部分，这强调教学情境必须要有利于学生对所学的知识进行意义建构。所以，建构主义的学习往往是跟社会文化背景（情境）相联系，经过"同化"与"顺应"赋予新知识某种意义，从而改造和重组原有的认知结构。毕竟知识结构会随着人们的认识程度的深入而不断升华，并出现新的解释。

建构主义认为，学生在学习之前就已经有了相关的知识与经验，所以学生都不是空着脑袋进入教室的。因此，教师需要创设适当的生活情境、社会情境来激发学生的学习兴趣，促进他们建构新知识，所以高中思想政治课在运用情境教学时，需要创设生动具体的真实生活情境或者虚拟情境，并让学生在此情境中根据自身储备的知识与生活经验来探索问题、解决问题。在解决这些问题的过程中，学生们会为找到答案而积极思考或探讨，这个思维活动的过程就是学生不断建构新知识和认知结构的过程。

建构主义教育教学理论是对传统学习理论的有益性继承及扬弃。从建构主义理论分析，政治课堂学习具备如下特征：

第一，学习过程为学生对知识的主动建构过程。建构主义下，政治课堂教学不再是教师对知识的单纯传授，学生对知识信息不是简单被动接受，而是需要在教师指导下对知识进行主动建构，这种知识的建构是他人无法替代的。

第二，学习不是信息的被动刺激，而是主动建构意义。政治课堂学习中，学生需要按照自身知识水平，对外部知识信息主动选择，并将选择的信息加工、处理，从而获得属于自己的意义。

第三，学习意义获得应以每个学习者自身原有知识结构及知识水平为基础。学习者需根据自身认知水平对知识信息进行重新认识编码，并在认识中构建自己的理解。在这一学习过程中，因为有新知识的介入，学习者原有知识结构会发生相应改变及调整。

三、人本主义学习理论

现代著名心理学家罗杰斯是人本主义学习理论的代表人物。人本主义学习理论以人的整体性为研究基础，研究中崇尚人的尊严及价值。人本主义学习理论有这样一个基本假设：每个正常的人就好似一粒种子，只要给予适当的环境，这粒种子就会生根发芽，最终开枝散叶、开花结果。每个人内心深处均有自我实现的潜能。而学习便是这种自我实现潜能的表现，是人本主义心理学中的生成。在此观点下，人本主义学习论的重点便是如何为学习者创造良好的学习环境，让其对世界进行充分感知，最终达到自我实现的最高境界。

罗杰斯指出课堂教学中学生的学习行为主要包括四个要素：①学习具有个人参与的性质，也就是说，课堂学习中学生需要从认知及情感两个方面都投入；②学习是自我发起的，尽管外因对学习有一定促进作用，但是学生内因是学习行为最终发起的一个主要因素；③学习是具有渗透作用的，课堂学习对学生各个方面都会产生影响，并将这些影响融合到学生学习生活的各个方面；④学习是具有自我评价性的，学生是学习主体，他们对自己在学习中是否有效果更为清晰，能清晰认识到自己在学习过程中是否获得了进步。主体参与式教学思想在罗杰斯教学思想中占有十分重要的地位。

学习自由为主体参与的一个最佳境界。罗杰斯认为，学习中学生的学习自由主要表现在对学习内容有选择权利，对感兴趣的话题有讨论研究的权利，当然，学习之后学生还有自我评价的权利。学生的学习自由是他们主动性、独立性及创造性的充分发挥。

罗杰斯人本主义学习理论提倡自我主导型教学。自我主导型教学模式的主要特征：学习过程中学习者要对他人的能力给予充分信任，相信他人都拥有独立思考问题的能力。课堂学习中教师只是学生学习的促进者，教师要为学习者创造关怀信任的学习环境，要同学生一起承担教育过程中的责任，在教学中给学生营造良好的学习气氛。学习者也需要按照自己个性发展选择适合自我发展的学习任务，选择适合自我发展的学习方向，并要对自己的选择承担责任。罗杰斯认为，学习者在学习中只有经过自己发现，所学到的知识才最有意义。鉴于这种学习理论，罗杰斯提出了课堂教学中教师应教会学生怎样去学习。为了让学生在课堂教学中有更多参与机会，罗杰斯还提出，教学中不能对他人进行直接教授，只能为他人更容易展开学习进行铺路；学习要有侧重，要为维持或强化自身知识构造而学习。

四、社会学的人与社会关系理论

社会是在不断进步发展着的，生产力及生产关系之间的微妙关系促进了社会的进步和发展。社会在千百年变更下，从原始社会的茹毛饮血走向了封建社会的探索生涯。封建社会下，社会生产力及生产环境都比较恶劣，这种社会环境下，人们思想比较封闭，面对自然中的一些现象，只能被动服从。

封建社会后，在漫漫求索的历程中，人类的主观能动性促使他们对自然不断深入改造，且他们的深入改造对自然产生了越来越大的影响，并在这种影响下形成了资本主义、社会主义社会。现代社会下，人们已经无须被动接受自然安排，而是要积极主动地投入社会改造过程中。在这种情境下，人成为具有社会主人翁精神的人。此时，每个人都应充满强烈的责任心，积极主动地参与到社会生活（政治、经济、文化）中。在社会改造中，要主动地参与，立志为社会进步繁荣作出自己的贡献。作为21世纪的主人，现代学生需要在投身社会建设之前就做好充分准备，学好科学文化知识，对建设社会的各种能力进行发展。要实现这点，学生就需要积极主动地参与到课堂教学中，从课堂教学中学习知识，从课堂教学中学会怎样做人，通过课堂教学提高自身素质能力，让自身不断进步完善，从而为和谐社会建设贡献自己的一份力量。

五、教育学基础

(一)杜威的"从做中学"教育思想

美国著名教育学家杜威认为,"从活动中学"就是"从经验中学"。他将教学过程看成一个"做"的过程,也就是"从经验中学"的过程。所谓"从做中学",就是指"一切学习都来自经验"。也就是说,只有通过"做",才会获得经验,有了这个经验,也就有了知识。比如说,小孩玩火,在玩火的过程中烫了手,这个玩火的过程就是"做"的过程,而烫手就是取得经验的过程,也是学习的过程。杜威还认为,仅有活动是构不成经验的,如果活动不能同为此所要承担的结果有意识地联系起来,那么这个活动所发生的变化也就没有意义了。只有将活动及所要承受的结果有意识地联系起来,这样因动作所发生的变化才具有意义。因此,杜威认为学习中需要将知行统一起来,将学校知识的获得同生活中的活动有机联系起来,让学习者从有兴趣的活动中学习,这种经验性学习更有助于儿童成长发展。"从经验中学",是学习过程中的所有作为,是在这些作为中所享受到的快乐及所要承担的痛苦,是这些作为前后的联结。此时,行动就变成了尝试,变成了对世界真相进行寻找的实验,而要承受的结果就变成了经验教训,就是要在此过程中发现事物之间的联结。杜威还指出,经验本来就是一种主动而又被动的事情,对经验价值的估量主要是能否对经验所引起的种种关系或连续性进行认识。哪怕是微薄的经验都可能产生理论,理论一旦离开经验,就不能被理解成理论。

我国传统课堂教学中,学生学习属于一个静态过程,教学中只有教师讲及学生听,师生双方没有互动,课堂学习中,学生只是对书本知识死记硬背,学生的身心发展受到压抑。但是学生是有生命的完整个体,是活生生的具备主体思想的人,课堂教学需对其进行有针对性的教育,促进其个性发展。杜威的"从做中学"正好符合这种教育理念。学生在课堂活动中学习,也从这种活动中开始他的自然发展,且只有在这种课堂活动中,学生才能够对知识进行创造性应用,才能够将知识点牢固掌握,并获得知识的内在价值。可以说,"从做中学"这一理论将学生从被动接受这一桎梏中有效地解救出来。

杜威的教育思想人文主义气息浓郁，他的"从做中学"思想是自主参与教学的主要指导思想。他的"从做中学"重视活动中的经验获得，重视教学中沟通的作用，强调课堂教学中要对学生的综合能力进行培养，强调教学中的经验及经验获得的方式，他认为只有互动才能有效获得经验，而这种互动就是参与式互动。我国现代教育中所提倡的素质教育及新课程改革便是对杜威"从做中学"这一理论的有效吸收与创新。这些理念要求教育者必须对教学进行重新审视，对学生进行重新认识，帮助学生树立正确的、新型的学习观，让学生学习由传统静态学习上升到动态学习，只有这样的课堂教学才能跟上时代步伐，才能为社会培养更多高素质的合格人才。

（二）苏霍姆林斯基的学生参与教学思想

苏霍姆林斯基为苏联著名的教育理论家及教育实践家。苏霍姆林斯基认为，学校教育的核心任务是要培养全面、和谐发展的合格公民和幸福个人，让学生通过教育获得德、智、体、劳、美的和谐发展。他的教育思想饱含了他对学生的爱，饱含了人道主义精神。

和谐教育为苏霍姆林斯基教育理论的重要组成部分，而参与教学是和谐教育的核心思想。苏霍姆林斯基主张教师在课堂教学中应注重学生的主体性发挥，引导他们参与到教学中，他认为认识实践是个人发展的基础，这种参与实践就是苏霍姆林斯基教育理论的一块基石，为参与式教学思想提供了最强有力的理论支撑。

苏霍姆林斯基指出，传统教学中，教师只顾自己讲授知识，忽视学生参与的教学方法是教师本身教学的过失。苏霍姆林斯基提出必须对教育过程进行改善，他认为教学应是学生主体身份和教师主导身份之下所产生的一个"和谐共创"的过程。这一"和谐教育"的思想同传统片面学科知识教学截然不同，"和谐教育"注重的是将教育与创造性生产劳动有机结合，课上课下有机结合，校内校外有机结合，影响学生发展的各种教育力量有机结合，学生受教育及自我教育有机结合等。"和谐教育"追求的是学生在上述所有因素和谐共存下的全面发展。而苏霍姆林斯基认为要实现"和谐教育"需要对学校教育进行改革和创新，课堂教学需重视对学生学习兴趣的培养，通过多种方式让学生参与到课堂教学中，充分调动学生学习热情，激发学生求知欲望，这是学生参与式教学的重要策略。要确保学校"和谐教育"顺利开展，教师在课堂教学中需要对三个方面问题进行处理：①处理好理论学习及实践活动间的关系，让理论学习及实践活动相辅相成，互相促进，让理论学习及实践活动处于和谐状态；②处理好学生各种才能发挥的问题，让学生通过学习，使德、智、体、劳、美各个方面表现都得到和谐发展；③处理好学生情绪及情感动力间的关系，对学生多加鼓励，让学生始终以自信心态学习，从而获得全面发展。

（三）陶行知的"教学做合一"教育思想

陶行知先生是我国著名的教育学家，他有一首耳熟能详的儿歌："人有两个宝，双手和大脑。用脑不用手，快要被打倒。用手不用脑，饭也吃不饱。手脑都会用，才算是开天辟地的大好日子。"这首儿歌的核心观念便是"教学做合一"。陶行知认为："最好的教育，要想它有效，须是教学做合一。"这句话可以这样理解，一件事要怎样做就要怎样学，必须怎样学的就要怎样去做。教学中不论是教还是学都需要以"做"为中心。学生在"做"中学，教师通过"做"来教，课堂教学实际也就是"教学做"的合一。今后课堂教学中如果能够将陶行知教育教学理论当作指导思想，课堂教学实施"教学做合一"，在"做"上多下功夫，将"做"真正做好，这对素质教育在课堂教学中实施是大有裨益的。

陶行知先生参与式教学思想主要都体现在"教学做合一"上，他指出"社会即学校"，学习中"有行动才能得到知识"，教学中必须将"教、学、做"综合合理运用。传统教学中教师对学生一味灌输的教学方法是错误的，这种教学方法忽视了学生的自主性，教学中必须通过参与式教学充分调动学生学习的自主性，让学生通过参与、通过实践来获得知识。

陶行知先生指出课堂教学中教师的教应做到服务于学生的学，课堂教学中教师的教同学生的学不应分离。"先生的责任不在教，而在教学，而在教学生学"，因此，课堂教学中教师必须选择有利于学生学的教学方法，教师也要一边教一边学，教师和学生一起学习。

陶行知先生反对"死的教育"，他认为创造的教育就是行动的教育，只有在实践活动中才能产生知识，只有拥有知识，才会有新的创造，有创造创新后，学生才会有更浓烈的兴趣。课堂教学中教师不能"教死书、死教书、教书死"，学生也不能"读死书、死读书、读书死"，课堂教学不能搞只有思想、没有行动的教育，而是要在课堂中解放孩子，给孩子自由，对孩子的创造力进行培养发展，这种行动就是"做"。

陶行知先生所说的"做"，指的是建立在"行"基础上的"做"。"行为之知始""重知必先重行"，"做"，也就是"行"，是知识获取的源泉。这些见解具备唯物主义认识论因素，使"教学做合一"观念同"从保守中学"有了显著区别。但陶行知先生的"行"同我们所说的实践还不完全一样，这里的"行"还比较片面，指的是学生个人狭隘琐碎的学习活动。而"做"则指的是广泛性的生活实践。课堂教学，教师必须秉承思想及生活合一的理念，手、脑结合，这样学生才能学到更多知识。

"生活即教育"理论、"教学做合一"理论、"社会即学校"理论、"创造的教育"理论都是陶行知先生教育理论中的核心观点。从陶行知先生的这些教育理论我们可以认识到，教育只是我们民族大众解放的一个工具，教育之后我们的生活出现了变化，这些变化才是教育的变化。生活中处处都可以办教育，只有以自然行动为中心，在实践中学，这才是真正的教育。将陶行知先生的教育理论应用到课堂教学上，在课堂教学中秉承"教学做合一"，将"教学做"有机结合，激发学生学习兴趣，才能真正实现"教人求真，学做真人"素质教育理念。

（四）主体性教育理论

教育的主体性指的是教育教学中要始终坚持以学生为主体。教学中教师的主导作用体现在将学生主体转化成自身发展新需要时引导学生身心向更高一级的水平发展。教学工作中教师要让学生的主体性充分发挥出来，充分激发学生学习的内在动力，从而帮助学生形成健康、稳定的心理品质，让学生在学习中能成为对知识主动获取的成功学习者。

300多年前，近代教育学之父夸美纽斯就曾在《大教学论》的扉页上写道："我这本《大教学论》的主要目的就在于寻找一种教学方法，使得教员因此可以少教，但是学生可以多学。"德国民主主义教育家第斯多惠也曾说过："如果使学生习惯于简单地接受或被动地工作，任何方法都是坏的，如果能激发学生的主动性，任何方法都是好的。"主体性教育在我国缘起于改革开放的需要，我国的老教育家叶圣陶先生也曾指出，"凡为教者必期于达到不须教"。到目前为止，主体性教育理论促进着我国教育思想由传统转向现代。时代发展，科技不断进步，学生在课堂教学中不仅要学习基础知识技能，还要拥有分析问题、解决问题、独立获取新知识的能力。学生只有具备独立思考的能力，才能适应形势要求，才能跟上时代发展。

当前一次性教育概念已经被终身教育所替代，一个人必须终身工作、终身学习，才能适应瞬息万变的社会需要。而在此学习过程中，主体参与是主体性教育最重要的一条教学策略，必须在课堂教学中着眼于让全体学生都获得全面发展，引导学生参与到教学中来，提高学生主动参与能力，培养学生独立性及创造性，只有这样的课堂教育才能让学生在教育实践中唤醒学生主体人格，才能够让学生在走出课堂后，拥有自主学习能力，才能从生活实践中获取知识，才能真正实现终身教育的教育目标。

六、情感和认知活动相互作用的原理

情感是一种重要的心理过程，它和认知活动同时产生，并伴随和贯穿认知活动的始终，其在人的认知主体结构中是不可缺少的非智力因素。情感在学生的认知过程中有动力作用、选择作用、调控作用和适应作用，情感影响着认知活动，所以情感和认知活动是相互作用的。情感在人类的认知行为中具有重要作用，把积极的情感因素加入到认知行为的过程中，可以显著地提高人们认知行为的真实性及适应性。由此理论可知，积极情感在学生的认知过程中起着非常重要的作用，它可以培养学生的学习兴趣，增强学生适应环境的能力，利于学生调整自我学习状态。在高中思想政治课中创设情境进行授课，可以调动学生学习政治知识的积极性，进而让积极情感改进学生的学习状态。因此，情感和认知活动相互作用的原理为高中思想政治课的情境创设提供了理论指导。

第五节　高中思想政治课参与式教学法的缘起发展

高中思想政治课程教学的目的是要对高中生进行思想道德教育，对高中生进行主流意识形态教育，通过教育帮助学生在高中阶段形成科学的世界观、人生观，树立正确的价值观，让高中生具备社会主义公民意识，成为新时代的"四有"新人。我国高中思想政治课教学从"参与式教学"视角看，主要经历的发展阶段有：

第一，中华人民共和国成立之初，我国就设置了高中思想政治课，并在设置之初便有了"参与式教学"这种教学方法。

从中华人民共和国成立到教育部在1959年颁布统一的高中思想政治教学大纲《中学学校政治课教学大纲试行草案》，再到1964年高中思想政治统编教材的应用，思想政治课已经形成了一套基本完整的学科体系。在思想政治学科体系形成的同时，又在马克思主义实践论指导下，配合当时社会政治运动及社会改造对学生进行教学，使得我国高中思想政治课同其他课程相比要更加注重学生参与、学生讨论参与及践行参与。但是鉴于当时社会大环境的影响，高中思想政治课教学中的这种学生践行参与式教学模式有很多运动模式，因此，这种教学方法还不能说是真正意义上的规范性参与式教学方法。

第二，改革开放前，传统的学生运动改造式的参与式思想政治课教学方法面临危机及困境。

改革开放前，从高中阶段学科课程的设置来看，高中思想政治课在设置上没有对高中生学习阶段的特殊性进行充分考虑，思想政治课程的内容受大学政治理论体系影响严重，偏重于理论，对学生实践能力的培养及教学中学生主动参与的重视度不够。因此，高中思想政治课课堂教学中亟待一种新的课堂教学模式以适应高中生思想变化需要，适应国内外环境变化需要，只有创新了课堂教学模式，思想政治课程教学的效果才会充分体现出来。

第三，20世纪90年代以后，各个国家对教育均给予高度重视，各国学者对教学理念、教学方法展开了积极研究。

"参与"这一教学理念便是在这种背景下产生的，随后"参与"教育理念也成了国家基础教育教学改革中的一个常用理念方法。1999年，"中英甘肃基础教育合作项目"正式启动；2001年，项目课题组赴英国剑桥学习，并在学习过程中正式将"参与式"教学理念引入我国的教育领域。21世纪伊始，我国高中思想政治课程改革进入一个创新发展阶段。教育部在2001年6月颁布了关于《基础教育课程改革纲要（试行）》的通知，在此通知中正式提出要对教育课程体系进行改革，对基础教育课程体系的内容、结构进行调整，通过调整改革创建符合素质教育目标要求的新基础教育课程体系。在此通知中，教育部也提出课堂教学方式应随之改变，课堂教学中需倡导学生主动参与，让学生勤于动手，乐于探究，要改变以往课堂教育中学生死记硬背、被动接受式的机械学习现状。

按照上述文件精神，教育部于2004年4月颁布了《普通高中思想政治课程标准（实验）》，将高中思想政治课课堂教学改革提上日程。2004年秋，山东、广东、海南、宁夏四地先进行了高中新课程试验。2005年秋，江苏也开始进行新课改实验，随后越来越多的省份加入到新课程改革实践中。此轮新课程改革是一次系统的、根本性的教育改革，改革不仅涉及教育理念、教学内容，还涉及教材编写、教学方法、评价方法。新课程改革是一次全面性改革，而不是对原有课程教学体系的简单修补。

同新课程改革相适应的参与式教学法随之也在课堂教学中实验运用，并最终成为高中思想政治课程教学改革的一项重要组成部分。新课程改革试验中，思想政治课程同其他学科一起创造性地进行了参与式教学的尝试，原有课堂教学模式被打破，形成了以生活为基础，学生主动参与的课堂教学形式。此种教学形式下，课堂教学同学生的生活实际密切联系，学生课堂上的学习兴趣得以有效激发，学生主动性强，学习态度更为积极。在开展参与式课堂教学实验的同时，开展思想政治相关的社会实践活动课。到目前为止，参与式教学已经成为一种有规律可循的理念新颖的教学方法，且参与式教学法开展方式灵活，已经为越来越多的师生所接受，越来越多中学管理者认识到参与式教学法的重要性，并将参与式教学法当作学校进行新课程改革的一项重要载体。

第二章 新课程改革及高中思想政治新课程标准概述

第一节 新课改理念

新时期的课程改革，秉承实事求是、与时俱进的时代精髓，以邓小平同志关于教育应该具有前瞻性为指导思想，以"关注学生发展，强调教师成长，重视以学定位"为基本理念，以培养全面发展新一代"四有新人"为培养目标，为全面推进素质教育，提出一系列科学有效的新观点、新理念。

一、新课程观

课程，简而言之，是经验、生活和自然社会概括化、系统化的体现。主要包括教师、学生、教材、教学环境等因素，作为"课程生物链"的有机构成，以上四大关键因素既缺一不可，又密不可分，在相互作用、相互影响、相互制约中不断完善，在新课改实践中推进了符合实践要求的新课程观的生成。

新课程是指第八次全国基础教育改革以来的课程规划及设置。教育部于 2001 年 6 月颁布了《基础教育课程改革纲要（试行）》，决定从 2001 年秋季开始，实验推广基础教育新的课程体系。强调师生平等，以生为本。教师和学生，不再是课程的机械执行者，而是注重教学过程中发挥教师的引导作用与学生的主体地位，让二者共同成为课程的创生者。在教师的有效引导下，充分发挥学生的主观能动性和学习自主性，帮助其积极理解知识、体验情境、反思行为、探究已知、创新未知，实现"学会"向"会学"的转变。与此同时，新课程观强调教学生活化，课程应该联系生活实践，并以实践为基础。课程设置和教材编排由简单化一，向多层次、生活化转变，以与学生联系最为紧密的"生活世界"和生活经验为出发点和目的、归宿。高中思想政治四个必修都以"生活"命题，密切课程内容与生活、时代的关系。改变政治课程枯燥无味的刻板印象，让学生感受到政治学习对参与社会生活的必要性和重要性，提升学习积极性，增强学习兴趣，让学生发自内心地想学、愿学、乐学。

二、新知识观

知识，是人类在物质世界和精神世界的长期探索过程中，对各项成果的归纳、总结和提炼的结果。但是对知识概念和内涵的理解因人而异，人们往往不可避免地依据个人的习惯和经验，在知识理解和加工过程中，加入主观意愿。所以无论是广义的知识，还是狭义的知识，在复制、转移和传承过程中，都需要有批判性和创造性，才便于取舍和准确掌握。

新课改提出的知识观，强调教育应摒弃将知识视作凝固的教条，仅供掌握和储存的僵化的观点。提供尊重知识的思维本质，在学习、加工和运用过程中，加入人的独立思维，学会批判和取舍，并在学习、交流、运用中，使知识得以丰富和拓展。产生于实践的知识，经受过实践淬炼的知识，才可能用于指导实践问题的解决。学习知识的目的不在于知，而在于信，将知识与生活紧密联系，得以运用、得以创新，这才是教育有效性的衡量标准。

三、新学生观

学生，是教育教学活动的核心参与群体和特殊对象，具有符合这个群体的共性特征部分。但每一个学生又是独立的个体，具有主观能动性、思想情感和个性特征。教育者想要教出灵活、多变的学生，教育者的学生观就要能够因材施教，随着实践的变化而创新，更加符合学生的身心发展特点，促进其成长成才。

新课改认为，新时期的学生不应再是简单机械学习的工具。新课标认为，合格、优秀的学生应该具备独立学习能力，掌握科学的学习方法，养成良好的学习习惯，成为"会学"的人。真正的教育，合格的教师，应该承认学生是创造未来社会的主力军。要尊重每一位学生的个性，把他们当成一个个鲜活的、需要走向社会的人，承认他们与生俱来的可能性和可塑性，并着力于发现每一位学生的闪光之处，发挥其主观能动性和内在价值。教师在引导中，充分发挥学生学习的主体作用，注重培养学生的学习能力和创新能力，更好地在现实生活中，实现自我价值。

四、新教师观

教师，广义上是指能够教会他人知识、经验和技能的人。其中，受过专门训练，在学校中承担教书育人工作的学校教师是主体。拥有教学、管理、评价学生、进修、获取报酬等权利。同时，具有遵守法律法规、教师职业道德，贯彻教育方针等义务。关心、爱护学生，不断提高自身修养和教学水平，向学生传授科学知识等义务。民族振兴在教育，教育振兴在教师，创建高中思想政治课堂，离不开高素质的教师队伍。

新课改，要求教师具有高尚的职业道德，高水平的学科专业和教育基础知识，先进的教学理念，与时俱进的创新精神。能够用最科学的教学方法、最流畅自然的教学语言，将最准确、科学的知识传授给学生。并以崇高的道德品质和具有正能量的人格魅力，以及活到老、学到老的终身学习态度，不断追求更好的自己。根据学生和教学的需要，及时均衡多角色之间的转换，真正发挥教师在教育教学中的主导地位，提升自我，助力学生。

就师生关系而言，新课改提出的新教师观和学生观，促使并要求新型的民主师生关系应运而生，由放纵型、专制型、权威型师生关系向民主型师生关系转变。在课堂教学和班级管理的过程中，多听听学生的声音，让学生主体地位具有真实性。教师的尊重和鼓励对学生来说是莫大的动力，会更加积极地配合教师工作，师生关系更加和谐、友好。

五、新教学观

教学，本质上是"师"与"生"的沟通与互动，是由教师的教和学生的学所构成的人类特有的培养人才的活动。教师的教，主要指教师通过精心安排和引导一系列知识传授、能力培养和技能训练等活动，训练学生良好的身体素质，培养学生美好的品德，教会学生基本学习、生活技能，发展学生的智商和情商。学习是每个人都需要经历的终身活动。学生的学，强调在学校范围内，通过听讲、阅读、观察、理解、研究、探索等手段获取知识，并提升自我修养和认知的过程。

有效的教学，是新课改目标得以实现的动力，这离不开科学的教法和学法。"教学有法，但无定法"，新课程倡导随着实践的深化，探索新的教学法，将所有教学法结合起来。只要有利于兼具均衡性、包容性的新课改，要求高中思想政治教学，对传统教学方法进行辩证的否定，做到"扬弃"，结合新课改时代背景，理性地保留合理、积极的部分，摒弃并克服消极的、过时的部分，并实事求是、与时俱进地总结出新的、科学的、有效的教法、学法。将新旧教学法进行组合，让教学方法更多元化，真正为教师的教和学生的学服务。从观念的准备开始，丰富教学方法，让教更加轻松、更加科学有效。重视学生的学习方式，扬长避短，帮助学生习得正确、高效的学习方法，养成良好的学习习惯，这也是新课改内化，进而实现的基础。

新课改，为新教学方法的产生与运用提供契机、指导的同时，也提出一系列基本规范和标准，教法、学法可以因人而异、因地制宜，但都不得脱离课改的基本要求和科学性。以"教师为主导，学生为主体"作为基本理念，指导着教学法的革新。教师发挥主导作用，主要表现在引导上，变单一低效的"灌输"教学，为通过教学情境、教学对话、教学探究等多种形式，启发学生思维，培养其理解、运用、创新知识的能力，进行有意义学习。学生作为教学的主体，应变被动接受信息，为主动参与课堂，变复制、背诵，为自主理解、运用，甚至创新，成为课堂的主人、社会的主人。

六、新评价观

教学评价，是通过教学活动能否实现教学目标，对教学的过程和结果进行价值判断的活动。新课改认为，教学评价应该是一个教育的过程，评价发展的过程，共建的过程，充满人文关怀的过程，应注重评价内容、形式、结果量化的民主、公平和科学性。

对教师而言，主要是对教学过程和教学质量的评价，包括教学设计、教学实施、教学效果等环节。通过上课、听课、评课，课堂提问、作业检查、教学测试等途径，对自身教学水平的高低、教学内容的组织、教学方法的整合、教学管理的实效、教学环境的控制等方面进行评估，具有诊断、激励和调节作用。促使教师们更加清晰地判断自身的教学水平，反思成效和缺陷，取长补短，不断改进、学习，提升教学质量。也为家长评判教师，学校和相关部门对教师的选拔、任用、迁升提供依据。

对学生而言，评价的外延也很广泛，包括知识的增加，技能的增强，智力的增长，品德的修养等。其中，目前最为主要也最为直观的评价是学业成绩方面评估。要求从整体出发，客观地作出科学评价。研究表明，对学生的学业和表现等方面科学合理的评价，具有导向、鉴别和选择、反馈、强化和竞争等功能。

新课程倡导的质性评价，主要包括教师的评语、行为观察、情境测试、学生的学习日记和成长记录袋等。

第二节　新课程标准概述

一、地位与内涵

新课程标准（简称"新课标"），是由我国沿用已久的教学大纲，演化而来的，是大纲的进步与发展。新课标，伴随新课改进程应运而生，符合新课改基本理念。其针对性研究，是新一轮基础教育改革的核心工作，依据各门课程的具体特点，结合具体内容，经过全国300多位专家、学者刻苦钻研、实验，才正式颁布18种课程标准的实验稿。这一进程，标志着我国新一轮的基础教育改革有了系统的目标和规范，进入了新的阶段。

国家课程标准，宏观来说，是国家对教育教学活动有效性开展评价和管理的根据。由此，从传统的"教学大纲"演变为"课程标准"，表面上是名称的改变，更深层次来说，这是教育指导理念和教育规范方面的改变，变得更加符合时代特征，更加科学。具体来说，新课标也是各层次教材编写，各门类课程设置，教学评估和考核、目标、方法等各方面的变化。基础课程是教学内容的具体体现，新课改要求课程设置遵循"因材施教、因地制宜"的特点。联系的特殊性和普遍性辩证关系原理，告诉我们任何社会存在，都是共性与个性的统一体，没有离开共性的个性，个性寓于共性之中，并通过共性表现出来。针对课程设置的特殊性原则，针对小学、初中、高中阶段的课程设置，提出一系列有针对性的、共同的、统一的、规范的基本要求，即课程标准是重要且必要的。有标准，才能为教师的教、学生的学的过程提供方向指导，并实现对教学结果的可达到的、可评估的、清晰的描述和量化。

新课程标准，作为符合时代特点的科学的理论，针对教学实践存在的各种代表性问题和困惑，以大多数学生和教学活动为主要对象提出的基本要求发挥共性的作用。然而，实践是具有客观性、社会性、历史性的活动。因此，新课标应促进学生知识水平和学习能力的提升，满足教育的基本要求。同时，又能够符合各个阶段、各个地区，甚至每位学生的个性。从实际出发，让普遍性的规定，在指导实践的过程中，更加灵活、有弹性地发挥作用。

二、三维教学目标

新课程标准，结合新时期教学实际，与时俱进地提出三维教学目标，更加全面地从多角度总结、概括教育实践，将新阶段的教育目标定义为知识与能力目标、过程与方法目标、情感态度价值观目标，并对不同阶段的教育、不同性质的学科，在教学内容、教学手段、教学评价等方面作出规定和建议。这样一来，逐渐改变传统的教学大纲下教师是消极的知识传授者，在教学目标方面单一、机械、僵化地强调知识灌输的目标。要求教师在教学设计和知识传授过程中，注重涵盖学生成长、成才的多个方面，更加全面、科学、多元。

三、课程设置

新课程标准规定，中学阶段，尤其是高中阶段的课程设置以分科课程为主体，包括必修和选修两大模块。必修模块，保证学生基本的知识储备和能力发展，能够达到课标所规定的基本要求。选修课程，让学生在更多选择中发现自己的优点和兴趣所在，为日后的发展提供方向和指导。二者有机结合，有助于实现教育对学生在德、智、体、美、劳等方面兼具广而专的培养。既保证学生知识、技能涉猎的广泛性，达到课标规定的基本要求，又充分尊重学生的个性特点，实现有意义学习，在专业性人才的培养方面也更加有效，培养综合型人才。

新课程标准，在各阶段的课程设置中，都包含综合实践活动这一项，并要求在日常教学中作为必修课程认真对待，发挥实效。实践是认识的来源，是认识的目的和归宿。让学生明白知识是在实践中产生的，是对客观存在和实践活动的反映与概括。并以此为契机，对学生进行情感、态度、价值观方面的教育。让他们认识到，每一个学生都属于社会不可或缺的部分。社会是一张大网，我们每个人都无法脱离，不管愿不愿意，都注定要走入社会，成为独立的社会人员。学习知识、技能，是为了培养其生存能力、实践水平能够更好地适应社会，进而引导学生明白学习的意义。此外，在实践与探究中，可以帮助学生掌握科学的学习、研究方法，增强学生的合作、创新意识，成为未来竞争的强者，社会创新的先锋。

四、科学评价体系

新课程标准，要求建立完善的科学评价体系，致力于通过人性化的评价，促进学生各项能力的全面发展，教师素质的不断提高，教学活动的有效改进，课程设置的日趋合理，教学目标的更好实现。学生方面，关注学业成绩的同时，尊重每位学生的个性，了解他们的真实内在需求。在多元、科学的评价中，帮助学生准确地了解自我、悦纳自我，促进更好、更全面地发展。对教师而言，将自身的内省和外部监督有机结合，强调教师自评为主，注重课前课后的反思。并配合以学生、家长、学校、社会等监督主体的共同参与，让教师获得多渠道信息，能够在自我评价与向外部学习过程中，更为坚定地强化自身的优点，改进存在的不足，取长补短，相得益彰。课程设置方面，新课标要求，针对各阶段、各学科对课程的实际施行情况，进行周期性的调查、评估。既监督，又建议，促进课程内容的不断优化、课程管理方式的不断改进，促使课程设置的创新与进一步发展。

第三节　我国高考改革的简要历程及重要意义

一、我国高考改革的简要历程

普通高校全国统一招生考试简称为高考。它包括招收和录取高等院校新生的政策和方法，这是关于高校招生的制度。狭义的高考制度仅指人才选拔考试；从广义上讲，高考不仅包括选拔考试，还包括选拔后的录取。1952年，中国正式建立了全国统一的高校招生制度，此制度对我国教育事业的发展起到了非常重要的作用。学者杨学为指出高考是我国现代考试的一种类型，即普通高等院校根据国家计划在每年申请考试的合格高中毕业生中选拔优秀学生。

改革开放以来，我国的高考制度改革大致可分为四个阶段：恢复和初步改革时期、改革调整期、扩招发展期以及新高考改革试点深化期。下面将重点分析第四个时期即新高考改革试点深化期。

2014年9月，国务院颁布了《关于深化考试招生制度改革的实施意见》（以下简称《意见》），新一轮的高考改革方案开始试水，高考改革正式进入了新阶段（即新高考改革试点深化期）。本轮改革在考试科目、考试内容和形式、招生等方面全面进行。

《意见》决定，2014年先在浙江省和上海市启动考试招生制度改革试点工作，从2014年秋季入学的高中学生开始逐步实施。2017年在全国范围内全面推进，到2020年基本建立具有中国特色的现代教育考试招生制度，形成"分类考试、综合评价、多元录取"的考试招生模式，健全促进公平科学选才、监督有力的体制机制，构建衔接沟通各级各类教育，认可多种学习成果的终身学习"立交桥"。

《意见》发布以来，各省市关于考试和招生制度改革的政策纷纷发布。北京、山东、天津、海南等第二批试点省市已于2017年9月启动，于2020年参加改革后的首次统一高考。而原定于2018年秋季高一新生入学时启动改革的河南、江苏、广东、重庆等18个省市由于阻力较大，只有重庆、江苏、辽宁等8个省市按原计划启动了新高考改革，其他省市推迟了一年实施新高考。第四批试点省市如陕西、云南、宁夏等六省也于2019年秋季启动。事实表明：这次新高考改革方案从体制到机制、从内容到形式，改革的广度和深度前所未有，标志着我国高考制度改革进入深水区。

本次新高考改革方案以《意见》为指导主要着手改革的方面有：完善高中学业水平考试，规范高中生综合素质评价，推进高职院校考试分类发展，推进高考制度的完善和创新，推进高考内容改革。各省市实施的高考改革方案与国家高考改革基本上是一致的，大致内容包括：高考中不分文理科，统一实施"3+3"选考模式，为一些科目如外语提供两次考试机会，减少加分项目，合并减少录取批次等。当然，不同省市之间也存在细微差别，大多数省份明确表示外语科目可以提供两次考试，考生可以在两次考试中选择较高的分数作为最终高考成绩。也有少数省市如浙江省除了语数以外的其他科目（外语、生物、化学、地理、历史、物理、政治）都有两次考试机会，成绩两年有效。

二、高考改革的"变"与"不变"

(一)高考改革持续"变脸"

改革开放40多年来，中国政治、经济、科技、教育都发生了很大变化。与此同步，在过去的40多年里高考也一直在改变。

1.考试时间的变化

高考在1977年时12月举行，1978年夏天举行，而后基本固定在7月7—9日举行，从2003年起统一改为6月7—8日。

2.报考条件的变化

在恢复高考初时规定报考的年龄不应超过25岁，其中一些省市放宽至30岁，但在实际报考中有很多30岁以上的考生报考。直到1980年"25岁以下"和"未婚"的限制条件才在高考报考过程中逐步实施。2001年，这两个限制条件被废除，高考成为"终身教育考试"。

3.高考命题和阅卷组织的变化

国家恢复高考第一年是分省命题，各地级市进行阅卷。1978年，全国统一命题，各省统一阅卷。1985年，上海提出了单独命题，省级命题制度开始推行。2015年，回到了国家统一命题，到2016年26个省重返国家统一命题。

4.考试科目的变化

高考科目在1999年逐渐发展为"3+X"，中断多年的生物和地理重新变成高考科目，然后各省逐渐将其定为"3（语文、数学、外语）+2（文综、理综）"。2014年，新一轮考试招生制度综合改革试点，实施了不分文科理科的"3+3"模式（即语、数、外三科及在物理、化学、生物、历史、政治、地理六科中选择三科参加考试）。

5.考试题型的变化

20世纪70年代末到80年代初，高考基本都使用记忆类型和填充类型题。到了80年代中期英语引入标准化考试，出现了多项选择题，后来逐渐应用于其他科目。同时，语文高考的作文命题发生了很大变化，高考作文命题一直以记叙文或读后感为主，直到20世纪80年代后期才开始流行材料作文。改革开放40多年以来的高考作文题型的变革，既与40多年改革开放所伴随的时代主潮相呼应，其实也与国际主流趋势相契合。事实上，无论高考作文如何变化，目的都是为了测试学生的求异思维、想象力及综合素质。

6.报考志愿的变化

在1999年以前，高校录取一直是考前填报志愿，在那之后高考志愿变成了考后填报，考后填报志愿比考前填志愿更有指导性，也更加合理。

7.录取方式的变化

1977年实施分段录取方式，1984年实施分批录取方式，1999年开始实施了在线录取，2008年开始实施了平行志愿录取模式。2015年录取批次逐渐开始合并，2016年上海合并本科一、二批录取批次。2017年，一些省份合并了本科二批和三批批次；同年，山东、海南等省市将本科一、二批合并为"本科普通批"，在录取中不再有高校的级别的区分。

8.教学组织形式的变化

新高考实行3+3考试模式，这种情况下必然出现走班制，这是本轮高考改革在教学组织形式上最大的变化，也是新高考相较于旧高考最大的变化之一。学生按照自己的兴趣等选择考试科目，可能出现一人一课表的情况。

（二）高考改革的"初心"不变

从1977年恢复高考至今，高考历经了诸多制度和形式的改革变化，但高考"公平竞争、择优录取"的原则始终如一，"初心"不改。

1.高考仍采用总分录取模式

这种录取模式虽然被怀疑为"唯分数论"，但它仍然是最为社会大众所接受的相对公平的招生方式。高考一直坚持"区域公平"原则的分省定额录取方式，通过区域配额规范全国考生的高等教育入学机会，实行中西部地区优惠录取政策。但该政策也一直受到大众的批评，因为北京、天津和上海三个直辖市的录取分数远低于一些考生人口众多的省份。在高考中，考试公平和区域公平是两难选择，往往二者很难兼得。

2.高考的竞争依然激烈

1977年当高考恢复时，录取率仅为4.79％，2018年高达81.13％。中国高等教育毛入学率也在不断上升，1978年只有1.55％，2002年达到15％，进入高等教育大众化阶段，2019年已高达51.6％。2021年，我国高等教育毛入学率达57.8％。国际上一般认为，当高等教育毛入学率达到50％时，高等教育进入普及化阶段。尽管如此，在过去的40多年里高考的竞争激烈程度保持不变，考生与家长之间的紧张关系保持不变。读本科院校，特别是名牌大学是高考竞争的主要表现。统一考试，总分择优录取依然是最主要的录取方式，如保送制度、自主招生制度和综合素质评价等，是用来弥补完全依靠高考成绩录取的不足，这些录取方法录取的人数占录取总人数的比例还是很小。在未来随着这些录取方法的比例越来越大，统一考试成绩的绝对权重将逐渐降低。但是接下来的很长一段时间，高考追求名牌大学的价值取向不会改变，因此，统一考试成绩仍会是中国高校招生录取的主要依据。

考试和招生制度是一个国家的基础教育制度，是人才培养的关键环节，关系着每个家庭的切身利益，影响着成千上万青年学生的未来和命运。40多年来，高考制度为学生的成长、国家人才的选拔和社会公平做出了历史性的贡献。它在提高教育质量、提高人民素质、促进社会纵向流动、服务国家现代化方面发挥了不可替代的作用。尽管高考制度面临诸多挑战和质疑，但不得不承认其权威性和公正性已得到社会大众的广泛认可。

三、我国高考改革的重要意义

"教育是一个国家最根本的事业。"1977年中国统一高考制度的恢复体现了尊重知识、教育和人才的战略。高考制度不仅改变了数百万家庭的命运，也为我国的改革和发展奠定了基础。

对于本轮高考改革的重大意义，2014年《人民日报》把高考改革作为九大重点改革项目之一，它侧重于深层次的利益调整，并在改革中发挥了结构支撑作用。一方面，本轮高考改革将成为整个教育系统综合改革的"引擎"，全面推进中国教育从外延发展到内涵发展，由快速普及进入高质量的发展阶段；另一方面，它将提供强大的创新人才支撑，让全社会共享教育创新带给我国的"人才红利"，以此支持实现"两个一百年"的奋斗目标和中华民族伟大复兴的中国梦。新高考改革明确提出，教育应坚持立德树人，基本出发点是促进每个学生的健康发展，帮助国家科学选拔和培养人才，维护社会公平公正。

(一)高考改革有助于科学选拔人才

在此前的高考制度设计中，为了提高高考的"入学率"，普通高级中学普遍从高一开始将学生分为文科和理科，高中生们在高一开始对一些科目就选择性轻视或放弃，由此导致了高中生知识结构不完整，缺乏基本的常识认识。这种"高举素质教育的旗帜，却实践传统教育"的现象令人心碎。在此背景下，新高考方案在高中早期各科普遍开设的基础上，高考科目实施不分文科理科的"3+3"模式就有效避免了上述问题的产生，这种坚持实质素质教育的改革导向值得鼓舞和期待。

(二)高考改革有助于维护社会公平

在更加公平公正的大规模人才选拔制度出现之前，高考仍是国家选拔人才，促进社会发展的重要途径。然而，在中国的高考和大学招生录取中仍然存在"唯分理论""一考定终身"等现象。随着时代的发展，大量的"高考梦工厂"如雨后春笋般出现。这些现象不仅增加了学生的学习负担和父母的经济负担，也加剧了"寒门难出贵子"的不健康倾向，严重扭曲了教育的本质，也影响了教育的公平正义。由此可见，进一步深化高考改革是必然的。

为了营造更加公平的高考招生环境，各省市新高考方案中普遍减少了"加分"项目，进一步扩大了"一卷"的范围，逐步向农村倾斜，增加了老少边穷地区学生的录取比例，实行招生与考试分离，实行多元录取，进一步扩大了高校自主招生。通过"3+3"模式是将选课的权力下放给考生，以便他们拥有更多的自主权。诸如此类的改革措施的实施将会最大化地促进教育公平。

（三）高考改革有利于学生健康发展

1.有利于高中学生知识结构的健全发展

在此前的高考方案中，文理科学生数学不同卷，文科生数学难度系数普遍低于理科生，人为导致文科生对数学的轻视或畏难。新高考改革后文理不分科，数学不分文理卷。面对同一试卷所有学生需要做的就是充分展示自己的水平和能力，由此在根本上奠定了高中生相对扎实的数学基础，从而有利于其知识结构的健全发展。

2.有利于高中生身心健康发展

只有通过高考改革，降低考试难度，让高考更加合理公平，才能起到根本性的减负作用。新高考改革中普遍减少诸如奥数、艺术特长等加分项目，将减少广大高中学生为加分项而疲于各类学习培训，这样减少了学生的课业负担，才能起到减负的作用，这有利于学生的身心发展。

第四节　新高考改革政策与高中政治课

高中三年学生进入身心发展的关键期、高峰期，是他们世界观、人生观、价值观形成的重要时期。高中政治课对引导高中生树立正确的世界观、人生观、价值观具有非常重要的作用，是一门高中阶段必不可少的学习科目。青少年是祖国的未来、民族的希望。我们党立志于中华民族千秋伟业，必须培养一代又一代拥护中国共产党领导和我国社会主义制度、立志为中国特色社会主义事业奋斗终身的有用人才。在这个根本问题上，必须旗帜鲜明、毫不含糊。这就要求我们把下一代教育好、培养好，从学校抓起，从娃娃抓起。思想政治理论课是培养一代又一代社会主义建设者和接班人的重要保障。新高考改革方案在考试科目、考试内容、考试方式等方面的变化，使得高中政治课面临着巨大挑战。

一、新高考改革的目的

新高考改革的目的与高考改革的意义始终是保持一致的，即有利于科学地选拔人才、维护社会公平、促进学生健康发展。国家选拔人才就要遵循国家的要求和标准，既是全面发展的人才，也是知识结构完备的人才；既要有高端人才，也应该有专业技能人才。这些要求很难在一次考试中全面体现。促进学生健康发展要求知识结构健全，还得有优良的品德、健康的身心。而高考笔试只能一定程度上测试高中生知识掌握情况，德能是否兼备尚未可知，这是高考笔试的明显弊端，也需要出台更加明确的标准来界定德才兼备。在现阶段，高考改革的底线是关注公平，也就是说在选拔人才、维护社会公平、促进学生健康发展这三个目的之间出现矛盾不能兼得之时要以公平为核心。

二、新高考改革的主要内容

新一轮高考改革方案涉及考试、录取等多个方面的变化，各省市的情况大同小异。

简单梳理重庆市等8个省市从2018年开始实施的新高考方案，大致呈现以下特点：

第一，录取方式由"依据统考考试成绩"改为"两依据、一参考"。也就是说，根据三门统考科目和三门选考科目的成绩，参照学生综合素质（包括学生思想品德、学业水平、身心健康、艺术修养、社会实践等）的评价结果，择优录取。

第二，文理分科被取消，选考科目模式为3+1+2模式，即"3"为全国统考科目语文、数学、外语，所有学生必考；"1"为首选科目，考生须在高中学业水平考试的物理、历史科目中选择1科；"2"为再选科目，考生可在化学、生物、思想政治、地理4个科目中选择2科。语、数、外各科总分仍然是150分。

第三，8省市均将高中学业水平考试的选择性考试安排在6月夏季高考同期举行，并且将考试次数确定为1次。

第四，外语考试还是一次考试，河北省、辽宁省、福建省、湖北省、湖南省、重庆市6省市拟只在6月份组织一次外语听力和笔试考试。江苏省、广东省拟在6月份组织一次外语笔试，将外语听说考试放在平时并实行机考。

第五，选考科目采用赋分制，物理、历史科目采用卷面原始分记分，并且分列招生计划、分开划线。思想政治、地理、化学、生物4个科目采用等级赋分，并确定为"一分一档"，既确保不同科目间分数可比，又增加考试的区分度。

三、试点省市新高考改革取得的成效和出现的问题

经过三年高考改革的试点，在招生制度方面浙江和上海基本形成了分类考试、综合评价和多元录取的模式；在学生成长方面，突出了个性化发展，扩大了学生的选择权；在高中阶段教育方面，推动了高中课程改革，学生发展教育理念和选择性教育理念在教育中越来越受欢迎。从高等教育角度看，增强了招生和专业建设的紧迫感，迫使大学优化专业结构，加强专业建设，深化教学改革。

新高考方案在浙江和上海等试点实施以来取得巨大成效的同时，因制度缺陷带来的弊端也日益显现。

(一)教师、学生及家长的负担加重

方案里的"一年两次考试"实际上变成了"一年三次考试"，从原来的一次冲刺到现在的反复冲刺。在10月份冲一次，4月份一次，6月份一次。为了加快教学进度，学生没有自学课，也没有课外活动课。为了抢占先机，教师寒暑假提前上课，周日加班加点，假期完全取消。

(二)正常的教学秩序被扰乱

从高中二年级开始，为了应对考试和一些学生的提前选考，非考试科目停课并为其让路的情况屡见不鲜。一些学校甚至将高中三年分为三个部分：高一学历史、地理、生物，高二学物理、化学、英语，高三学语文和数学。一些学校基本上在考试开始一个月前停止了此次考试不考的科目。最终选定科目之后几乎所有学生都要重新洗牌：三门选考和英语考试都很好的，只留下语文、数学两门课程；三门选考好的，只剩下语文、数学、外语三门课程。其结果是成绩越好负担越轻；

成绩越差负担越重。

最初各省的高考改革本已淡化了外语，现在外语改为一年两次考试，而且总分仍然为150，使外语成为所有学科中"最重要"的课程。其他选考科目的教师可以在考试完以后放松，外语老师却不能，学生即使考了130分，仍然还有20分的进步空间，因此大部分学生都要求参加第二次考试，外语老师就不得不继续工作了。

（三）考生的"选择"行为导致大学招生遭遇尴尬

在新的高考制度中，学生可以根据自己的兴趣和爱好、所选专业的需求来选择科目。这是一个很好的改革思路。然而，这种多门学科选考的设计表面上公平，却忽略了由等级赋分制度带来的不同科目的最终得分的横向比较的不公平性。在衡量了利弊之后，许多学生常常被父母和学校劝阻而放弃选考得分困难的科目。大学招生因此遭遇的尴尬是许多刚刚录取的大学生已经一年多没有学习某些专业基础科目，知识严重欠缺导致高校不得不花时间为新生补课，如果不给这些学生补课他们可能要挂科，无法进行高一层次的学习。

四、新高考改革对于政治课的新要求

（一）政治课要落实立德树人的根本任务

新高考改革对政治课程的目标提出了新要求，政治课是"落实立德树人根本任务的关键课程"。立德树人的关键是德育，而政治课是德育的主要途径，要办好中国特色社会主义教育，就要开好政治课，用习近平新时代中国特色社会主义思想铸魂育人，引导学生增强中国特色社会主义道路自信、理论自信、制度自信、文化自信，厚植爱国主义情怀，把爱国情、强国志、报国行自觉融入坚持和发展中国特色社会主义事业、建设社会主义现代化强国、实现中华民族伟大复兴的奋斗之中。

（二）新高考方案中高中政治课标的新内容

为了顺利推进高考改革，《普通高中思想政治课程标准》（2017年版）也应运而生。2013年，教育部启动了普通高中课程修订工作，印

发了《普通高中思想政治课程标准》（2017年版2020修订）。通过对新课程标准与旧课程标准的比较分析，不难发现新课程标准在文本结构、编写根据、课程标准内容及其实施要求等方面都得到了改进和完善。

1. 文本结构

新课程标准主要增加了两个部分：学科核心素养（包括：政治认同、科学精神、法治意识、公共参与）和学业质量水平要求。旧课程标准的结构由前言、课程目标、内容标准、实施建议四部分组成。新课程标准由课程的性质和基本理念、学科核心素养，以及课程目标、课程结构、课程内容、学业质量、实施建议和附录六部分组成。相对旧课程标准，新的课程标准显然体例更加科学，内容更全面，结构更完整。

2. 编写依据

旧课程标准基于国务院关于《基础教育改革与发展的决定》和教育部出台的《普通高中课程方案》等文件精神。新课程标准以党的第十九次全国代表大会报告、教育部的《普通高中课程方案（实验）》为基础，突出了第十九次全国代表大会精神的重要性和政治学科时代性、思想性的特点，也直接体现了国家在教育领域的意志。

3. 课标内容

新课标加强了社会主义核心价值观、优秀的中国传统文化、革命文化和社会主义先进文化的内容；同时，更加注重学科内部联系和学科间的相互配合，克服学科内部的分裂和脱离现象。具体变化大致体现在：

（1）课程定位的变化

旧的课程标准从高中政治课程的地位、基本观点、内容以及学习高中政治的好处四个方面介绍了课程性质。新的课程标准明确指出了高中政治的课程性质，它是一门什么样的课程，课程中教授的内容有哪些，以及培养什么类型的学生。课程定位的这种变化凸显了政治课的思想性和方向性，明确了新时代中国特色社会主义的历史方向，以及树立崇高理想、坚定四个自信、树立正确的三观的重要地位和引领作用。这种新定位显然更加准确地概括了政治课的目的、性质、功能和作用，具有高屋建瓴的标识作用。

（2）课程基本理念的变化

课程的基本理念从旧课标中的五点变为新课标中的四点。长期以来课程标准都以课程为核心，而新课标突出强调了学生在学习中的主体性。这是十多年课程改革实践的经验总结和理论升华，是对教育规律的深刻把握，也是培养中国特色社会主义事业合格建设者和可靠接班人的必要条件。

（3）新增"学科核心素养"

旧课程标准没有核心素养的相关阐述，新课程标准增加了"学科核心素养"的内容。学科核心素养指政治认同、科学精神、法治意识和公众参与。增加这一新部分的主要目的是明确和完善党对人民教育政策全面发展的要求，并将其具体化、细化到政治学科课程中。

（4）课程目标变化

旧课程标准中的"三维目标"指的是知识目标、能力目标和情感态度价值观目标。新课程标准增加了"学科核心素养"，它结合了三维目标，将教学的唯一目的指向学科的核心素养。

（5）课程结构的优化调整

旧课标课程分为必修和选修课。必修课包括四个模块，选修课有六个模块，考试基本上不涉及选修课。新课程标准分为三类：必修、选择性必修和选修，分别满足高中学业水平考试、高考和学生兴趣特长发展需要，其中最大的变化是将原来属于大学阶段的部分知识融入高中。新旧课标结构对比如下：从新旧课程结构的变化可以看出，新课程标准充分贯彻了十九大的精神，将习近平新时代中国特色社会主义思想全面融入课程。主要体现在"中国特色社会主义"部分强调了坚持中国特色社会主义的道路，阐述了主要矛盾转变的意义，"政治与法治"部分强调了党的领导的重要性，要求学生理解坚持党的领导工作的重要性。

（三）新高考改革对高中政治课教学过程的新要求

在传统的政治课教学中教师一直发挥着主导作用，大多数教师运用的是讲授式的教学模式。新高考改革要求政治课程的教学以学生为主体，将教学生活化，要适当调整政治课程的课程设置。由于学生的成长与现实生活密切相关，教育必须关注学生的实际生活，使学生具有强烈的现实认同感。因此，教师应充分引导学生运用他们在课堂上学到的知识，分析现实生活中遇到的社会现象，透过现象看本质，掌握隐藏在这些现象背后的一系列规律。同时，教师在教学中应善于利用时事政治和典型案例，采用情境创设的教学形式，培养学生的生活关注度，使学生认识到政治知识不是悬浮在半空中的理论，而是一种能够解决实际问题的"活"的知识。

（四）新高考改革对高中政治课教学效果的新要求

高考科目的选择不仅与学生的学习能力和学习兴趣密切相关，而且直接影响考生的学业成绩，进而影响考生报考的专业。对于学生来说，能够选择最有利于自己未来发展的选考科目是一个至关重要的决定。政治课的教学效果将直接影响学生是否选择政治学科作为高考的选考科目，也间接影响教师的职业发展和职业收入。为此，高中政治教师必须具有高度的危机感和责任感，积极转变教学观念，改进教学方法，不断提高教学效果，让学生有获得感。此外，政治教师应积极运用创新的教学理念和参与性的活动设计，充分展现政治课独特的学科魅力，增强课堂教学的乐趣和吸引力，只有这样，学生才能愿意将政治作为自己的选考科目。要推动思想政治理论课改革创新，要不断增强思政课的思想性、理论性和亲和力、针对性。要坚持政治性和学理性相统一，以透彻的学理分析回应学生，以彻底的思想理论说服学生，用真理的强大力量引导学生。要坚持价值性和知识性相统一，寓价值观引导于知识传授之中。要坚持建设性和批判性相统一，传导主流意识形态，直面各种错误观点和思潮。要坚持理论性和实践性相统一，用科学理论培养人，重视思政课的实践性，把思政小课堂同社会大课堂结合起来，教育引导学生立鸿鹄志，做奋斗者。要坚持统一性和多样性相统一，落实教学目标、课程设置、教材使用、教学管理等方面的统一要求，又因地制宜、因时制宜、因材施教。要坚持主导性和主体性相统一，思政课教学离不开教师的主导，同时要加大对学生的认知规律和接受特点的研究，发挥学生主体性作用。要坚持灌输性和启发性相统一，注重启发性教育，引导学生发现问题、分析问题、思考问题，在不断启发中让学生水到渠成得出结论。要坚持显性教育和隐性教育相统一，挖掘其他课程和教学方式中蕴含的思想政治教育资源，实现全员全程全方位育人。

（五）新高考改革对高中政治教师的新要求

新高考改革背景下的课堂教学与传统的课堂教学有很大的不同，办好思想政治理论课关键在教师。高中的政治教师作为政治课堂的组织者，同时也是新思想倡导者、信仰者、实施者。新高考改革对高中政治教师的新要求包括：

1.转变教学理念

高中政治课程的最高宗旨和核心理念是"学生的综合素质发展"。换言之，高中政治教师要充分尊重学生在教学活动中的主导地位，清楚地知道教育对象是有思想、情感、权利、尊严及正在成长发展的学生，旨在培养学生正确的三观。所以，高中政治教师必须走出传统教育的套路，把注意力从只注重分数转向学生的综合发展；要突破传统教学思想的局限，从不同的角度解读课程，将原有的教学观念从已有知识的扩展转变为已建立知识的概括、联系并拓展知识面，积极推进素质教育；教学过程中还应逐步加强与学生的"对话"，与学生分享他们的想法、经验和知识，丰富教学内容，以便真正实现教学相长；要遵循教育和教学规律以及学生成长规律，课程设计既要考虑基础性，也要考虑选择性，在提高学生学习效率、减轻学业负担的同时，促进学生综合素质的全面提升，并鼓励其个性化发展。

2.深入研究教材

新方案的高中思想政治教材内容多、范围广，更贴近学生的生活实际。教师在使用教材进行教学时，应当仔细研究教材，全面深刻地理解教材，了解不同深层次的内容，不仅要注意教材中的知识点的解析，同时也应该仔细研究知识点的难度，还要根据自己的风格和学生的特点合理整合教材内容，不断提高课堂组织力和控制力。

3.改变教学方法

因材施教，因地制宜。教育者必须明白：学生是信息处理的主体，是意义的积极构造者，而不是被动接受者和灌输对象。教师一方面应根据不同的教学内容和教学对象设定不同的教学方法。在教学过程中学生主要从事的是认知活动，从心理学的角度来看人类的认知和情感是不可分割的，在开展认知活动时不可避免地会有情感活动，教师在选择教学方法、设计教学活动时应力求激发学生的主动性、创造性，把他们从"刻苦"学习中解放出来，转化为愉快地学习；另一方面应充分利用和整合网络资源，利用现代信息技术为新课程服务。教师在教学活动中应当尽可能地组织和指导学生进行合作式学习，培养学生"独立、合作、探究"的研究精神，以激发学生的学习热情，培养他们掌握和应用知识的能力，充分发挥政治学科在培养人才工作中的政治定向、价值引领、情感激发、思想动员作用。

4.不断充实自我

在高中政治教学中不仅要培养学生自主学习的能力，还要培养学生合作探究的能力，这就要求政治课堂的每一次教学活动都要精心预设，动态生成。这对高中教师现有的知识储备和教学能力而言是一次巨大的挑战。为应对这些挑战顺利实现新高考方案预定的课程目标，就需要高中政治教师利用业余时间，通过不同的方式加强学习，不断充实自己，持续提高专业素养。教师只有做好知识储备和能力提升的充分准备，才能在课堂上应对各种不可预知的变化，最大限度地达成高中政治课的教学目的和育人宗旨。

第五节　高中思想政治新课程标准概述

创新，是一个民族，一个国家发展的根本。任何一个国家，一个社会团体的发展与进步都离不开创新。当前中国处于稳定发展的阶段，创新是必然、必要的。改革是推动社会进步的核心动力，科学技术、政治经济方面的改革，顺应时代要求，如火如荼地进行着。政治、经济与文化存在着相互作用、相互制约、相互影响的紧密联系。由此，对于文化教育方面的改革，公民思想政治素质的提高，便提出了更新更高的要求。

为了促使高中生的成长更加符合社会进步的需要，提升政治课教学的实效性，更好地实现德育目标，教育部于2003年，以多年来中学政治课堂实践为依据，将中央提出的学校德育文件作为重要参考，尊重新课程改革的大背景，遵循《关于基础教育改革的决定》基本精神，将《普通高中课程方案》（实验稿）落实到点，制定了《全日制普通高中思想政治新课程标准》（以下简称新课标）。

新课标，贯穿于整个改革期间的政治教学活动全过程，就课程性质、课程设置、基本教学理念、课程目标等方面，为中学政治课实践提供科学的、客观的、可行的指导和基本的、统一的、规范的要求。并在指导思想、课程框架、课程目标、教材编写等方面，与旧课标形成鲜明对比，充分展现"新"对"旧"的扬弃，集继承性与优越性于一身。概括而言，对新课标的理解和践行包括以下方面：

一、课程性质

课程性质方面，随着建设中国特色社会主义实践不断深入。新课标及时总结不同阶段的时代特征，概括不同时期指导思想的基本观点。将建设社会主义的重要思想，参与社会生活的经济、政治常识，科学的哲学理论，作为高中思想政治课教学的基本观点，保证政治课教学的社会主义正确方向。与此同时，将高中思想政治课教学的基本内容，规定为社会主义物质文明、精神文明和政治文明建设常识，要求政治课在以上几个方面，实现兼具、并行。致力于培养学生思想政治素质，树立建设社会主义中国的理想。

二、课程目标

课程目标方面，去单一、笼统，讲究具体、有层次。新课标根据高中思想政治教学的具体内容和要求，将课程目标细化。分为总目标、分类目标、内容目标，层次性、逻辑性更强。更加便于帮助师生们从不同的角度去理解、掌握、运用课标，并以三个层次为大方向，以学生未来全面发展为生长点，提出三维培养目标。在传统高中思想政治教学，注重学生对政治知识的记忆、理解的基础上，强调学生社会实践能力的有效培养，提出知识与能力目标。帮助学生学会在政治教学过程中，展开有效的合作、探究，掌握科学的学习方法，提升"会学"的能力，提出过程与方法目标。注重以科学的知识和正确的实践，对学生心灵进行锤炼与滋养，让正确的价值观，引导其学习、生活，提出情感、态度、价值观目标。层次性目标和三维目标的提出，对高中思想政治教学提出要求，促使其在实践中，不断发挥培养学生政治素养、提高学生道德水平的作用。

三、课程结构

课程结构方面，新课标在课程结构设置方面，改传统的经济常识、政治常识、哲学常识的整体、固定课程结构为模块式的课程组织形态。模块式课程，将高中思想政治课程分为必修和选修两大模块，实行学分管理制度。结合学生生活实践，其中必修模块，包括经济生活、政治生活、文化生活和哲学生活四个部分，选修模块包括科学社会主义常识、经济学常识、国家和国际组织常识、科学思维常识、生活中的法律常识、公民道德与伦理常识六大模块。必修和选修模块的有机结合，让高中思想政治课程涵盖更为广泛知识的同时，又可以让学生在政治学习中，具有选择性。新课标设置的课程结构，是具有全面性、选择性的综合体。在课程内容的描述方面，关注学生的生活，让学生在课本知识中，能够体会知识的有用性，为成为社会人打下坚实的基础。

四、课程内容

课程内容方面，注重将知识与生活实践有机结合，着眼于学生作为社会主义接班人的长足发展，将课本知识与学生实践经验紧密联系起来。必修模块和选修模块，在教材编排方面，注重知识与生活的实时链接，让学生体会到经济、政治、文化，乃至哲学，都是与生活息息相关的。在课程设置方面，注重学生在课堂学习中的实践、探究活动，要求学生在教师的帮助下，启发思维，力争创新。让学生能够将学科知识和生活实践，理论与现实有机联系起来，正确认识到高中思想政治课学习对现实生活的指导意义。提升学习主观能动性，为日后成为"社会人"，更好地参与社会，建设社会主义中国打下基础。

五、课程实施

课程实施方面，课程能否有效地实施，关键体现在教师的教和学生的学两大方面。教学能否有序有效进行，取决于是否有科学理论的指导和科学方法的配合。基于此，高中思想政治课教学，必须顺应社会发展进程，在政治课堂中，要打造民主、和谐、良性的师生关系，充分体现学生主体、教师主导地位。改变过去"师道尊严"为"师生平等"，要求教师在课堂中"蹲下身子"和学生平等交流，民主管理。改变过去灌输—接受的机械教学方法，让学生真正成为课堂的主体，教师要积极研究并使用科学的教法，发挥引导作用，帮助学生探索更多元、更科学的学法。"知之者，不如好之者。好之者，不如乐之者。"科学的教法、学法让教变得更轻松，让学变得更快乐，形成良性循环。让学生通过学习，用科学知识武装自己，认识社会、了解社会，从而树立正确的价值观去评价社会、适应社会，以便于更加顺利地融入社会。

六、课程评价

课程评价方面，新课标强调有效的评价，应该是有利于教师发展和学生成长的。旧课标在课程、教学评价方面，倾向于对教师的教学效果、学生的学习进度方面，进行纸笔的测验，以掌控师生在政治教与学的过程。新课标更加人性化地要求在评价过程中，关注每一位教师和学生的优点和长处，将过程性评价与终结性评价有机结合。多元、长期的评价方式，让师生在教学中的各个阶段都受到激励。教师对学生的培养，学生的成长，都不再是"一刀切"，而应该结合三维目标，从知识与能力、过程与方法、情感态度价值观等方面，对教师的教学水平和学生的学习程度，进行全面、均衡、公平、灵活的评价，对师生的身心发展起到积极的作用。

七、课程资源

新课标强调的课程资源是一个宏观的概念，外延广泛。通常认为课程资源即凡是可以为教学活动所用的一切资源的总和。要求教师在教学过程中，不再视教材和教参为唯一的课程资源，强调课程资源是可再生、可创新的。教师和学生不仅仅是教学资源的使用者，而应互相启发，共同成为课程丰富、开发的主体。广大教师和学生共同积极利用网络信息覆盖量大、更新快速的特点，选择性地从宏大的网络资源库中提取可用信息，经过创造性地加工，为政治课教学所用。此外，师生们应积极参与社会实践，在实践中启发思维，将政治理论与社会实践有机结合，创建有意义学习。师生们相互配合，积极创设政治教学情境，在合作、探究中进行体验，产生"头脑风暴"。新课标课程设置的层次性，为教师们开发结合地方特点、学校特点的本地课程、校本课程。在开发教学资源的过程中，教师作为组织者和引导者，扮演角色至关重要。新课标要求教师要具备宏观视角和创新思维，对课程和教学都能够从宏观、长远把握。

综上所述，随着新课改、新课标在实践中的不断深入，其影响范围愈加广泛，影响程度日益加深，成效显著。然而，教师、学生在适应新形势、新标准的过程中，受到内外因及各种因素的影响与制约，仍然存在着各种问题与困惑。

第三章 我国高中思想政治课教学的 历史进程研究

随着思想政治教育的不断发展与前进，思想政治课程教学取得了一定的成就。但根据目前高中思想政治教学的现状来看，高中思想政治课程教学还存在一定的问题和不足，主要表现在更加注重学生对知识体系的把握，忽略了作为学习主体的学生的实践性和有效性。第一，理论与实践存在一定的差距。理论的讲解往往有些脱离现实，难以与当下中国的实际相结合，导致学生学习起来没有相关参考性，缺乏实践意义，缺乏一定的说服力。第二，教师讲解的知识点比较抽象，没有与学生的学习、生活相结合，偏离现实，导致学生存在一定的理解困难。第三，随着社会的不断发展和对个人价值的需求，导致学生的学习比较趋向于功利性的学科，认为政治类的学科往往没有什么作用和价值，往往采取忽视的态度。同时，由于社会、学校和家长对分数的过度重视，分数往往成为对学生评价的标准，进而导致学校、教师和家长对思想政治教育的进一步忽视。

第一节 20世纪80年代的高中思想政治课教学 发展历程

中华人民共和国成立初期，高中德育教学工作的主要手段就是思想政治课程教学，国家一直以来高度重视思想政治教学工作的开展。随着思想政治教育的不断发展与前进，高中思想政治课程标准经历不断改革。在1949年至1965年这期间，始终坚持党的正确路线，同时政治课程在学科的地位也得到提高与巩固，相关课程标准越来越规范，教学目标和教学内容也更加明确，使思想政治课程教学不断趋近完善和统一。广大教育工作者也在不断进行相关教学研究，总结相关经验和教学实践，分析教学发展规律，为政治课程教学的不断前进和发展打下了良好的基础，留下了宝贵的经验。这时期的中学政治课程教学有着明显的特点。具体表现在：

一、对德育的重视

1978年4月全国教育工作者大会上，邓小平同志进一步明确了实现德智体全面发展的教育方针，指出了德育与学习科学知识的辩证关系。

1979年4月底至5月，教育部召开全国中小学思想政治教育座谈会，印发《全国中小学思想政治教育座谈会纪要》（以下简称《纪要》）。《纪要》要求中小学生思想政治工作要从实际出发，关注青少年的年龄特点，有目标，注重实效，防止和纠正形式主义成人化等。教育活动内容要生动有趣，形式多样，受到广大青少年的喜爱。会上提出，加强中小学政治思想教育，必须从新时代的共同任务出发，开展小学生宣传教育要秉持四项基本原则，并且应该与革命理想和共产主义道德品质的教育相结合。通过此次会议，各地教育部门开始改变中小学德育教育情况。北京、上海、广东、天津等省市的一些教育理论家和中小学教师工作者对小学、中学和高中的德育纲要展开了探讨，并尝试根据学生不同的年龄段的成长特点来规范德育的具体目标与要求，以此帮助中小学德育教育的目标和内容实现科学、规划的发展路线。

1986年9月中共十二届六中全会颁布的《中共中央关于社会主义精神文明建设指导方针的决议》（以下简称《决议》）提出，从实际出发，鼓励先进，照顾多数，将先进性与广泛性相结合进行道德建设，引导不同思想觉悟的人共同前进，将广大人民的力量凝聚在一起，形成一股强大的力量。采取这种区别对待的道德建设要求，改变了以往"一视同仁"的做法，从根本上改变了中小学德育教育工作的有效性和目的性。同时，随着1988年12月，中共中央《关于改革和加强中小学德育工作的通知》的发布，进一步明确了中小学德育工作的发展要求。具体指出，中小学德育教育工作要根据现阶段我国社会主义初级阶段的发展需要和实际出发，以中小学德育教育工作需要的现状出发，以现阶段青少年和儿童的发展需要出发。青少年学生是国家的未来，是祖国发展壮大的未来建设者，他们担负着重要的使命和任务。因此，中小学德育教育工作者应义不容辞地成为青少年学生健康成长路上的重要支持者和协助者，应发挥德育工作者的精神和力量，帮助青少年学生树立正确的道德思想，使青少年学生思想道德建设再上新台阶。

二、新教材的体系结构

随着党的十一届三中全会的召开和相关教学政策的颁布，中学政治课程的教材也相应地进行了多次改革。1978年，教育部颁布的《全日制十年制中小学教学计划（试行草案）》出台，对中学政治课程教学提出了新的要求。同时，新编的《科学社会主义》《社会发展简史》《政治经济学常识》《辩证唯物主义常识》这四本中学政治课本的印发，再一次为中学政治课程教学指明了方向。这些教材都是以马克思列宁主义为基础思想编制的，使政治课程教学更加有迹可循，使中学政治课程更加规范和科学，进而促进了中学政治课程教学的不断前进与发展。

中学政治课程教学在经历了一段时间的改革与发展之后，在1982年之后的时间里，国家相关部门陆续颁布了初中《社会发展简史》《法律常识》《青少年修养》和高中《辩证唯物主义常识》《政治经济学常识》等相关教材和相关参考用书，相比之前颁布的教材用书，这次颁布的教材有了一定的前进和发展。具体来说主要有两个方面的进步：第一，此次颁布的教材在对相关基本理论的讲述方面，有了注重点，对重要观点进行了重要描述，改变了以往的重点不突出、全都一把抓的局面；第二，将理论与实际相结合，根据该阶段中学生政治教育的需求现状，增加了《法律常识》《青少年修养》相关课程教学，为青少年学生的思想道德品质教育和法制教育打下了基础。

1986年6月，国家教育委员再次颁发了指导文件《中学思想政治课改革实验教学大纲》，主要是由北京、天津、吉林、贵州、上海、广东和北京师范大学与人民教育出版社单位共同进行教材编写，实行多教材一个大纲，同时由国家教育委员会会审查核定，并供广大教育工作者参考选用的教材使用新制度。随着政策的颁布，教材使用新制度开始全面开花，试验点不断发展壮大。同时，由人民教育出版社出版的一系列相关教材，也在全国多个省市得到应用与推广。

三、教学方法的创新

随着中学政治课程教学的不断改革与发展，对中学政治课程教学研究的不断重视，对中学政治课程教学方法的研究也在不断发展与前进。如全国师范院校的政治教育相关专业也开设了中学政治课程教学方法相关课程。中国教育学会设立了中学政治课教学研究会，各省市地区也纷纷响应相关政策，都相继成立了中学政治课程教学研究会，进一步发展中学政治课程教学的相关研究。部分省市，如北京、上海、杭州等地还分别出版了中学政治课教学相关的书籍和刊物。1985年8月，中共中央颁布了《关于改革学校思想品德和政治理论课程教学的通知》，提出：在学校思想品德和政治课程教学中，要擅长通过引导的方式帮助学生通过学习和思考来提升自身的认识和觉悟，进而追寻问题的答案与真相，教师在教学过程中应使用生动有趣的事例来引证相关观点和理论，而不是简单进行讲述和传输。同年5月，万里同志的《全国教育工作会议上的讲话》进一步提出，传统的传输式教育与现今科学技术发展的需求是相违背的，是相抵触的。即便是教授知识，也不应采取这种灌输式的方法，而应该是启迪式的，让学生明白真正的意义和原理。在这一时间段，中学政治课程教育工作者也在研究政治课程教学方法的道路上取得了一定的成效和硕果。这一时期的中学政治课程教学方法主要发生了两个方面的改革创新。

第一，单一传输式教学变为双向探讨式教学。单一式传输式教学形式是教师仅仅简单地向学生传输知识，学生也是被动地接受，缺乏一定的思考和疑问。而双向探讨式教学注重的是教师和学生的双向互动，在教学过程中教师不再是简单地进行传输，学生也不再是被动地接受，而是教师和学生共同探讨、共同思考，教师引导学生进行思考和疑问，让学生在思考中学习新知识，学会自主学习和思考，在教学和学习过程中进行探讨。

第二，讲解式教学变为情感式教学。讲解式教学在中学政治教学中发挥的效用越来越不明显，一直以来讲解式教学都忽视了人的情感感受。而情感式教学则更加注重学生情感的发展，情感教育在中学政治教学中发挥着重要的作用。情感式教学在中学政治教学中要求教师要关注学生的情感发展，对学生坦诚以待，教师要成为学生的引导者和帮助者，成为学生成长路上的良师益友。

总的来说，在 20 世纪 80 年代这一时期，中学政治课程教学不断地发展与前进，并一步一步走向科学化、规范化和系统化的发展道路。在这一时期，国情教育开始融入政治课程教学，德育教育也不断受到重视和发展。在发展的同时，仍然存在一定的弊端和不足，在实际教学中教师采取的教学方式仍然是传统的教学方式，学生缺乏自主学习的锻炼和思考。

第二节　20世纪90年代至课程改革前的高中思想政治课教学发展历程

一、政治课教学与素质教育的分析

20 世纪 90 年代，随着素质教育理念的提出，素质教育成为这一时期教育界的关注重点。1993 年 2 月，中共中央、国务院印发的《中国教育改革和发展纲要》正式提出了素质教育理念，即：中小学教育要从传统教育走向素质教育道路，全面提高国民素质的水平，关注全体学生发展，全面提高学生的思想品德、文化科学、劳动技能及其身心素质，促进学生的健康发展，办出有特色、有优势的中小学教育。素质教育，是指以提高学生素质为目标的教育模式，关注学生的思想道德修养、能力发展、个性养成以及身体和心灵的健康发展。

思想政治课是中学德育的主要实现方式，也是素质教育的重要组成部分，思想政治课程教学与素质教学息息相关。主要体现在：

一是，素质教育重视思想品德素质教育。思想政治课程在教学中有利于学生形成正确的政治思想，养成优良的思想品德，树立正确的人生观、价值观和世界观，在学生思想成长的道路上进行正确的引导和帮助。因此，我们认为，素质教育与思想政治课程教学的核心思想和内容是一致的、统一的。

二是，素质教育重视学生的智慧教育。智慧教育就是培养学生的创新和实践能力，注重智慧教育的思想政治课程不仅需要全面、系统地教授学生哲学知识、法律知识、政治知识、市场经济等符合现代国家和社会发展的相关综合知识，同时，还要注重培养学生的记忆力、理解力、分析力以及综合能力等全方位发展的能力。因而，思想政治课程与素质教育的相结合，就是为了培养全面发展的，具有创新精神和实践能力的高素质发展人才。

二、课程标准的采纳

国家相关部门为了规范和标准化教学，制定和颁发了教学大纲和课程标准。教学大纲和课程标准是进行教材编写和评价教学质量与成效的重要依据和标准。如思想政治课程的实施，十几年来，我国的思想政治课程教学标准一直沿用教学大纲的形式。教学大纲是思想政治课程教学目标、教学内容以及制订教学计划和实施教学的纲领性文件，它明确规定了思想政治课程教学的目的、任务、范围和深度，指出了思想政治课程教学内容的结构体系、教学方法以及教学进度的相关要求；它是制订出版思想政治课程教材和实施教学工作的主要根据，也是检验学生学习成效和教师教学质量的重要评价标准依据。但，教学大纲在对思想政治教学内容的具体目标要求和教学重点的具体标准方面给出明确的规定，而对教学相关要求规定得比较宽泛和简单。另外，在对该学科的学生的考试方式和试卷布局方面也没有明确的规定，使教学评价没有根本依据，只能参照《考试说明》相关内容来实现。

学生在接受教育的过程中，需要按照一定的标准和过程进行学习，因而课程标准的实施就是对学生在进行阶段性学习过程的需要达到的成效与结果做出的具体规定，是学生在特定教育阶段需要达到特定教育目标和质量的具体要求，是对思想政治课程教学实施过程中的基本规定与要求，是学校和教师进行教学管理与课程教学评判的根据，是编写思想政治课程教材、实施思想政治教材和制定考试主体的根本依据。课程标准的制定在一定程度上是为了弥补教学大纲存在的问题和不足，是在教学大纲基础上进行的革新与沿袭。课程标准在教学大纲的基础上，更加明确了思想政治课程教学的根本概念、课程目标、课程实施的意见，是对学生阶段性学习之后的成效的结果表述，在教学内容方面没有进行具体的规范和要求。

课程标准还进一步明确了学生思想政治课程考试的范围，如考试的具体内容、考试的深度等，在一定程度上成为替代《考试说明》的参考性文件。随着1995年，国家教育委员会《关于进一步加强和改进中学思想政治课教学工作的意见》的颁发，更加明确规定要出台相关学科课程标准。而国家教育委员会在1997年4月发布了《九年义务教育小学思想品德课和初中思想政治课课程标准（试行）》文件以及颁布的中学政治课程标准，将课程标准的全国性实施推上了一个新的应用高度，使思想政治课程教学发展迈进了新的发展阶段。

三、教材内容的更新

随着教学大纲和课程标准的颁布，思想政治课程教材的内容也在不断更新换代。1992年9月，国家教育委员会对《全日制中学思想政治教学大纲（试行）》进行了更新。1996年6月，国家教育委员会又印发了《全日制普通高级中学思想政治课课程标准（试行）》，对思想政治课程教学提出了新的要求。随着这一系列文件的颁布，以教学大纲和课程标准为依据的思想政治课程教材内容也不断在更新换代，但总的改革纲领始终与社会主义现代化建设和发展相贴合。

如经济常识教材，根据1992年颁布的教学大纲内容编写的思想政治课程教材是以传统的政治经济学为理论依据，主要包括资本主义和社会主义两部分内容。教材先是对商品、货币、价值等进行了介绍，然后是社会主义发展趋势、公有制的发展、社会主义制度下的商品经济、经济发展中的三大支柱产业、走共同富裕的发展道路以及走向国际化的中国经济发展。但，就教材实际内容来说，一部分内容的描述与经济发展的现实存在落差，相关理论已经不符合当下的实际，内容已经过时；同时，相关的实践教学部分也存在落后的现象，与学生实际生活没有太大关联，学生没有代入感，教学内容也存在冗余、晦涩等问题，教师在实际教学中会存在一定的难度，导致教师教学难，学生学习也难的实际问题。

而在1996年颁布的课程标准，则进一步进行了革新，内容以中国特色社会主义理论为依据，立足当下我国经济发展的实际国情，以我国社会主义市场经济发展为主要教学内容。该课程标准不仅突破了以往以资本主义和社会主义为主要教学内容的大纲教材，将市场经济的基本特征与特殊性特征相融合，讲述社会经济发展过程中生产的各个流程，详尽地阐述了社会主义市场经济发展的相关内容，更是对教材的难度和深度等方面进行了更改，主线内容主要是市场经济方面的基础知识，降低了学生学习的难度，让学生易于理解和接受。该教材的颁布，使学生在学习的过程中，能更好地与实际生活相结合，也更符合当下学生的发展需求。

综合来说，20世纪90年代的思想政治课程教学的转变是以教师为主体的教学转变为关注以学生为主体的教学，以注重知识的学习转变为关注思想政治素质的培养与提高。课程标准也关注的是全体学生的发展，实行全面教育的价值观念，关注学生全面素质的提高与发展。同时，随着社会的不断发展与前进，教材内容与教学方法也不断更新换代，体现当下的社会发展需求，与时俱进地将新的教学理念与教学方法融入教材。

第三节 21世纪实施新课程以来的高中思想政治课教学发展历程

教育部在2003年发布的《全日制义务教育思想政治课标准（实验稿）》和在2004年颁布的《普通高中思想政治课标准（实验稿）》开

启了中学思想政治教育的更新换代和发展的全新局面。这一阶段，政治学科的研究与创新取得了长足的进步，理论探讨也得到了深入发展。在结合教学大纲相关研究的基础上，开始讨论政治学科的建设，产生了一系列具有里程碑意义的研究成果。具体内容：在课程理念方面开始创新发展，脱离了以往陈旧的相关理念，开始运用一系列专业课程概念和专业术语，包括：课程计划、勘测标准、课程实施、课程评价等；一些具有指导性和学术性的相关研究专著开始发布，发表多篇关于思想政治纲领研究的学术文章等。这标志着高中思想政治课程教学和相关研究进入全面、科学的高速发展阶段。此次关于高中思想政治课程教学的现状主要体现在：

一、表现"三位一体"的学习目标

我们以往的课程目标只是单纯地关注学生知识的获取和成绩的高低，而忽略了学生的全面发展和能力的培养。国务院于2001年5月印发的《关于基础教育改革和发展的决定》正式提出了"三位一体"课程目标，该文件的印发目的，是要改变以往在教学中过度重视知识的传输和学生知识的获取，强调教师要帮助学生主动地学习，养成积极主动的学习方式和态度，在传授知识的过程中，培养学生其他各方面的能力，并树立正确的价值观、人生观和世界观。

教育部于2004年3月发布的《普通高中思想政治课程标准（实验）》正式明确了"三位一体"的课程目标，具体包括：情感、态度和价值观，知识和技能，过程和方法。情感、态度和价值观一体的课程目标要求重视学生的自省和内化，关注学生的内心和内心感受，强调学生通过自己的个人实践来感受活动的价值，从而塑造正确的人生观、世界观和价值观。知识和技能一体的课程目标，要求从低到高，将学生获取知识的程度可以分为了解、理解、应用和综合。而技能主要包括实践操作技能和心理智能两方面，主要是学生通过学习而获得的适应相关法则的一种活动。过程和方法一体的课程目标，要求让学生在学习知识的过程中掌握学习方法，锻炼培养自己的能力，形成良好的学习习惯，为终身学习打下良好的基础，成长为一个适应社会发展的学生，也就是让学生真正在"学习中学会学习"。"三位一体"课程的目标是思想政治课程教学改革的重大突破，这意味着思想政治课程标准的根本功能进行了真正意义上的改变，其对学生以后的发展有着深远的影响。

二、研究选修与必修相结合的重要内容

高中思想政治课程在开始必修课程的同时，根据学生发展的需求，关注学生个性化的差异和多样化的发展，设置了具有很强的实践性和拓展性的选修课程。以2004年制定的思想政治课程标准为依据的高中思想政治课程教材是与学生的实际生活相结合，关注学生的全面发展，将学科知识和生活实际、理论基础等相融合的应用型教材。其中，必修课的课程板块主要由四个部分组成，具体包括：政治生活、文化生活、生活与哲学、经济生活。该四个板块的设置不仅体现了相互之间的关联性和层次性，而且体现了以实际生活为基础的实际性。

对于必修课程的学习，要求学生在高一、高二完成，其主要目的是为学生将来的学习以及接受高等教育打下良好的基础。而选修课程的学习，学生可以进行自由选择，其课程内容主要包括生活中的法律常识、公民道德与伦理常识、经济学常识、科学社会主义常识、国家和国际组织常识、科学思维常识这六个课程。选修课程是在必修课程的基础上进行的拓展与延伸，具有多样性、灵活性、选择性的特点，主要是为了满足学生多元化发展。课程内容的设置贴近生活、贴近学生，注重教师与学生共同探索和成长，完成共同学习的一个过程。

三、展现多样化的课程评价准则

课程评价是对课程的规划、实施、结果和其他相关问题作出有价值的判断，并通过系统地收集相关信息并根据一定的评价标准使用不同的定性和定量方法来寻找改进方法的活动。中华人民共和国成立之初，我国高中思想政治科目考核标准比较简单，基本上以教师考核为主。《普通高中思想政治课程标准（实验）》要求制定多种课程评价标准，并对目的、方法、定义等方面提出具体规定。

从考核目的来看，高中思想政治课程标准强调考核应成为促进学生发展、提高教学质量的有力措施，即由以往过分重视筛选、选择功能转变为评价要充分发挥考核的发展功能。在考核方式上，高中思想政治课程标准强调采用综合考核，如考试、谈话、观察、描述性评论、项目考核、自我评价、相互评估等其他灵活的评估方法，更要重视将总结性评估和形成性评估相结合。从评价价值取向的角度来看，思想政治课程标准认为思想政治课要强调情感体验，不仅强调发展学生的认知，而且强调感情、态度和价值观的发展。从评价者的角度看，思想政治课程标准强调将教师评价与学生评价相结合，由以往对教师的单一评价方式转变为多重评价方式，如将学生、学校领导和家长评价相结合。评价标准的多样化，可以充分发挥学生在教学中的主体地位，有利于促进学生素质的全面提高。

四、深入学习研究性学习的方式方法

教育部在2000年1月发布的《全日制普通高级中学课程计划（试验修订稿）》，首次将研究性学习纳入高中综合实践教学活动。而研究性学习是指学生在教师的指导和帮助下，从平时的学生和社会生活中选择和确定相关研究课题，积极主动在这个过程中去获取理论知识、应用实践和解决问题能力的活动。综合实践活动是指包括研究性学习、社会实践、社区服务、劳动技能教育在内的，共同构建的一个综合性活动。其是为了改变思想政治课程教学中传统的教学方式，是为了让学生在一个开放的、多样性的环境中进行学习，有利于学生形成积极主动的学习态度和生活方式，有利于培养学生的创新能力和实践能力。思想政治课程中的研究性学习是一种全新的学习方式。它强调学生积极探索、尝试，深入现实生活。它围绕问题开展活动，强调学生知识和技能的实际应用，注重学生的直接参与和个人实践经验，并通过丰富的实践活动培养学生的情感，启迪学生的思维，引导学生与经济政治生活、文化息息相关。通过研究性学习，可以培养学生的探究精神和创新精神，增强学生问题分析、知识分类、探究等综合应用能力，帮助学生提高辨别和参与社会生活的能力，树立正确的人生观、世界观和价值观。

21世纪实施新课程以来的高中思想政治课教学由过去的学科为本转向以学生的全面发展为本，尊重学生。教师也不再是单纯的传授者，而是学生学习的组织者、引导者、评价者，教师的工作要充分发挥学生的主体性，使学生依靠自身的能动性、自主性、创造性获得发展。新课程倡导的研究性学习方式，使学生在充满民主的教学过程中，提高主动学习、自主学习的能力。

第四章 我国新课程背景下教学策略与教学模式的研究与发展

第一节 高中教学策略的研究与发展

一、高中教学策略的概念

关于"策略"这一词，在很多不同的方面有着微妙的区别，但是最早是在军事方面用到这个词汇，例如在行军打仗的时候会根据当前的战斗形势、人员状况等各方面内容来制定合适的战斗方法。在教学中，更多的是在心理学界会用到，但是与军事方面却有着不同的含义，在心理学中更多的是强调策略的整体框架，是可以普遍地用到各种实际且具体的实践操作情境中的技巧和方法，简单来说，就如同数学中的公式或者定理一样。

对于高中教学策略，其概念并不复杂，就是针对学生的实际情况，结合现实发展需求，目的是为了使得教学效果更佳而制定的一种教育方法或者方针。这样一解释，细化到高中思想政治教学策略就可以很好地理解了，首先要弄清楚目标，也就是提升学生学习思想政治的效果，以此为目的进而分析探究能够达到此目的的方法，最后总结形成固定的教学方法。

高中思想政治教学策略涉及的方面也比较广泛，而且有高低层次之分。更高层次的就是更大方面的教学战略、规划，是从大方向上制定教学活动的方针；低层次的就是从具体针对教学情境而总结的教学步骤、方法等。高层次的教学策略往往是比较固定，不能随意更改的，而低层次的教学策略则不能过于生硬化，需要各个教学部门的相关教师、工作人员根据学生的发展情况和教学实践效果，不断地进行改进，只有这样，教学策略才能更加有效。

二、关于高中教学策略的探究

关于高中教学策略，很多国内外学者在不断地进行研究和探索，美国的教育家史密斯、加涅等人有提出过专业的教学策略，这些其实对于教师们在制定教学策略的时候也有一定的借鉴和参考作用，或者说更多的是思维上的启发作用。因为国内外的教育环境并不一样，且时代发展也不同，在制定教学策略的时候不能原封不动地利用已有的教学策略相关的理论，而是要"因材、因地、因时"。我们国内的关于"教学策略"的研究，在相关的教育文献中出现，还是在20世纪80年代以后。最初人们对于"教学策略"并不是非常重视，是伴随着教学的改革，人们思想观念的改变，"教学策略"才开始在教育领域热起来，一般的研究情况都是大家针对于某一科目具体分析和阐述详尽的教学策略。

三、高中教学策略的发展

第一，对活动教学策略的重视。活动教学策略是教学过程中以学生为主体的一种互动，其具有实践性、操作性、教育性的特点，教学活动是通过激发学生的积极主动性，引导学生去主动探索、思考和实践，进而推动学生的全方面发展和学生综合素质的提高的一种教学方式。

活动教学策略强调的是以学生为本，在教师的指导下，让学生自主思考和探索的并获得知识的一种教学方法。在各个过程中，教师根据教学目标要求和学生的学习需求，为学生创造一种有效的、合适的教学环境，让学生根据自身已获得知识和能力去参与到教学相关的活动中，进而获得新的知识。教学活动的开展是以学生对活动的认知程度为切入点，通过构建的良好的课堂教学气氛，关注思维活动与行为活动的结合、认知活动与情境活动的结合、教师主导活动与学生主导活动的结合、学生个体活动与群体活动的结合，进而改变以往传统教学活动中教师居主导地位、学生只是被动接受的局面，使学生从被动学习的状态转变为积极主动地参与到教学活动中，使学生的自我认识和情感体验得到进一步发展。

第二，对集体参与、合作学习的重视。合作学习是在现今世界上许多国家得到广泛应用的，富有创意和效用的教学策略。合作教学策略对于改变课程教学氛围，提供学生教学效果以及帮助学生培养良好的心理素质和道德品质等方面具有重要的作用，因而也被认为近些年来，在教学领域最为重要的一种创新教学模式。

合作学习模式是一种以小组为基本单位，以小组团体成效为评价基准，通过教学过程中各种动态因素的互动与交流，形成互帮互助的一个团体，进而共同学习、共同进步达到教学目标和学习成效的学习方式。这种教学活动的开展，通常是以小组之间相互协作而进行的，即小组之间进行实践和调查，然后进行探讨、分析和交流意见。一方面，要求教师在教学过程中要以学生为本，明确学生的主体地位，让学生在教学过程中感受到乐趣，让学生感受到参与教学过程中，获得知识的那种成就和幸福。另一方面也强调学生要积极主动地融入到整个教学过程中，教师也要给予每一位学生公平、公正参与教学过程的机会，并根据每一位学生的个性化特点和学习水平，因材施教地，制定出适合学生的教学设计和活动方案。在合作学习中，教师让每一位学生都学会尊重彼此，学会对他人要理解和宽容，学会在表达自己的思想和意见的同时，要善于倾听和接受他人的意义，也让学生的合作意识和团队意识得到进一步的提高。

第三，将教学策略相关方面的研究和心理学界的专业理论进行融合探索。纵观教育，其实最主要的就是"人"的学问，在课堂上教师将学问和知识传输给每一个拥有自己行为习惯和思想的学生，在这一教学过程中拥有很多的未知数和变数，教学工作者就是要根据社会大环境和学生等因素，来制定合适的教学策略，从而使得课堂教学更加有效。正因如此，很多的心理学家主动积极地将心理学科与教育学科进行融合，因为心理学简单来说就是一门研究"人"的学科，所以将心理学科和教育学进行结合是可行并且极其有效的。像我们所熟知的维果茨基、皮亚杰等就是经过不断的分析、研究、总结，从而发表了很多教学策略，并对如今的教学产生了极大的影响。还有现代认知心理学派，他们更注重学生的认知结构、学生的学习和认知的过程，比较特别的是此学派认为教师传授自己的知识的整个教育活动也是自身认知的一个过程。这些不同的心理教育学家和各个心理教育学派通过不断的研究，总结了许多有效的教学策略，不仅为教育教学的发展奠定了深厚的理论基础，更是为后人进行更多的教学策略方面的研究打开了视野。

第二节　高中教学模式的研究与发展

一、高中教学模式的解析

(一)国外高中教学模式的解析

1.程序教学模式

程序教学模式的典型代表是心理学家斯金纳。基础编程教学的过程是基于程序员对学习过程的假设，将教材分成几部分，按一定的顺序排列，对每个项目提出问题，并通过计算机呈现教学或课程。要求学生回答，然后通过给出正确答案进行检查。这种教学形式的优点是可以将难学的内容化为易学，学生可以轻松掌握和巩固，及时响应和强化，有利于调动学习积极性。也可以自己设定学习步调，根据每个人的情况确定学习步调，方便因材施教；缺点是只能显示教学结果，不能显示教学过程，不能控制学生的心理活动。知识被划分为子类别来学习，这影响了学生对整体知识的理解。

2.概念获得教学模式

概念获得教学模式是乔伊斯和威尔在布鲁纳等人的研究基础上创立的。这种教学模式基于布鲁纳的认知心理学学习理论，要求学生能够探索因果关系以及行为、事物和形式概念变化的内在联系。在教师的指导下，通过自己的研究理解概念和原理，像科学家一样学习。这种教学形式的优点是可以鼓励学生主动学习，鼓励学生有内在的学习动机，为学生传递创造力创造条件，形成培育技能；缺点是寻找"发现"需要大量的时间和精力，难以充分推广。一般来说，它更适合逻辑严格的数学学科，但不适合艺术领域的其他情感研究。此外，它需要一定的知识和经验，并且要求学生有相当的思维能力，这使得将这种模式应用到能力较弱的学生身上会变得更加困难。

3.掌握学习教学模式

掌握学习教学模式由当时著名的心理学家和教育家布鲁姆创立。以"人人都能做好"的理念为指导，以小组教学为基础，辅以定期及时的反馈，为学生提供个性化、个性化的帮助。这种教学方法的优点是注重量力而行，根据每个学生的心理特点和差异进行教学，所以大多数学生有技能。根据方案目标，达到教学目标，大大提高教学质量；缺点是教师在上课前要进行大量的准备工作，同时还要在课堂上采用多种不同的教学形式和方法，增加了教师的工作量。总的来说，这种模式更适合平均分或以下的学生，而不是高分的学生。

(二)国内教学模式的研究

1.传统接受教学模式

传统接受教学模式旨在传授系统知识和培养基本技能。强调教师的引导作用，重视教师的权威。这种教学方法在我国中小学广泛使用，是我国的基本教学模式。该教学模式的优势在于：一方面，帮助学生快速有效地吸收大量知识，突出了教学作为简单认知过程的特点。另一方面，可以有效地发挥教师的主导作用，轻松实现预期的教学目标。这种模式主要适用于学科书本知识的传授，加强基础知识和基本技能的训练，以课堂教学系统的主课为主；缺点是学生在教学活动中处于被动地位，不利于促进学生的主动学习。

2.引导发现教学模式

引导发现教学模式又称引导式探究，是一种注重解决问题、注重学生自主活动、注重培养创造性思维能力和意志力的教学模式。就像小学数学尝试教学法、小学数学引导法、中学引导发现法、中学物理研究教学方法等都属于这一类。这种模式的理论基础是杜威的"五步教学法"。该教学模式的好处在于，有助于学生知道如何学习、如何发现问题、如何处理信息、如何在做出假设后进行推理和证明；缺点是常应用于成绩优秀及以上的学生，学生必须具备一定的知识水平才能从数学题中寻找解题的线索。

3.情境陶冶教学模式

情境陶冶教学模式是指在教学活动中创造一种情感与认知相结合的教学环境，在舒适愉快的教学氛围中，使学生能够有效地吸收知识，培养情感。该教学模式的好处是，通过设计某种与现实生活观念相近的艺术观念，对学生进行个性的陶冶和人格的培养，让学生懂得如何待人，懂得照顾自己和与他人相处，提高学生的自主与合作精神，帮助学生取得更大的进步；缺点是在这种教学方法中，教师是激发和维持学生情绪的人。因此，它要求教师具备多种不同的能力，如表演能力、语言能力等，对教师的综合素质要求较高。

4.对分课堂教学模式

中国心理学家张学新于2014年发表《对分课堂：大学课堂教学改革的新探索》一文，这也是对分课堂教学模式的首次提出。对分课堂是一种符合中国教学特点、结合多种教学法优势的新型教学模式。与传统灌输式教学的不同之处在于，对分课堂改变了教师主导课堂的局面，将课堂有机地分离成三部分，既满足了新型课程理念中教师主导、学生主体的要求，又弥补了传统课堂中师生交流少的缺点，实现了课堂中生生互动、师生互动的特点。并且在传统教学中，教师进行讲授后需要学生进行即时讨论，这种模式下的教学没有给学生留出内化的机会，对问题很难有创新性的想法，只能依靠教师的讲解，这不仅违背了心理学规律，也不符合新课标要求下将学生作为主体的课堂模式。对分课堂模式考虑到传统教学的不利之处，结合新时代学生不断变化的需求，将教师讲授时间缩短，为学生留出自主学习时间，并将讨论式课堂改进并融合，小组讨论和交流占据课堂一半时间。并且内化环节中学生可以通过多种形式体现学习成果，并通过对书本内容的整理、归纳和总结，对学习内容产生更加深刻的见解。这一过程不仅能减轻教师组织课堂、备课讲课的负担，更能够培养学生发散性、创新性思维和批判性能力，使学生有准备地进入讨论环节，有助于提高讨论的质量，更好地实现教学目标。

对分课堂教学模式与国外的翻转课堂有一定相似和相通之处，翻转课堂中教师不再是课堂的主导者，而是更倾向于促进者的角色，同时课堂也增加了小组讨论和小组评估的学习活动。但翻转课堂中更加强调学生使用设备提前观看教师制作的视频，而考虑目前学生的学习及现实情况，翻转课堂实行还存在一定困难。而对分课堂教学模式则传承了合作学习的理念，在对分课堂教学模式中，学生团体是以教室结构为基本形式的，小组成员在交流中进行思维和想法的不断碰撞，为知识建构提供前提，积极的课堂氛围和合作完成目标的过程都能够促进学生学习。对分课堂教学模式继承了合作学习的精髓，旨在学生在团体学习中促进合作能力的发展。

对分课堂教学模式分为三个环节，分别为讲授、内化吸收、讨论，因此对分课堂教学模式也可简称为PAD课堂。

（1）教师讲授

教师讲授是对分课堂模式的流程中的第一环节，是整堂课进行的基础，也是学生展开课堂学习的保证，对整体课堂质量和效果有着十分重要的影响。教师讲授阶段不比传统课堂的讲授，时间大大缩短，目的是为学生内化阶段服务，为学生留出探索的空间。讲授内容也需要教师提炼和精细化，时间有限教师讲解不能事无巨细，而需"精讲留白"，针对文章内容框架及语句重难点重点讲解。由教师为学生介绍主要课堂内容，联系思维导图使学生明白本节主要任务对整体框架结构形成总体了解后，锻炼学生对阅读策略的使用，略读了解文章大意寻读把握文章细节；另外，巧妙利用练习题完成学生对文章的泛读和精读，题目由易到难、由简到繁；最后，教师选择重点词、难解句进行点拨讲授，完成整个的知识框架的建构，帮助学生从整体上、多层次、多角度掌握本节内容。讲授环节作业的布置也要根据知识目标和学生特点合理设置，考虑学生最近发展区，使学生在实践中有完成的可能性。

（2）学生内化吸收

教师带领全班快速完成文章框架和重难点的整理后，留下目标性学习任务，学生进行自主建构。学生吸收理解文章大意知识点也是内化为个体知识的过程，处理加工知识体系完成对文章的深层理解。为学生留出内化时间不仅可以巩固深化所学内容，同时也能对课上学习效果自我监督检查。在内化吸收的学习阶段中，学生可以自由使用喜欢的方式学习，以自己的方式消化讲解内容和难点笔记，学生依靠主观能动性深层学习，能够锻炼独立思考能力和批判性精神。学生在自主学习过程中，锻炼发散思维和批判精神，利用适合自己的学习方法内化吸收最终形成自己的独特见解，更新了知识结构，为后续的课程做好讨论准备。内化阶段学生学习形式可以根据自身特点调节完善，可通过读书、整理笔记、做同类型练习题等方式不断对课堂内容深入探索，遇到疑难问题整理出来，在讨论环节由小组同学和教师共同帮助解决。这一阶段解决了学生被动接受知识的问题，提高学生学习兴趣和学习动机，满足学习成就感。

5.“两段八步”教学模式

（1）自主预习阶段

目前，学生自主学习能力的培养和锻炼已经成为《新课标》所提出的一项重要的目标。预习是求知道路上的第一步。科学的预习是学生利用成熟经验，对新的学习内容进行主动探究的过程。同时，课前预习在整个教学过程中居于重要地位。

“两段八步”教学模式把握了这一关键步骤，同时立足于高中生比较成熟的认知能力，学生的自主预习变得更加重要和科学。结合导学案，该模式的自主预习阶段分为三个步骤：①研究目标，明确学法。这一步骤的主要目的是促使学生认真研究本框的“学习目标”和“学法指导及相关要求”，以明确具体学习过程中需达到什么目标方向，采取何种方式方法。②独立学习，完成学案。这一步骤的主要任务是让学生完成"自学导航"部分的内容。该过程具体要求学生要先对教材进行熟悉，以便顺利完成导学案中的相应题目，同时也对学生的学习态度有警示，希望学有余力的人可以提前进行"合作探究"部分的内容学习。③小组合作，对学群学。设计这一步的主要目的是将学生在独立学习过程中，由于自身理解学习能力的局限性着实解答不了的疑难，通过小组内的交流沟通尝试处理。

（2）展示提升阶段

这个阶段是通过小组内的合作探究活动，学生将学习的效果和遇到的疑难问题进行当众展示，利用集体的智慧解决这些重难点问题的阶段。此阶段分为五个步骤：①检查自学，巩固基础。这一环节是对学生基础知识的掌握情况进行摸底排查。其间，主要让学生充分地发挥主动性。首先采取学生之间互问互答的方式，将疑问点抛出，随后由教师出面对答案进行解释和规范。如遇到学生没有提出的重点问题，教师需要提出该问题，引导学生思考理解。另外，基础知识梳理过后需让学生利用小组这个高效的大环境快速地将这些问题掌握到位。②小组合作，探究疑难。这一环节依靠的是小组的合力。通过小组内部的讨论交流，成员们可以清楚地表达自身的想法和思路，遇到集体思维无法统一的疑难点时，可以标记出来等到"展示点评"环节放到课堂上交由整个班级解决。③师生互动，展示点评。该环节是利用教师和学生双方良性的双向互动，加速达成学习目标的关键步骤。其间，教师可先把需要展示的学习任务在各组进行适当的分配，同时小组长要发挥好统帅作用，确定好要登台展示的学生，并且对展示的内容把好关。每组完成展示之后，可由其他组进行点评和补充，最终教师要进行展示效果的点评和重难点问题的强调。④当堂检测，训练反馈。此环节有助于教师检测学生学习的实际效果，对学生的知识掌握情况和自身的教学实效做到第一时间掌控。在设计检测题目时，一定要紧扣书本内容，题目要有足够的代表性、层次性。同时，题量不宜过多。⑤自主反思，总结提升。这一步骤留给学生自由发挥，可按照自己的思路自主构建知识框，也可总结学习过程中的收获或者不足之处。

（3）"两段八步"的载体——导学案

有学者提到，利用导学案的预习方式进行教学就是对新课程教学思想的继承和延续，目的是在课堂教学中依据学生的真实反馈，及时给予学生科学合理的学法指导，以达到全面提升学生素质的最佳目标。导学案作为师生间的桥梁纽带，连接着课堂教师的指导与学生自主学习。学案运用的绝妙之处在于它可以将知识点以问题的形式呈现，更加有利于学生进行主动思考，实现教学目标。具体包括：①研究准备。导学案要想编写得科学合理，离不开教师做好准备研究工作。首先，要将教材和课标研究透彻，把握清楚教学目标和重难点。其次，要对学情进行研究，把握学生的知识掌握情况和学习能力。最后，要对考题的范围以及考试热点进行分析。②形成流程。任课教师首先自行准备编辑每节课的学案，然后在每天的集体说课时间里进行学科组的集体研讨，经组长的梳理肯定，最终形成共案，可待个人充分发挥主观能动性，结合自身特色和学生特点进行第二次准备。教师的第二次学案调整是在学科小组科学共案的基础上进行的个性化调整，在结合集体智慧的同时，教师可依据个人习惯和风格，加入个性化教学指导，将导学案变成自己的教案。③构成内容及要求：学习目标，严格依照课标、教参设定；重点、难点，依据课标要求和具体学情等因素设定；学法指导与要求引导学生认真研读"学习目标"和"重点难点"；仔细通读教材，有重点意识，学会自己划出重要内容。遇到不能理解的问题可以求助同学，如果问题难度较大，仍不能解决需做好标记，等到课堂上解决。④自学导航：知识链接；基本知识、基本技能导读。⑤合作探究：由于"合作探究"发挥的是小组集体的力量，所以该部分内容的题目设置要求必须体现学习重难点，同时题目的难易程度要适中，考虑大部分同学的接受程度。⑥典例分析：要求教师搜寻与重难点知识有关的，极具代表性的问题让学生亲身体验。⑦当堂检测：同样，该部分题目要题量适中，照顾到不同层次的学生。在形式上可以采用选择题，也可以设计主观题，甚至还可以采用提问的形式让学生当场作答。⑧归纳总结：自主构建知识框架；整理完善学案；书写收获和感悟。

二、教学模式的发展趋势

（一）由单一教学模式向多样化教学模式发展

在古代和现代社会，占主导地位的学校教育方法很简单，主要是接受式教学。德国著名教育家赫尔巴特在其《普通教育学》一书中强调了系统知识的重要性和课堂的作用，强调了教材的重要性和教师的权威。现代教育理论流派的代表人物是著名教育家杜威，他针对传统教学模式只注重知识的传授和接受，忽视和阻碍学生主动性、积极性和实践性的发展的缺点，提出了新的三中心理论。这对学习理论产生了重大影响。20世纪以来，美国的教育和教育实践的发展也影响了许多国家的教育发展。在教学方法发展的这个阶段，传统教学方法和现代教学方法之间开始了一个共存、对立、冲突和对抗的时期，这种情况一直持续到20世纪50年代。此后，随着新的教学理念和新技术革命的出现，教学发生了很大的变化，各种学习模式也随之出现。

（二）由被动性向主动性转变

传统教学主要是基于知识的传递和获取。这种教学方法的优点是注重教师在学习过程中的核心作用，同时强调教学的科学性、系统性、强化性和直观性，使学生在较短时间内迅速掌握长期积累的系统科学知识和技能，有利于科学文化知识的系统传播和掌握。就知识转移而言，它是一种相对经济的教学方法。然而，这种教学形式的一个主要缺点是，学生在学习过程中往往处于被动接受知识的状态。现代学习理论非常重视学生的主体性发展，强调尊重学生的价值观和人的尊严。当代教学理论认为，教师应在学习过程中实施民主教学，在教师和学生之间建立平等、民主、和谐的关系。因此，主体性是现代教学理论的一个核心特征，也是现代教学理论发展的一个主要趋势。

（三）由归纳模式向演绎模式发展，再到两者并重

教育学的两个主要类型是归纳法和演绎法。归纳和演绎是人类推理中最古老和最广泛使用的方法。它涉及个人和一般关系，事物和概念

之间的外部关系。归纳法是一种思维方式，即从一些个别事物中综合出一般概念、原则或结论。它具有很强的操作性，但也充满了主观经验，其科学性必须在教学实践过程中得到检验。

所谓演绎法是指在一般理论知识的基础上对个别和具体现象的理解。它的出发点是科学的理论假设，思维方式是演绎式的。在当时的古代和现代社会中，人们对教学过程的性质和规律性缺乏了解，对学习理论的抽象和概括程度不高，对教学领域的研究水平也不高。因此，这一阶段的教学方式主要是归纳式的。如今，随着人们对教学过程的性质和规律性认识的提高，经过推理和研究，教学理论的抽象性和概括性也随之提高。

由于归纳法和演绎法各有其价值和优势，在今天的教育学发展中，有一种明显的趋势，即这两种方法共存。它们相互联系、相互补充，使教学方法日益成熟和优化。

第三节　高中思想政治课程改革与现代教育技术

一、高中思想政治新课程改革的要求

我国高中思想政治新课程改革主要体现在三个方面的内容。第一，重视学生的发展。这方面的内容主要体现在教学目标上，要求根据课程标准、教学内容开展有效的教学，进行知识、技能等方面的根本性教学目标，还要关注学生发展目标的达成。同时，在教学过程中，教师设计课堂教学策略，在教学策略中要能激发学生的学习兴趣，体现学生的主体性地位，激励学生主动进行探究，进而促进教学目标的达成。在教学中，教师也要明确自身的定位，教师不仅是一个知识的传授者，而要成为一个指导者和教学方法的创建者，要调动学生在学习中的主观能动性。第二，重视教师的自我发展。课程标准中的评价目标要求，课程教学评价要重视教师在教学中的成长和发展方向。关注

的是教师根据学生学习过程中提出的问题，教师制定相应的问题解决方法，制定相应的教学方向，制定教师的个人前进方向，进而推动教师的进一步发展。第三，重视以学评教。新课程标准下的教学要求以生为本，在教学过程中要体现学生的主体性，在对传统教学课程评价进行改革的基础上，以学生在平时的教学中展现的学习状态去评价和分析教师的教学成果和教学质量，达到以学生的"学"去检验教师的"教"的评价标准。

在当下新课程不断发展和创新的基础下，要持续深化和研究新课改下的高中思想政治教育教学，要重视和关注生命的价值和意义，要提高学生的道德思想品质，要以教师和学生为主体，形成教师、学生全面发展、相互发展和可持续发展的生态教学系统。将生态学相关理论观点融入思想政治教育教学领域，形成以生态教学提升学生的自由、全面健康成长以及教师的可持续性发展为目标。

二、教学模式与教学策略运用带来的教学变化

（一）重视双主体型教学方式

传统的教学方式往往关注的是学生对知识的接受和掌握程度，没有关注学生的主体性，导致学生只是在被动接受知识的传输。在这种传统的教学过程中，学生的学习兴趣和学习热情没有得到释放，在一定程度上抑制了学生的思维发展和智力的提升。而新课改的目的就是为了改变这一现状，课程标准的目的就是关注学生的发展，要使学生主动性的、能动性地去发展，而这种形式的教学方式对传统教学方法是一种全新的变革与挑战。为了满足新课程背景下的教学目标的达成，传统教学方式就必须有所突破和革新，在这种背景下，新的教学理念应运而生。新的教学理念认为，在教学中要以学生为主体，要改变以往传统教学中的教师为主体的教学方式，要在教学过程中搭建一种教师和学生进行互动的教学方式，既能体现教师的主体性，发挥教师的主导性作用，又能体现学生的主体性，进行双主体形式的教学。总的来说，就是在教学过程中，发挥教师和学生的双主体作用，教师在教的过程中发挥主导作用，加强对教学过程中的组织管理，提升对学生

人格成才、品德培养以及情感方面的教学，同时引导学生在教学过程中主动地去进行思考和探索，进行有效的互动、有效的学习和获取知识、有效的感知情感体验，并能在这过程中有效地掌握解决问题的方法。

（二）应用探究式教学，培养学生能力

著名课程论专家施瓦布教授在研究学科构造的相关基础上，提出了探究式教学策略。探究式教学就是在教学的过程中运用科学探究的思维与方法进行教学，就是教师对学生进行有效的引导，以学生为主体，进行互动式教学，教师和学生相互进行有效的交流与启发，促使学生积极主动地参与到教学过程中，有效地完成学习任务的一种教学方式。应用探究式教学，教师是学生的引导者，教师要发挥自身的经验优势和探索思维，引导和激发学生的探究心理，向学生明确探究的要求和目的，以探究的思维进行重点和难点的教学，完成教学中的答疑解惑。同时，在教学的过程中教师要发挥自身的主导性作用，要对教学的进度和方向有一个合理的掌控，要采取激励的方式去引导学生参与教学活动，以肯定的方式去评价学生参与教学活动的表现，循序渐进地去引导和鼓励学生进行创造和探究。在探究式教学过程中，学生作为学习的主体，要在教师的引导和启发下，进行自主的探究，以自己的思维方式去理解和接受教师教授的知识和技能，并将其融入到自己构建的知识系统中，不断提高自己接受知识的能力和解决问题的能力。

（三）与现代科技紧密相连

在传统的教学过程中，教师与学生之间的互动和信息传递，往往只能通过语言交流和教材来进行，形式比较单一。但随着社会的不断发展和科学技术的不断创新发展，现代科学技术改变以往单一的教师与学生传递信息的方式，在现代教学过程中，信息技术被广泛应用于教学过程中，如幻灯片、白板、视频等。传统的教学模式已被现代化的多媒体教学技术所替代，而在现代化的教学策略设计中，也越来越多地运用到新的科学技术新理论和新成果。教学形式、教学方法、教学手段、教学理念不断受到现代科学技术的影响，为传统的教学方式创造了更多的可能，也在一定程度上提升了教学条件和教学方式的创新，进而促进了教学的有效性和质量的提升。

三、现代高中思想政治课生态教学教育技术的研究

(一)高中思想政治课生态教学的理论依据

1.生态学思维在政治课教学实践中的运用

由莱奥波尔德提出的生态伦理学认为，生态系统中存在的每一个物种对于生态系统而言都具有存在的价值和意义，因此，生态伦理学关注的是对每一个生命体的尊重。而将生态学思维应用到思想政治教学中，关注的也是对每一个生命个体的尊重，即每一位学生都有其存在的价值和意义，都是独一无二的，不可替代的。

以生态学思维中的价值观、人生观和世界观的理论为基础进行的思想政治课程教学，其生态教学的目标就是要让学生进行全面的、自由的个性化发展，构建自主性学习的课堂，组织和引导学生进行探究式的合作学习，帮助学生形成自主学习的习惯，实现学生的个性化发展。生态学思维应用到高中思想政治教学中就是不仅要关注学生自身发展的需求、能力的提升、个性化的发展以及素质的提高，还要重视学生的社会关系，帮助学生建立一种内在与外在和谐发展，与社会和谐的关系，促进社会生态的发展和前进。

2.教育生态学在政治课教学实践中的运用

20世纪70年代在西方兴起的教育生态学是生态学原理在教育学中渗透与应用的产物，它运用生态学的方法来研究教育，从影响教育的物质环境、精神环境的相互联系中，综合性地研究教育发展的规律，以不断提高教育的效益。

思想政治课教学具有重要的现实指向性，实践特征尤为突出，其学习内容如果仅仅局限在刻板的书本中，脱离丰富的生活知识和学生个体通过思考、研究、比较、反思等过程总结的实践知识，那纯粹的书本知识就无法内化成为学生掌握的有效知识，也无法影响其行为，改变或完善其个性和品质。比如在学习"科学发展观"时，教师单纯地

将其概括为"以人为本，坚持全面、协调、可持续发展"传授给学生，学生的反应肯定平平，但是，如果教师能够将科学发展观的主旨要义同学生个人的成长结合起来，引导学生做好自己的学业和职业规划，并根据自身的实际，制定一年或五年生涯设计，学生在内化科学发展观的概念知识的同时，有了更加形象的生活知识和个人实践知识的参与，教学成效尤为突出。

3.主体教育理论在政治课教学实践中的运用

在20世纪80年代，受主体性哲学思想的启发与影响，以主体性哲学思想为理论基础的主体教育思想应运而生。主体教育思想关注的是人本身的一种自我表现和对自身完善的一种需求，其主要的目的与核心观念就是重视人的发展。也就是明确在教学活动中学生的主体地位，以学生为中心，不断激发、激励学生的自主性、能动性和创造性，发挥学生的主体性影响，引导和培养学生成为社会活动中的主体，进而引领社会的发展前进。

主体教育思想应用到高中思想政治课程教学中，就是教师要明确学生的主体地位，发挥学生的主体性作用，激发学生的兴趣动力，让学生主动积极地参与到教学过程中。同时，教师要关注学生的个体特征和差异性，要因材施教，激发学生的个性潜能和创造力，引导学生不断创造和发展。还要注重培养学生与他人合作与交往的能力、参与社会活动的能力。在教学过程中不仅重视学生知识的获取，更为重要的是要让学生以主体性的地位，发展个性化的特征，进而在主体性教学中得到全面发展。

4.开放式教育理念在政治课教学实践中的运用

开放式教育理念是一种采取鼓励的方式让儿童参与到学习活动中，以儿童为中心的教学方式。在教学过程中教师鼓励儿童积极主动地参与到学习活动中，教师采取开放式的态度，允许儿童自己选择学习的方式，进而培养出学生对进行学习活动的一种组织、计划和决定的能力。开放式的学习方式具有开放的学习空间，可以对这个教学课程资源进行统筹，也重视教师和学生之间的沟通与交流，重视在学习活动中的各种创造性的想法与行为。

开放式教育理念运用到高中思想政治课程教学中，强调的就是教师运用各种学习资源，利用社会、市场经济、社会交往中的开放性特征，创造一个开放式的学习环境，引起学生的好奇心，激发学生的兴趣和求知欲，进而培养学生的自主学习和合作探究的能力，引导学生不断创新发展，提高自身发展的需求。

(二)高中思想政治课生态教学的教育功能

高中思想政治课生态教学的教育功能与其具有的生态特征是息息相关的，具有密切关联的。通过构建高中思想政治生态课教学这一个复合型的教育生态系统，可以将生态型教学模式所具有的丰富性的、多样性的生态特征体现出来，同时，在这一个构建过程中可以将高中思想政治课生态教学具有的教育功能得到充分的体现和发挥，进而构建一个健康规律的生态教学系统。因高中思想政治课生态教学所具有的整体性、开放性、生命性、动态平衡性、共生性这五大特点，所以高中思想政治课生态教学具有可持续性育人、系统规范、动力促进这三个方面的功能。

1.可持续性育人功能

我们理解的传统意义上的"育人"是指教师对学生的关注和爱护，在教导学生知识的过程中，身体力行的，以教师自身具有的思想道德品质和人格魅力，对学生进行言行上的引导和身教，帮助学生不断成长和进步，树立正确的世界观、人生观和价值观，完成学生对自己人格的成长和塑造，实现学生自身的人生追求和价值体现。高中思想政治课生态教学系统是在教学实践过程中构建以德育生态、课程生态、课堂生态、环境生态这四层面为一体的生态育人模式，其是以一种全新的视角为我们解读了高中思想政治生态教学的，因而其可以发挥可持续性的、无限性的、全面性的育人功能，可以使整个生态教学过程达到课程停止而育人功能仍可持续发挥的效用。

在传统的高中思想政治课程教学中我们关注的是教学的效果，关注的是教学的整体性，关注教学结果的标准化答案，进而显得有些急功近利。而以生态教学评价为理论基础支持和保证的高中思想政治课生态教学重视的是学生的个性化成长，重视学生全面化、自由化的发展与成长。教育教学这项工作一直以来都是任重而道远的，都是不能急于求成的。在现实教学中，很多教师往往深谙此道理，但是由于社会、学校、家长和体制等各方面的影响因素以及各种管理方式和评价方式的桎梏，造成教师往往采取忽视的态度，仍然采取错误的方式，导致对学生的培养变得固化、流程化，学生失去了自身的个性化与全面化发展。而生态化评价的在教学过程中的应用，帮助教师挣脱了这一层桎梏，可以在教学过程中得到全面的发挥。从这一层面去解读，生态教学则是对教育农业培育的一种重拾，而不是时代的一种退步。高中思想政治课生态教学重视的是要让学生在生态教学过程中真正学会的同时，能真正地实现会学、会做、会思考，会不断延伸发展，实现自身的可持续发展和终身学习，终生受益。

高中思想政治课生态教学体系发挥环境生态、德育生态、课堂生态的各自优势，使它们都成为育人环境的有机组成部分，使政治教学成为一项系统工程，构建了有特色、全方位的生态教学育人环境。

从以上层面上来说，高中思想政治课生态教学育人功能具有可持续性、无限性发展的特征，是能实现一定意义上的课程停止而育人功能持续的效果的。高中思想政治课生态教学是能充分发挥学生的主体性和主观能动性作用的一种教学方式，是能帮助学生实现自我管理、自我教育等功能的一种重要途径，能帮助学生不断探索、不断创新以及完善自身人格、素质的塑造。

2.系统规范功能

我们知道，自然生态系统主要由无机环境和生物群落组成。无机环境是一个生态系统的基础，其条件的好坏直接决定生态系统的复杂程度和其中生物群落的丰富度。生物群落则是与无机环境完全相反，生物群落既能作为生态系统的一部分不断改变生态系统中的环境，也能改变生态系统中与之关联的周围的环境。在生态系统中的各种物质可以将无机环境与生物群落紧密地融合在一起。生态系统中的各个组成部分相互之间联系紧密，以自然规律的准则，不断地规范着这个生态系统，进而也不断影响着其中各个不同的个体生物，使生态系统形成一个能发挥一定功能的有机整合体。

同自然界的生态系统相似，高中思想政治课生态教学把高中政治课当作一个复合的生态系统，由各种相互作用、相互影响的因素组成，这些因素不是杂乱无章的，而是整体地、系统地、规范无形地影响着教学的开展，使政治教学能够井然有序地进行，这些规范既包括有形的教学制度规范，也包括人际关系中各种无形的制约。

高中思想政治课生态系统规范不仅对于整个生态系统的存在、高中思想政治课生态教学的发展是至关重要的，而且对于师生个体的存在、发展也是必不可少的。师生作为一种高级社会生物存在，它满足自身物质与精神需要的方式，不同于动物的本能活动。其特殊性表现在两个方面：一是师生个体是通过借鉴、获取、生成知识来实现其成长的需要。二是人的成长具有社会性特点，即以群体联合团队协作的方式弥补个体能力的不足，从而最大限度地促进自身成长。这种团队协作是在系统规范引导下结成一定的社会关系，按系统规范要求来统一意志行动。系统规范反映了一个学习共同体的共同意见，即一种共同的价值体系。学生要在群体中生活，必须掌握这种价值标准，并自觉地用以约束自身的行为，调节人际交往活动，才能为其他同学与教师所接纳。这种适应高中思想政治课生态系统的价值需要的过程，也就是学生个体获得他人认可，完成适应的过程。因此，系统规范就个体心理学意义来说，它是个体社会行为选择及定向的工具，有助于高中思想政治课生态教学中的师生个人养成良好的学习习惯与协作能力。

从整个生态系统的角度来讲，系统中各要素呈现相互合作、相互竞争的关系状态，必然有从系统中获取满足自己需要的资料与人际关系的需要，因而，从这种意义上说，高中思想政治课生态教学就是一个需要驱动体。

3.动力促进功能

根据管理学相关理论进行分析，动力主要可以分为物质动力、精神动力、信息动力三个方面。在高中思想政治课教学中，我们只有深入地发掘和探索，进而发挥三个方面的动力，才能源源不断地发挥教师和学生的精神驱动力，才能真正发挥高中思想政治课生态教学所有的强大的效力和助推力。

对于构建高中思想政治课生态教学，需要从两个方面入手。第一，教师和学生要共同构建一个和谐、自由、平等、互助的教学生态环境，要使教师学生之间形成合作关系，将所有力量团结在一起，形成一个动力支撑点。在这个生态教学环境中，教师和学生之间进行分享，一起整合各种学习资源，构建一个良好的学习平台，学生在搜索各种学习资源和分享的过程中，在这种进行自我展示的过程中，就形成了一种物质动力，在这种物质动力的驱使下能不断激发学生的学习兴趣和热情，同时也培养锻炼了学生的交流合作能力和责任感。第二，教师在构建生态教学过程中，要找寻一切可利用的社会资源和教学资源，要与时俱进地带进来走出去，在分析学生兴趣和好奇点的基础上，尊重学生选择的自由和多样化的审美，组织各种各样丰富的学生社团、主题活动和兴趣小组等拓展活动，在开展活动的过程中不断丰富学生的知识和眼界，激发学生的好奇心和探索欲望，引导学生不断去思考和探索，培养学生热爱科学、热爱生活的精神，进一步培养学生的创新和研究精神，提高学生运用知识去发现问题、解决问题、思考问题的能力，从而形成一个良性循环，为整个高中思想政治课生态教学提供可持续的、源源不断的能量和动力。

所谓精神动力就是一种精神层面的力量，即教师和学生共同认同的，包括正确的世界观、人生观、价值观、文化精神等，也包含日常学生和生活中的与思想有关的精神动力。精神动力不仅弥补了物质动力存在的不足，而且因其自身所具有的巨大的能力和支撑，在某些特殊情况下会成为关键性的，取决定性作用的动力精神。在高中思想政治课生态教学中，通过德育这一生态模式可以不断培养和壮大学生的心理和道德品质，通过构建一个良好的生态环境，可以引导和帮助学生进行精神文明建设和发展，给高中思想政治课教学注入源源不断的活力和生机。在这个过程中，可以让教师和学生产生愉快的、舒适的、充满力量的感觉，对教师和学生形成潜移默化的影响和改变，进而使教师和学生乐在其中，形成继续进行下去的欲望，达到寓教于乐的良性循环。

在现今这个信息化的时代，信息是一切活动开展的基础，是与外界沟通的重要内容，是推进我们不断前进的动力。因此，在高中思想政治课生态教学中，不论是推进教学的不断前进与发展，还是助推学生全面化的发展和进步，信息动力都是其中不可或缺的重要因素。在高中思想政治课生态教学中，学生需要通过生态教学评价相关信息的反馈了解自身的发展情况，不断调整自身发展的需求和不足，进而完成对自身的塑造和完善，同时学校和教师也需要通过与其他学校、其他班级、其他教师等环境生态方面的信息交流和反馈，来进一步发展和拓宽信息交流和反馈的途径。在高中思想政治课生态教学过程中，教师要激发学生情趣，引导学生不断参与到整个教学过程中，要关注生活、引入生活，要不断探索、不断展示，同时也要让整个教学过程生动有趣，进而达成教学目标，关注教学成果，最后是进行反思评价，回归到学生。通过发挥信息动力的作用，引领学生学会正视问题、探讨问题、解决问题，激发学生的学习动力，使学生更加积极主动地去直面思想政治课学习中的问题和挑战，最终在学习过程中实现自身价值的体现，实现自身全面化的成长与展示。动力功能是教学本身所具有的一种重要的育人功能，既是一种对学生自身鼓励的方式方法，也是一种鼓励学生积极主动进行学习的措施。

第五章　参与理念下的高中政治课堂教学

第一节　高中思想政治课实施参与式教学的必要性

当前，大多数高中学校在思想政治课教学上取得了一定的成效，但是教学的育人性却不甚乐观。当下的这种教学状况对思想政治课育人功效的实现，某种程度上造成了不利影响。

我们应该积极探索并实践新的教学方法。参与式教学是对学生创新精神和实践能力进行培养的一种教学方法。参与式教学法以马克思主义哲学、心理学、教育学等为理论依据，教学中强调要充分发挥学生主体性，让学生主动参与到教学活动中，同其他学生进行交流合作，从而在实践中构建学生的知识结构，培养学生情感体验，不断提高学生解决问题的能力。参与式教学法同传统教学方式中的"灌输式""注入式"教学方式是截然不同的，是教学方法的一次伟大创新，在高中思想政治课教学中具有实施必要性。

一、改善高中思想政治课教学现状的必然要求

当前高中思想政治课教学中，学生课堂学习封闭固化，日复一日重复旧课复习、新课导入、新课讲授、单元总结、课后练习等固定课堂教学环境。这种固化式教学结构尽管在对学生知识的传授上具有一些实用价值，但明显存在弊端：容易让思想政治课变成教师的说教课，课堂教学中学生主体作用难以发挥，知识之间的系统性及联系性容易被割断；学生只是单纯在课堂上进行理论知识的学习。在信息化时代中，政治课教学需要理论联系实际，需要教师联系近期国家大事，联系社会新事物、新思想进行教学。但是有的教师由于观念上的保守性，

他们的知识储备难以适应新时代要求，实践经验同社会发展不相适应，讲课中难以与时俱进，难以进行创新性开拓。有的高中教师长期从事教学工作，生活工作范围只局限于家庭、学校这个小社会，同社会接触有限，难以拥有较强的社会活动组织能力，在教学中较难做到理论同实践的有机结合。因而在思想政治课课堂教学中，有的教学内容仅局限于对传统的理论进行讲授，未能在课堂教学中融入当下的新观念，未能对人类社会最先进的科学成果进行吸收。还有些高中思想政治课教师实践经验少，课堂教学中不能对课堂教学活动进行有效组织。

高中阶段，学生面临高考压力，他们学习紧张，只是一味沉溺于学习中，对社会中的事物不关心，难以在社会生活中对社会现象运用所学的知识进行分析。这种教学下所培养的学生多是书本型人才，只是理论上的人才。更严重的是，传统教学方式下，学生错误地认为政治学习同高考联系不大，政治学习无关紧要，导致他们的学习主动性很差。同时，高中思想政治课教学考评标准只是单纯的成绩考核，通过试卷考试对学生的知识点掌握情况进行考查，试卷答案固定，这多会将学生带入政治学习死记硬背的死胡同。长期这样学习下去，学生学习思维能力难以提高。高中思想政治课单一僵化的考核方式让学生心理压力很大，在考试分数面前，他们有一种挫败感，长期挫败感会让部分学生产生厌学情绪。还有些学生在思想政治课学习中为了应付考试会投机取巧，这种学习状态下，尽管学生的成绩可能会很高，但是却严重制约了他们解决问题能力的培养及综合素质的提高。

将参与式教学应用到高中思想政治课教学中，可以打破传统教学方式对教师教学及学生学习上的束缚。参与式教学下，学生是学习的主体，教师却不再是教学的支配者，而是变成了教学上的引导者及支持者，课堂教学氛围活跃，思想政治课教学实效性更强，能够有效改善高中思想政治课教学现状。

"情境"两字在《普通高中思想政治课程标准（2017年版2020年修订）》中总共出现了72次，可见新课标对情境教学在高中思想政治课堂中的应用寄予较高的期望，同时也提出了新的要求。在《普通高中思想政治课程标准（2017年版2020年修订）》第六部分中提出的高中思想政治教学与评价的第三个建议是采用情境创设的综合性教学形式来优化案例。高中思想政治课因涉及的学科较多，为满足学生的社会化成长需要，教师应该采取综合性教学。具体而言就是要引导学生凭借教师创设的相关情境，通过自主学习、合作探究学习等方式主动获取综合视点，从而发展自身的综合能力。这要求政治教师在教学时要通过优化案例来创设相关的合适的教学情境，这些情境可以是结构化的情境，也可以是真实的生活情境，以此有效地支持和服务于培养学生的学科核心素养。

《普通高中思想政治课程标准（2017年版2020年修订）》明确指出，政治教师要构建活动型学科课程，其主要目标是培养学生的高中思想政治学科核心素养。检测学生是否养成本学科的核心素养，主要是看学生在面对复杂的生活情境、社会情境时，能否运用有关的政治知识来解决问题，因而，情境可以检测和展示学生的学科核心素养发展水平。总之，情境教学可以满足新课标提出的构建活动型学科课程的要求，也满足培养学生的思想政治学科核心素养的要求。然而，高中思想政治学科核心素养的行为表现跟情境存在着较为复杂的关系，比如，在同一情境中，学生对同一核心素养的展现具有差异，而学生在不同的情境中又可以展现相同的核心素养。因而，根据新课标的要求，政治教师在教学前需要创设恰当的情境，以此培养和评价学生的政治学科核心素养。总而言之，在高中思想政治课中创设情境进行教学符合《普通高中思想政治课程标准（2017年版2020年修订）》的要求。

二、符合思想政治教育的过程规律

思想政治教育的过程规律指的是在思想政治教育中要遵循诸要素之间的本质联系，让各个因素按照矛盾运动规律行事。但是思想政治教育中矛盾是多方面的，而矛盾的规律也很多，比如说内外化规律、主体差异性规律、双向互动规律、协调控制规律等。各种规律中双向互动规律意义至关重要，具有全局意义。

所谓的双向互动规律指的是教学中教育者主动作用同受教育者主体作用之间的辩证统一性规律。思想政治的教育过程就是教育者及受教育者在教学中相互作用、相互影响的一种双向活动过程。在思想政治教育中教育者及受教育者之间互为作用，双方共同存在于思想政治课教学的教学相长实践中。思想政治教育要增强教育的实效性，在教学过程中就必须遵循双向互动规律。

将参与式教学应用于高中思想政治课教学中，就要求教师在课堂教学中通过不同的教学方式对课堂教学活动进行设计，将思想政治课程内容融入课堂教学活动，并让学生主动参与到教学活动当中。高中思想政治教学中，教师要对学生多加鼓励，对学生活动多加指导，让学生及教师在课堂教学中的教及学两个环节上建立相互参与、相互协调、相互激励、相互促进的双向互动式关系，在互动式关系中突出学生的主体地位。思想政治教学中双向互动规律的核心就是要在教学过程中充分调动教师及学生的参与积极性，活动中贯彻民主理念，营造一个师生平等的和谐氛围，提高学生的独立思考意识，让学生在活动中自主学习，将学生自身的潜能充分激发出来，让这些潜能转化成学习中的创造力。双向互动式教学中，要贯彻以人为本的原则，突出教师的主导作用和学生的主体作用。而参与式教学正是一种面向全体学生的教学方法，参与式教学下，教师能综合应用多种教学方法，为学生营造一个充分展示自我的个性化舞台。参与式教学实施过程中的任何一个环节都是基于对学生素质能力培养入手的，教学过程中要培养学生创新意识，提高学生动手实践能力，并让学生在创新实践中激发创造力。

而在高中思想政治课中实施参与式教学正是思想政治教育上述科学规律的体现，所以说在高中思想政治课教学中实施参与式教学具有必要性。

三、符合高中生身心的发展规律

高中阶段是学生从青少年时期向成人转换的一个重要阶段，此阶段的学生身心正趋于成熟，但又尚未发育完全，他们的智力及心理都独具特色。而当前高中生思想政治状况的主流还是非常积极向上的，具体表现在思想进步，有集体主义观念，有良好道德素养，能自觉遵守社会规范，维护社会秩序。同时，高中生个性意识较强，有独立意识，有创新精神，又具有远大理想及远大追求。高中生在政治上趋于成熟，关心国家大事，对国家发展及社会进步都有很强的认同感。因此，当代高中生表现出健康向上、积极进取的精神风貌，具备良好的思想道德素质。

但是高中生受经济、政治及社会环境影响，在身心发展上又具备不确定性，思想政治意识存在诸多问题。高中生思想政治意识上的问题主要表现在受社会上各种因素影响，价值观、理想信念趋于多元化。市场经济的自发性及盲目性使很多人通过短期急功近利的行为来追求更高利益，加上同期西方思想文化在我国的渗透，社会上出现各种各样的行为，人们的这些行为让很多学生感到困惑，并难以理解，道德观念模糊。随着国家经济发展，社会不断进步，学生来自学习、情感等方面的心理压力逐渐增大，一些学生会感到很困惑和疲惫，心理健康问题突出，很多学生对新的生活学习环境难以适应：有些学生不会处理与同学、教师间的人际关系，导致人际关系紧张；有些学生面对紧张的学习，心理承受能力明显不足，心理压力大。这些都对高中思想政治教育实效性造成了影响。

针对高中阶段的学生身心发展特点，教师在思想政治课教学时不能对传统教学经验进行照搬，迫切需要寻找一种崭新的教学方式，从学生心理需求出发，结合学生思维特点进行教学，激发学生的学习积极性及学习兴趣，而参与式教学正符合这些特点。

参与式教学中学生为教学主体，教学中着力对学生的主体性及创造性进行培养，重点强调对学生学习积极性进行培养。高中思想政治课参与式教学实施过程中，学生为学习主体，教学中教师需充分尊重学生的主体地位，对学生的主体意识进行强化，让学生在学习过程中真正成为学习的主人。参与式教学中，教师对学生的学习兴趣要通过多种途径进行引导，让学生学习由以前的被动接受转变为主动参与，给学生营造一种宽松愉快、和谐平等的教学情境，让学生在教学中获得积极的情感体验。高中思想政治课应反映社会发展对新时代学生的要求，满足学生求知成才的愿望，同时也要对高中生在思想上所出现的困惑进行答疑解难。高中思想政治课，特别是理论性课程教学内容抽象，学生缺少学习兴趣，理解困难，而如果在教学中采取参与式教学，则能够在课堂教学中充分调动学生学习兴趣，教学中还可以对学生个体差异给予尊重，让学生主动参与到教学活动中，从活动中获得自我提升。而教师在学生参与教学过程中，要通过学生表现及时发现学生在思想上所存在的困惑，可以根据学生困惑对教学内容及教学活动进行安排，从而让思想政治课教学更具针对性及实效性。

高中思想政治课是围绕着"培养德智体美劳全面发展的社会主义接班人与建设者"这一教育目标展开的，这就要求我们落实立德树人这个根本任务，还要解决好"培养什么人？怎样培养人？为谁培养人？"这三个问题。解决这三个问题最关键的是让青少年通过思政课的学习树立正确的三观，所以思政课是立德树人的主要渠道。一般而言，思想政治课比其他学科更强调育人功能，这就要求高中政治教师不仅要给学生传授政治知识，更要引导学生树立正确的价值理念，着力培养学生的关键能力和核心素养，从而提升学生的综合素质。情境教学可以把教学内容结构化、活动设计序列化，利于培育学生的必备素质以及关键能力，利于践行活动型学科课程的基本要求。所以，在高中思想政治课的教学中创设情境进行授课可以让教学贴近学生的生活实际和心理发展水平，让课程内容情境化，利于满足学生个性化、多样化的发展需求，从而促进学生取得多方面的发展。

另外，高中思想政治课的知识理论性较强，而高中生的认知水平和生活经验有限，所以对学生而言，高中政治的知识比较抽象、枯燥，理解起来有难度，这时他们就会因为阻力而失去对政治的学习兴趣。面对这种困境时，政治教师需要创设各式各样的情境让抽象的政治理论知识生活化、趣味化、具体化、简单化、动态化，进而激发学生的学习兴趣，让学生在有意义的情境中，主动建构知识，从而重构认知结构及提升自身的知识迁移能力。还有教师把学科知识与外在情境联系起来，可以让学生在情境中进行角色体验和感悟，利于促进学生主动学习、主动发展。与此同时，情境中的设问可以引导学生对事实进行更深层次的思考，帮助学生学习政治知识、建立正确的思想观念、形成思维逻辑，并培养学生分析问题、解决问题、理论联系实际等多项能力，从而培育学生多方面的素养。总之，在高中思想政治课中创设情境进行教学符合学生综合发展的要求。

四、符合思想政治教师专业化发展的要求

教师专业化发展指教师的教育思想、知识和教学能力等不断得到发展至完善的过程，也就是教学新手蜕变为专家型教师的过程。思想政治教师的专业发展，要求教师不断从专业理念、专业知识以及专业能力等方面提升自身能力，然后从新手教师转变为专家型的教师。

第一，新课标要求思想政治课的教学要以培养学生的核心素养为主要目标。所以，政治教师不能像以前一样只进行以知识为中心的单一教学，而是要运用多种方式进行教学，比如情境教学，以此帮助学生树立正确的价值观念和培养学生的高中思想政治学科核心素养，并在此过程中提升教学技能。第二，新课标更加关注与注重学生的学习主体地位。这要求政治教师改变以教材为中心的状况，要学会更加地关注学生，并注重创设生活情境的教学策略。这是通过转变政治教师的教学观念促进他们的专业化发展。第三，新课标倡导的活动型学科课程，要求政治教师要把课程内容活动化，要精心创设教学情境进行教学。这利于增强学生的情感体验，并锻炼学生的思维逻辑和实践应用能力，改进了教学方式及学习方式，以此促进政治教师的专业化发展。

五、应用参与式教学法是学生学习自主性得以调动的有效方法

教学实践中，因高考作为最后考核方式的影响，教学中不符合新课改要求的一些教学误区依然存在，很多地区，特别是穷困地区在教学上还是更倾向于传统教育，在教学中学生只是被动接受知识的受体，教学中很少注重对学生能力的培养，即使有能力培养，也只是应对考

试的答题能力。传统教育让学生对政治课兴趣丧失。从学生思想政治课的学习状态看，文科学生在政治课上有两个极端态度。思想政治课学习中，文科生多采取对知识点死记硬背，通过题海巩固练习的学习方法。而理科学生，他们学习思想政治只是要应付学业水平考试。对于理科学生来说，学业水平考试是开卷的，这种考试形式给学生造成了一种错觉，思想政治并不难学，考试前画画重点就可以了，因此理科生的思想政治课很多时候都被其他学科作业占用，学生对思想政治课漠不关心；加之理科班思想政治课时少，任课教师在授课中为了赶上教学进度，教学中很多课堂教学内容无法组织活动，无暇去调动学生兴趣，使得思想政治课课堂教学更加枯燥乏味。

传统教学方式都以教师讲台讲述为主，教师高高在上，学生被动接受知识，简单按照教师总结的知识点进行背诵。这种教学方式下，学生创新能力差，教学中出现了"知行脱节"，导致了很多学生"高分低能"。传统教育面向的是班级中大多数学生，教学中多注重理论知识讲述，忽视学生个体差异，教学中缺乏相对应的实践应用环节，且课堂教学方法比较单一，教师少有变化，教学中统一要求多，课堂对纪律过分强调，不让学生随意发言，课堂上师生之间互动交流少，使得教育千人一面，学生难以获得个性成长，身心成长不协调。

而参与式教学法课堂教学中对教学情境进行合理创设，教学中让学生参与到预设场景中，在模拟场景中进行教学，教师在教学中提出开放性问题，利用问题对学生学习热情进行激发，让学生积极参与活动，在活动中对个人潜能进行挖掘，让学生在活动中对问题答案进行总结，提高知识运用能力，为学生全面发展奠定坚实基础。

参与式教学下学生学习主动性高，成为课堂教学主体，从以前的"要我学"，转变成了"我要学"，且学生主动参与活动，对政治课不再漠视。参与式教学可以让学生对问题进行观察、发现、质疑，思维更为发散，想象力更为丰富，能为学生创造力的实现提供空间，给学生展示个人才能的机会。参与式教学采取辩论、演讲、讨论等多种教学方式，让学生在这些教学形式下，个人能力得到充分锻炼，克服了胆怯等心理，思维逻辑性更强，这些对学生学习其他学科也是非常有帮助的。

六、应用参与式教学法是新型师生关系建立的重要途径

课堂教学中，良好的师生关系是学生得以有效学习的保障。师生关系和谐，学生能在这种氛围下感受到教师对自己的关心及帮助，能够在这种安全轻松的学习氛围中增加挑战困难的勇气，能够巩固自信心，在教师引领激励下，提高学习效率。新课程标准要求教学中教师专业及学生学业成长要齐头并进，互相促进。教师不再是单纯的专家，而是课堂教学组织者，学生学习的引导者，教师在教学中也同样需要发展完善，这同学习型社会的核心内涵是不谋而合的。

参与式教学下，课堂教学中师生之间建立起新型关系，教师教学中更注重情感上的付出，注意教学中对学生多关心、多了解，更热爱学生；而在教学中教学方法及教学技巧也更为灵活。参与式教学下，学生成为学习的主人，有更多机会选择自己喜欢的主题学习；且在丰富多彩的教学实践活动中，师生可展现出多种角色，师生之间可在各种角色的真实扮演下增进了解，从而找寻到彼此更多的交叉点，对建立和谐师生关系大有裨益。

参与式教学法是建立和谐平等师生关系的基础，有利于师生和谐相处，有利于学生全面发展，是学生全面发展的情感基础。参与式教学下，学生主体地位突出，在此种教学方法下，学生对教学过程全程参与，在讨论、实践活动等环节还能师生角色互换，使得师生之间彼此加深了解，对各自的角色更加认同，课程气氛更为轻松平等。且参与式教学下，师生间的交往可由课内有效拓展到课外，师生间人际关系更为融洽。因此说，应用参与式教学法是新型师生关系建立的一个重要途径。

七、部分政治教师受自身思想认识和能力的制约

一方面，思想是行为的先导，政治教师自身的理论水平和思想意识会对教学活动起影响作用。社会发展推动教育领域的改革，在此过程

中会不断出现更适应社会需要与学生发展需要的新教育理念，这就要求政治教师要奉行终身学习的理念，并不断提升自己的理论水平。对于情境创设，部分教师在主观方面，受自己的思想意识制约，懒得创设适当的教学情境，或者对情境教学存在抵触心理。在此心理状态下，教师会认为创设情境进行教学是在浪费课堂时间，所以就不会创设情境进行授课。教师在客观方面，受自身理论水平的影响，没有对情境创设进行过系统学习和培训，所以对情境创设没有足够的了解，所以不会创设合适的情境。

另一方面，部分政治教师的情境创设能力较弱。第一，一些政治教师在创设情境时，会为了节省时间而引用较老的情境或者是直接用之前用过的课件进行教学，这容易导致情境创设时代性不强，进而不能激发学生的求知欲。尤其是大部分实习教师或部分新教师，因为情境创设的经验较少和课堂实践经验也较少，在创设情境时，不会尽量精简情境材料，不会灵活选择恰当的方式创设情境，所以创设的情境会出现文字过多或者视频过长，而这些无效的冗长的信息会占用课堂教学时间，导致教师不能达成这堂课的教学目标，从而拉低课堂的教学效率。这体现了这些政治教师缺乏情境教学的创设能力、重组能力。第二，部分政治教师的学情分析功底较薄，在创设情境教学之前，没有把学情分析的工作做好，不会结合学生的生活实际，也不会考虑学生的现有知识，因此这些教师可能会高估学生的认知水平而创设学生回答不了的问题情境，让学生束手无策，打击学生的学习积极性，或者会低估学生的认知水平而创设较简单的情境教学，从而不能促进学生进一步深入思考。

八、学生不够重视高中思想政治课的学习

学生对高中思想政治课的重视程度较低，主要受三个方面的影响。

第一，大部分学生认为高中政治教材理论性较强，比较抽象，是他们对政治课不感兴趣的原因之一，这也导致大部分学生学习政治学科的动力不足，不重视思想政治知识的学习。

第二，大部分学生认为政治学科作为副科，其分值不高，所以他们就不会花太多的时间学习政治知识。高中生都不太重视政治，尤其是高一、高二的学生。毕竟在高中的考试中，语文、数学、英语各占150分，而政治只占100分。在新高考前，几乎每个学校在文理分科时，选择理科的人数约占全部人数的三分之二，说明学生在高一学习政治学科时，就已经把政治学科排挤在边缘，他们甚至会认为在课堂上听不听政治课都可以，只需要在考前突击记忆就可以通过考试。

第三，学生认为他们对政治课缺乏兴趣的原因之一是政治教师的讲课枯燥无趣。新课标强调要让思想政治课改变之前过于知识化的教学方式，让教师把教学重点放在学生的生活实际体验、内心感受及社会生活等方面，让学生产生情感共鸣，并引发学生的学习兴趣。但是在实际操作中，政治教师在创设教学情境时，侧重于重视知识，而忽视了情境创设的趣味性、生动性及化繁为简，这会使学生缺乏学习热情与兴趣，从而导致学生对情境的参与度较低，进而导致情境教学没有获得预想的教学效果。总之，学生对思想政治学科的主观认识和学习态度不太正确，在此情况下，对政治教师而言，通过情境教学的创设和教学来培育学生的思想政治学科核心素养具有一定难度。

第二节　高中思想政治课采用参与式教学法的重要性

思想政治课授课目的是让学生树立正确的世界观、人生观、价值观，它很必要；思想政治课为学生传授的是科学方法论，这也很需要。课堂教学中，把思想政治课打造成学生"真心喜爱，终身受益"的课，是所有思想政治课教师不懈追求的目标。在高中思想政治课中，采用参与式教学法非常重要，其重要性主要体现在三个方面。

一、紧跟时代形势,解决学生思想上的困惑

思想政治课教学中应以中国当代发展大局作为基点，教给学生分析社会矛盾的正确方法，要对学生思想上困惑进行解剖，让学生养成科学的思维方式，树立正确的价值导向。社会不断发展，思想政治课程也不断成熟，作为当代中学生，也应该紧跟时代步伐。但是高中生处于一个特殊的年龄段，他们的心智还不完全成熟，对社会中的很多现象会感到迷惘，需要教师进行正确引导，教师教学中也应该对此现象正常分析，对学生的迷惘进行解答。比如说对于社会上老人倒了到底扶不扶，毕业是否等于失业，万般努力下是否仍然等于失败这些现实问题，教师应对学生进行理性分析引导，让学生看清问题实质，并了解解决问题的方法。同时，教学中教师还应该多结合感动中国的十大人物等正能量话题让学生对传统中华文化的精髓有深入性了解，能够通过这些典型人物、典型事件对我国民族精神进行学习，让学生能够热心公益，树立无私奉献、服务社会的决心。要解决这些就要求思想政治课上教师注重对学生进行思维方式培养，注重对学生辨别分析能力进行培养，而这些都需要依靠参与式教学方法来解决，因此高中思想政治课教学中应该重视参与式教学法在教学中的地位及作用。

二、加强师生互动，缓解课堂上师生双方的矛盾

传统中国教育讲究的是尊师重道，而在这种尊师重道思想下，中国课堂长期沿袭以教师思想作为教学主线，课堂教学全部由教师引导完成。但是教师及学生之间思维模式不同，学习立场不同，他们之间在教学中会产生各种矛盾。比如说，师生之间思想存在差异，但是双方没有机会对矛盾进行表达，学生有创新思想，但是课堂上却无法有效验证等。而参与式教学法是为了适应改革开放新环境所提出的崭新教学思想，参与式教学强调在课堂教学中对各个方面要素进行充分调动，促进"教""学"之间和谐发展，让教师及学生能够在教学中相互激励、相互促进、共同参与，并最终形成和谐的课堂氛围。参与式教学法将传统尊师重道思想中加入人格平等理念，从而形成崭新的新型师生关系，缓解师生间的矛盾，使得师生能在课堂上进行更友好的情感交流。运用参与式教学法，能对教师、学生的地位、关系进行调整，教师不再是单纯的信息提供者，而是学生学习兴趣的引导者，课堂教学中，教师允许学生发表自己观点，对观点进行质疑，学生能对个人经验进行分享。建立新型师生关系为参与式教学的主要理念。

三、开展参与式教学活动,促进学生个性发展

参与式教学强调学生参与到教学活动中,开动脑筋,口述表达,动手操作,由以前知识的被动接受者转变为知识的主动构建者。思想政治课课堂教学中,教师根据教学内容安排相应问题情境,学生在问题情境中对问题进行展示,对问题进行思考、探讨,通过交流合作,对问题进行总结,在问题探讨中学生的语言表达能力得到增强,思维逻辑得到锻炼,心理素质大大提高。通过这样的教学,学生思路得到拓展,眼界更为开阔,学生获得更好的个人成长,思想更加成熟,并在学习中树立了正确的人生观、价值观。参与式教学中,教师是课堂活动的组织者及引导者,能在课堂上为学生学习提供交流平台,在学生交流中给予恰当引导,对交流中学生的创新思维进行鼓励,鼓励学生在教学中大胆设想,让学生勇于提出质疑,并尝试通过多种方法对问题进行解答,鼓励学生个性发展。对于学生在教学活动中所进行的尝试性探索,教师必须给予充分肯定,要让学生在学习中保持高度激情,全身心投入,让学生积极参与到活动中,不论探索是否成功,都要接受自己的研究成果,都要肯定别人的优秀成绩,为完成思想政治教育的共同目标而努力,要在和谐的课堂教学氛围中努力培养学生的兴趣和能力,让学生在活动探索中逐步发展、逐步成长,最终形成自身独特的特点,适应新时代教育的要求。

第三节　高中思想政治课实施参与式教学的可行性

在高中思想政治课中实施参与式教学符合高中教育课程改革需要,课堂教学中实施参与式教学能充分调动学生学习积极性,促进学生核心素质发展,符合素质教育要求,不论是在理论上,还是在实践上都具备现实可操作性。

一、学生主体意识增强

社会主义市场经济下，学生主体意识增强，所以在思想政治课课堂教学中教师应注重培养学生独立思考的意识，让学生主动参与到教学活动中。市场经济不断发展，学生责任、利益、成长、自由等主体意识都不断加强。学生主体意识增强后在课堂教学中就不会满足于教师对知识的单方面灌输，他们希望在教学活动中通过自身思考探索来获得知识观念。思想政治课中价值观等相关教育内容，尤其需要学生对观念正确与否进行判断，并在判断中来决定对这种价值观念是否接受。

参与式教学下，学生获得知识的方式发生了变化，学生在教学活动实践参与中对知识信息进行获取。而教学实践活动对学生智力因素要求更多。学生要有效获得知识信息，必须对互联网、多媒体等先进技术进行学习，并通过多种途径对外部事物进行了解。学生了解外部事物的能力不断加强后，他们对思想政治课教学便提出了更高的要求，在学习中更关注师生、生生之间的交流互动。思想政治课教学中的这些变化对学生思想成长带来深刻影响，让学生在思想政治课堂教学中能够重新认识自我，不断发现自我，努力培养自己的能力素质，让自己成为课堂教学活动中的关注重点。

学生主体意识在社会发展及新课程改革背景下逐渐增强，在此背景下，将参与式教学应用到思想政治课课堂教学中，学生主体地位得到尊重，学习兴趣得到有效激发，学习主动性、积极性获得了充分调动。因此，高中思想政治课教学中应用参与式教学法是可行的。

二、学生学习积极性得到调动

当前高中思想政治课教学实践中，还存在很多同教育教学改革要求不相符合的误区及现象，比如说课堂教学还倾向于应用传统教学方式；教学中将学生当作知识被动接受的受体，忽视学生主动性；教学中只是倾向于对学生的应试能力进行培养，忽视对知识的运用能力。传统教师为主体的教学方式使学生思维能力被束缚，思维僵化，学生难以获得个性发展。传统教学方法重视理论知识讲述，忽视知识的实践运用，课堂教学方法单一，教学中师生间交流少，学生间不能沟通，使得教育千人一面，学生身心发展极不协调。

将参与式教学法应用到高中思想政治课教学中，教师对教学活动进行精心安排，针对教学内容提出预设问题，让学生在活动中去找寻问题答案，为学生创造更多参与机会，从而对学生学习热情进行激发，对学生个体潜能进行充分挖掘，通过学生实践活动，让学生在实践中对问题信息进行搜集、整理，让学生思维在实践中得到充分拓展。

可以说，参与式教学法应用后，思想政治课教学内容不再枯燥，课堂教学中学生主体地位回归，学习主动性强。在主动参与意识下，学生想象力提高，创造力增强，能够在实践活动中充分展示自己才能，在实践中灵活运用所学到的知识解决生活中、学习中所遇到的问题。在演讲、讨论等教学方式下提高自身语言表达能力，可以说在参与式教学下，思想政治课的育人功能得到了充分发挥。

三、素质教育得到具体体现

21 世纪是信息化时代，科技不断发展，社会竞争日趋激烈，学生要适应社会需求必须掌握丰富的知识，要具备较强的学习能力及核心素养。在此种社会背景下，新课程改革将素质教育作为教育改革重点，让国家教育更适应现代社会的发展需求。素质教育要求教师正视当前教学中的不足，对参与式教学进行深入探索思考，并让参与式教学得到切实执行。高中思想政治课教师是对学生进行思想政治教育，对学生人生观、价值观进行培养的生力军，思想政治教师应对教育改革及《全民科学素质行动计划纲要》进行仔细解读。

高中阶段属于学生发展的特殊阶段，高中阶段教育就应该以育人为本，以德育为先，以培养学生能力为重。高中生学习中知识、素质、能力的形成发展都同思想政治教学密切相关，而思想政治教育教学方式是教师教学能力的主要体现。在高中思想政治课课堂教学中应用参与式教学法，承认学生主体地位，尊重学生人格，关注学生素质发展，是提高教学质量的重要方式。参与式教学法是加强思想政治素质教育必不可少的一种教学方式。

四、现实可操作性强

参与式教学法在高中思想政治课课堂教学中实施现实可操作性很强。主要表现在：

首先，高中思想政治课，特别是理论课中参与式教学的实施条件比较简单。思想政治参与式教学中，教师只需要以教材内容为主，会使用多媒体对资料进行播放就可以。也就是说，只要具有现代化教育平台，通过简单的多媒体设施就能够完成教学。参与式课堂教学最关键的环节是教师及学生之间的讨论分析环节，讨论分析参与条件低，将学生分成若干小组就可以，操作容易。

其次，高中思想政治课课堂教学中还能够对其他学生参与式教学的成功模式进行借鉴。当前，很多中小学课堂教学参与式教学法模式已经比较成熟，尽管在高中思想政治课教学中，参与式教学法还没有一套完备的教学体系，但是随着国内外参与式教学相关的研究著作、文献相继问世，参与式教学法会越来越完善。尽管学者对参与式教学研究的对象都是中小学学生，针对高中生的比较少，但是这些理论对于高中思想政治课参与式教学法的建构也同样有借鉴意义。学者们的研究对参与式教学在高中思想政治课中的实施提供了不同的研究视角。

最后，参与式教学法在国内很多知名学校进行了尝试，且在研究尝试中获得了很好的效果。比如说北京师范大学及华东师范大学，这两所学校都在思想政治课堂进行了参与式教学的深度尝试，这些为我国当前高中思想政治课参与式教学法的实施可行性提供了更现实的数据性依据。

第四节　参与式教学法的概念

一、"参与"和"教学"的含义

"参与"一词在我们日常语言中出现频率比较高，可谓耳熟能详。

对于"参与"的解释，《汉语大词典》是：亦作"参预"；亦作"参豫"；预闻而参议其事；介入，参加。《宋书·薛安都传》是："事之本末，备皆参豫。"《现代汉语词典》是："参加"，也就是以第二或第三方的身份加入、融入某件事之中。"参与"一词对应"participate"这一英文动词的意思为：参加某项活动，参加某个组织，或者是同别人在一起。"参与"一词对应"participation"这一英文名词的意思为：参加某项活动时的状态或者是行为。从学术研究角度分析，"参与"一词出自管理学，或者是出自组织行为学，所要揭示的是一个成人在卷入群体活动中时所展示的状态。最初"参与"指的是作为有形实体的个体在群体活动中所表现的外显性行为。随着心理学研究不断发展，学者更加重视人内在心理特性研究，因此对于参与的研究逐渐转向个体在群体活动中的认知及情感等方面。还有学者从过程、活动、作用、意见、理念等不同角度对"参与"进行了阐释。可以说"参与"是一种理念，"参与"所强调的是参与者的参与意识，强调的是参与者知晓自己的参与权利，知晓参与后能够为自己带来的利益或者失去的权益。参与作为一种活动所强调的是一种我们生活中的活动方式，强调参与是参与者同周边群体进行沟通，进行交流的一条有效途径；强调参与是融入我们日常生活的实践活动，是一个持续的、不断发展的活动过程；强调参与使参与者在活动中培养及提高自身的选择能力、合作能力、探究能力、批判能力。综合上述分析认识，我们可以将"参与"定义为参预，定义为参与者对事情进展所产生的具有一定作用的参预。参与是具备理念性的一种认识，具有实践性活动及过程是参与最大的优势。

"教学"由"教"和"学"这两个字组成，"教学"两个字连用最早在《尚书·兑命》中出现。自此之后，"教学"在很多中外教育论著中频繁出现，但是"教学"所表示的含义却是不尽相同的。传统教学论将"教学"认为教师对学生所进行的知识技能的灌输式传授，而学生只需要将教师灌输的知识技能理解并背熟，教学目标便已经达到了，教学的目的也就实现了；对教学的考核评价、考核内容、评价方式也是以书本上的理论知识为主。比如科举制度，这是封建社会的人才选拔方式，其考核评价主要注重的是学生的理论知识，而对知识的灵活运用技能及实践操作并不注重。近代社会，在西方工业革命冲击下，我国教育工作者的教育理念有了很大转变，他们逐渐认识到传统落后的教育方式——封建人才选拔制度已经同社会发展需要不相适应，因此他们从教育的实践中不断总结经验，对传统教学模式进行了系列改革，并最终提出了一套适合现代社会发展需要的人才教育培养制度及教育理论，也就是现代教学论。现代教学论认为：所谓的教学就是融教师教及学生学为一体的一种统一活动，在教学活动中，学生会掌握教师教的知识技能，同时在教学活动中还会获得身心上的发展，在教学活动中形成一定思想品德。参与式教学中的"教学"也是以现代教学论为理论基础的。

二、参与式教学的概念

对于"什么是参与式教学""参与式教学要如何定义"等类似问题，国内外学者进行了系列研究。

刘仁杰在《语文参与式课堂教学之我见》中认为，参与式教学是新课程改革中普遍倡导的教学、培训及研讨形式。参与式教学是对新课程所提出的一种基本理念，指的是教学中要倡导合作自主探究式的学习方式。开展参与式教学的目的是要通过分组活动的方式让每个学生进行自主探究、合作学习，让每个学生在参与中体验学习过程的乐趣，体验在民主学习环境下的幸福，体验学习中成功的喜悦，在学习过程中实现自我价值。

牛东亚在《参与式教学的反思策略》中认为，参与式教学指的是在课堂宽松自由的学习环境下，以小组合作为主所开展的学习方式，学习中以灵活多样的活动为学习载体，从而在活动中对学生自由、合作、探究等学习精神进行培养，并且通过教学对教师探索、反思、求精的专业素质进行培养。

韩玮在《"参与式"教学在〈合同法〉课程中的应用研究》中认为，参与式教学是教学理念问题，教学中要改变传统教学中教师处于中心地位这一教学理念，教学中强调"以生为本，师生互动"，学生是课堂知识形成的主动参与者，课堂教学中要注意对学生主体参与意识进行培养。并且，他认为参与式教学还是教学方式的问题。传统灌输、填鸭式的接受式教学模式中，学生没有主动探究精神，这种教学方式不能对学生学习积极性进行激发。在接受模式下，学生对知识死记硬背，不能对知识真正理解，因此也不会对知识进行灵活运用。而参与式教学属于以探究为主的一种引导式教学模式，这种教学模式下，学生为教学活动的主体，课堂教学中，教师对课堂教学活动形式进行组织设计，通过活动调动学生学习的主观能动性，让学生在教学全程都积极主动参与，在教学活动中培养学生主动学习的意愿及能力，并引导学生运用科学的学习方法。

陈时见在《参与式教学的理念与策略——参与式教学的内涵特征》中认为，参与式教学不仅是教学理念，还是一种教学方法。从理念上说，参与式教学提倡教学要以学习的学生为中心，教学中师生需平等参与，让每个学生都能有效学习。从教学方法来说，参与式教学指的是学习活动中师生平等参与，对学习中出现的问题共同讨论，从而在教学活动中实现师生互动及教学相长。

王亚芬在《新媒体传播环境下参与式教学内涵与实施》中认为，参与式教学是在师生人格平等这一前提之下，提倡"以学习者为中心，以活动为主要形式，以学生发展为目的"的一种最新的教育理念。其中"以学习者为中心，以活动为主，平等参与"是参与式教学的基本理念，"以学生为中心"是参与式教学理念的核心。这个核心是相对于传统教学中的"教师中心"来说的，让学生摆脱被动的学习者地位，成为真正的学习的主人，并将传统教学下的"平均给予"转换到教师对学生"本位需求"的满足上。教学目标由原来知识统一积累转变成按不同层次学生需求设置教学目标，教学中力求使学生"学会学习、学会合作、学会创造、学会做人"，让学生学会从现状水平发展。

李婉颖在《参与式教学文献综述》中认为，参与式教学是课堂教学中的全新教学方法，合作学习理论及建构主义理论是参与式教学的主要理论依据。参与式教学具备学生学习主体性、教学目标全面性、教学氛围民主性、教学组织形式合作性、教学评价多维性和教学结果反思性等特征特点。参与式教学的目的就是让所有的参与者都能积极主动地参与到学习活动中来，并让参与者在学习过程中达到学会学习、学会生存、学会做人的教学目的。

从上述学者的研究中我们可以看出，在参与式教学的内涵上，一些学者将其总结为：一种合作式教学方法，教学中以学生为中心，教师将多种直观多样的教学手段应用到教学中，积极鼓励学生参与到教学过程中来，并成为教学活动中积极表现的参与因子，教学活动中加强教师同学生之间，学生同学生之间的交流，让学生在交流中对知识有更深刻的掌握，并能够将知识灵活运用到学习实践中。一些学者认为：参与式教学指的是受教育者在教学目标明确的前提下通过科学的学习方法积极介入教学活动的各个环节，通过这种教学方法让学生接受教育、获取知识、发展能力。还有一些学者认为：参与式教学是针对知识经济所提出的一种全新教学思想，师生在教学过程中的共同参与是参与式教学的核心教学理念，教学中师生在"教"与"学"间互相参与、互相促进激励，在教学中用教师教及学生学这种双主体作用，让师生双方以主体角色交往。还有一些学者认为：参与式教学主要是学生在教学中的主体性参与，学生对课堂教学行为要进行先在性创设，让学生用饱满情绪对教师组织的创造性教学活动给予支持。主体参与是对学生活动正向态度的反映，是参与者对于活动"属我"功能的认同。主体参与属于一种教学行为，从教师教的角度说，学生主体参与是学生对于教师教学的支持及认可；从学生学的角度说，主体参与是学生知识实践的过程。

上述学者对参与性教学的认识为我们对"参与式教学"的理解提供了有益素材。结合"参与"和"教学"的相关研究，我们认为，在新时代教学大环境下，参与式教学就是指在现代教育理论指导下，课堂教学中由师生双方共同参与，师生间在教学活动中是平等、民主的关系，教学中要在师生共同参与下积极发挥教师主导地位，发挥学生主体作用，从而让师生间在课堂教学中得到良好合作互动，达到教师教及学生学之间的和谐统一，最终让教学任务目标得以创造性实现的一种教学方式。

第五节　参与式教学法的特征

参与式教学是现代教育理念下的一种新兴教学形态。作为一种新型教育方式，参与式教学具有同传统教学完全不同的一些特征，而它所具有的这些特征不仅是对传统教学方式的合理性继承，同时也是对传统教学中不合理部分的创新性发展。

陈时见在《参与式教学的理念与策略——参与式教学的内涵特征》中认为，参与式教学的特征主要为：①教学是教师和学生共同参与的交往活动；②教学是教师和学生共同参与的学习活动。

李炜等在《高职院校经济法参与式教学设计基本特点》中认为，高职院校经管类专业竞技法课程参与式教学的特征主要为：①开放性；②多元性；③协作性。

张福禄在《中学语文参与式教学的特点与要求》中认为，中学语文参与式教学的特征主要为：①全员性；②全面性；③针对性；④深入性；⑤有效性。

综合上述学者观点，参与式教学的特征主要有四点：

一、生成性

生成性主要指的是课堂教学的长远目标应定为对学生长远学习能力、终身学习能力进行培养，课堂教学中要对学生主体性发挥进行强调，让学生在课堂学习中能够主动运用已有知识经验对新问题进行处理分析，让学生在原有经验的重组过程中对新知识进行诠释。新课程教学下所提倡的生成性学习就是"倡导学生主动参与、乐于探究、勤于动手，培养学生搜集和处理信息的能力、获取新知识的能力、分析和解决问题的能力以及交流与合作的能力"。参与式教学同传统教学不同，参与式教学下，课堂教学中知识的传递不再是教师向学生进行的单向传递，而是让学生参与到教学全程中，在课堂教学中让学生在同小组成员和教师交流信息、感情的基础上对新知识进行自主性构建。参与式教学的生成性特征强调的是教学活动的动态生成。尽管教学评价中能够按照教学效果对参与式教学生成是否实现进行衡量，但是教学中的生成是动态性的，这种生成体现在教学活动中的每个细节上。在参与式教学动态生成课堂上，教师会运用多种教学方法对教学活动进行安排，让不同认知层次的学生都能够在教学活动中获得提升。

【案例与实践】

比如在进行"按劳分配为主体，多种分配方式并存"这一章节的授课时，可以安排如下场景。

情境探究：个体劳动成果分配

师：我们前段时间刚对某个个体户王老板进行过电话采访，下面我们对同学们的采访进行分享。

生：王老板，您好，我是一名高一学生，听说您生意做得很不错！我们学校正在做一项调查，调查不会对您产生任何影响。我们想对您的收入、收入方式及收入途径进行了解，可以吗？

王老板：小同学，你不知道啊，现在很多人都对我们个体户心存偏见。很多人说我们的收入属于剥削收入。还有人认为要对收入悬殊现状进行改善，就该对我们个体户的收入进行打压啊！

师：同学们，假如你是上面的这位同学，你和王老板会如何沟通呢？　　生1：我会尝试将王老板顾虑打消。

师：那么请这位同学模拟一下上面的交流对话。

生1：王老板，你们个体户的收入也属于劳动收入。这些收入是你们独立劳动经营的合法所得，何况你们经营过程中也要承担风险，也要向国家进行纳税，所以这种私有劳动也是合理合法的。你们的劳动对国家做出了很大贡献，这种收入不是剥削收入，是应该受到国家保护的。你上面说的那些人，他们的看法才是错误的。

师：这位同学说得特别好。个体劳动也是合法的，也是要受到国家保护的，但是我们要特别注意的一点是按照个人劳动成果所获得的收入不等于按劳分配。

设想：让学生在活动中对相关知识感悟理解，在活动中对学生对话能力及交往能力进行培养。

【点评】

在上述"按劳分配为主体，多种分配方式并存"的授课中，对"按个体劳动成果分配"知识点的教学，不是传统说教，而是通过巧妙设计情境，让学生身临其境，在情境中进行角色扮演，在情境中对新知识进行探究性学习。

二、开放性

参与式教学的教学过程是开放的，课堂教学中教师需要对更多教学内容进行接纳，需要教学内容包含范围更加广泛。而教学中允许教师采用不同的教学方法，允许学生在课堂教学中通过多种形式进行课堂内容学习。参与式教学的教学评价空间更大，在评价中更注重对学生声音的倾听。

(一)教学内容开放

参与式教学在教学内容上的开放性是指课堂教学中教师在完成新课程标准规定的教学目标的同时，还要基于课本知识基础，突破课本知识结构，对教学内容进行扩宽及更新，对课外知识进行引进，在教学中多引入新材料、新观点，让教学内容更加丰富，最大限度提高学生综合素质。参与式教学在教学内容上的开放性还指教师在教学实施过程中要积极激发学生参与课堂活动的兴趣，让学生以最大热情投入到课堂活动及社会实践活动中，在课堂教学中将"课堂"及"社会"有机结合起来。比如说，在进行"经济生活"相关课程教学的时候，教师应多联系国际、国内重大经济信息还有学生身边息息相关的经济常识及经济信息，将这些作为课本知识点的补充教材，让学生课下对时事新闻多阅读，从身边发生的事件中对课本知识进行理解，理论同实践相结合，从而达到更好地消化并熟练应用课本知识的目的。

(二)教学方法开放

教学方法开放指的是在课堂教学过程中，教师为实现新课程标准要求的教学目的，实现教学任务目标所采取的有利于师生交流的课堂活动方式。传统课堂教学中的教学方法可以说是"几十年如一贯"，教师在讲台上对课本知识点进行灌输式讲述。传统教学方法尽管能够被教师出神入化地应用，但是这样的教师却不能说就是一个好教师。如果教师总是日复一日用一种固定的教学方法，即使课讲得再好，学生也会出现审美疲劳，且这种教学方法学生难以参与其中，教师讲课枯燥，教学方法上难以创新。而参与式教学中教师在师生互动式的教学过程中，会为每个学生都营造一个能够畅所欲言的环境，发表见解，自由交流讨论，教师在课堂教学中对学生间的这种交流讨论，只需要进行有目的的、正确的引导就可以，无须严加限制。对于课堂教学中的讨论环节，学生可以畅所欲言、无所不谈，学生能够质疑同学或者老师，同时也可以对与自己观点相悖的观点进行批驳。

【案例与实践】

某学校一位高一政治教师在向学生进行第一章"正确对待金钱"的综合探究章节讲述时是这样安排的：此教师在课前对教学活动进行了精心准备，按照课本知识内容设计了现实生活中所发生的一个典型案例：一位反贪局长的金钱观。具体内容为：某市一位检察院的反贪局局长从事了十几年反贪工作，在工作中他每时每刻都要经历金钱诱惑考验。有朋友曾劝他辞职，说开公司、当律师能够赚大钱。但是他始终都没有接受这些劝告，始终认为金钱不是人生唯一的追求目标，否则的话，人就会陷入迷途。

这位教师在案例讲解过程中，为了让学生能够积极参与教学活动，还专门设计了一道思考题让同学们回答。这个思考题是这样的："假如你是这个反贪局长的话，你会听从朋友的劝告，去当律师、去开公司吗？"对于这道思考题，多数学生都是按照老师事先所设计好的答案，回答不愿意去当律师、开公司。但是班上一个同学却给出了"我愿意"这个答案。这个答案很出乎老师意料。老师问这个同学："为什么这么选择?"这个同学说，他的父母都是律师，他很喜欢律师这个行业，认为律师也可以为国家做贡献。面对这个同学的回答，这位教师没有引导，只是生硬地说："我们就不应该辞职。"后边的课程就按照事先设计的教案进行教学了。

【点评】

上面案例中的这位教师在课堂教学中尽管按照预定教案完成了教学任务，并将"要树立正确金钱观"这个观点传达给学生，但是他在课堂教学中却不能满足每个学生的实际需求，教学中没有预估到班上各个学生的实际情况，没有针对学生的疑惑及具体情况进行引导，课堂教学的开放性没有充分体现。

（三）教学评价方式开放

思想政治课的教学评价是对学生学习的整个过程及学习的结果进行评价，是对课堂教学中学生对知识内容接受程度的公正评价，是学生对知识理解能力、运用能力的科学反映，是学生思想政治素质状况的全面反映。参与式教学的评价是开放性的，主要体现在教师可综合运用各种评价方法对学生进行符合实际的客观评价。课堂教学中教师不能对学生下一成不变的定论。北宋司马光《孙权劝学》言："士别三日，即更刮目相待。"因此课堂教学中教师对待学生成长也应用发展的眼光看待，"朽木不可雕"式的评价是万万不可取的。教师课堂教学中应按照教学内容及教学目标对教学评价指标体系进行精心设计，在教学评价理念下，针对不同层次的学生制定不同的评价指标。

参与式教学评价的开放性指的是参与式教学改变了传统教学中"以成绩论英雄"这种单一式的评价模式，重视学生课堂活动的参与过程，重视学生整体学习过程，并能激发学生自主学习。传统教学中只注重学生成绩的这种评价机制会使得教师教学过程中只是填鸭式向学生灌输书本知识，不会重视学生的其他素质发展。而开放式教学评价机制下，教师教学中会更加注重学习实践能力，学生在学习过程中，思维会得到较大改善，价值观也会得到良好培养。所以参与式教学评价机制在构建中应以开放性为前提，只有开放式教学评价方式才能让每个学生在课堂学习中都获得良好发展，才能通过课堂教学实现学生的差异性发展，才能通过参与式课堂教学为国家培养各个方面的优秀人才。

三、全体性

我国基础教育长期以来都受到片面追求升学率的影响，教学中将升学率高低当作评判教学好坏的主要标准。在此标准下中小学教学只是围绕学习好的少数学生进行，而多数学生在这种教育体系下处于被冷落的"陪读"地位。这种教育体系下，"选拔"及"淘汰"是主要教育方式，而这种教育方式同素质教育所要求的教育理念显然是相悖的。新课程标准规定课堂教学应让每个学生获得发展。这种新课程标准下的核心理念认为每个学生都是有尊严的人，都是课堂教学中教师应该关注的对象。面向全体学生，让学生获得全面发展是新课程标准的要求，教学改革对这一要求必须严格遵循，课堂教学中也应秉承全员参与的原则让每个学生都参与到课堂活动中。课堂中充分调动每个学生的积极性，让学生在课堂互动交流式的活动中去体味成功，课堂教学活动中不能歧视任何一个学生，不能有无动于衷的"看客"，不能有被遗忘的学生，要让每个层次的学生都在原有基础上获得发展。参与式教学反对"参与式优秀学生特权，学困生不需要参与教学活动"这种观点，参与式教学要求教师在教学活动中充分尊重每个学生，对每个学生都平等对待，只有这样，学生在课堂活动中才会有安全感，才能够让所有学生都主动参与到教学活动中。可以说，参与式教学中所要求、所规定的全体参与不是形式上的全体参与，而是要实现实质上的全体学生参与。教育过程中经常会出现这样的现象：课堂教学中，很多成绩不理想的学生尽管看着是在课堂上坐着，但是思维却不在课堂上，不知道老师在讲些什么，也不知道老师在问什么。有教师曾和这样的学生进行交流，从交流中得知这些学生其实并不是不愿意参与教学活动，而是他们主观认为教师不希望他们参与教学，认为课堂教学活动只是优等生的特权，和他们没有关系。所以说参与式教学所要求的全体性应表现在教师对每个参与的学生都给予关照，不能因为参与式教学活动的是优等生就给予特殊照顾，参与者是学困生就不让参与，而是需要给每个学生都创造表现机会，需要给学困生更多的关照，让学困生能够积极参与到教学活动中。

四、合作性

马克思说："我们知道个人是微弱的，但是我们也知道整体就是力量。"在现代科技迅猛发展下，知识信息含量增长迅速，超过了个人承载能力，这种情境下，要完成任务需要人与人之间通过良好合作才能实现。在传统教育中，教师单向灌输知识，教学中师生间没有互动，没有交流。而对当前学生能力的调查中也发现这样一种现象，就是学生可能知识量很丰富，但是学习中的协作精神却很差。参与式教学强调的是活动过程中学生们的合作性参与，不是个别人的个别性活动，是学生间的团体性活动。学习过程中，学生可以分组讨论，每个学生都是小组中的一员，都需要在小组交流中发表自己的观点，贡献自己的聪明才智；同时，小组教学中每个学生在同别人的交流讨论中也需要接受别人的观点。这样，合作式参与性教学让学生实现了智慧思维的多向碰撞。

参与式教学不仅强调教学中学生间要互相合作，同时要求教师同学生也要彼此合作，只有师生间交流合作，教学目标才能顺利实现。所以，参与式教学中，教师在课堂教学中的身份应该是学生的合作者，教师教学中的任务不是要将问题答案直接告诉学生，而是要同学生一起去探讨，做学生的合作者，同学生一起参与活动，并引导学生发现问题、解决问题。在教学过程中，教师是学生的伙伴，是学生的引导者，同时也是教学活动的合作者及体验者。

第六节　参与式教学的优点

参与式教学之所以能够在新课程改革背景下焕发强大生命力，主要是因为参与式教学具备很多传统教学所不具备的优点。

一、学习形式

传统教学只注重对学习好的优秀学生的培养，教学活动主要针对这些学生设计，鼓励学生间进行竞争，学生间信任度低，以教学成绩对学生进行评价；而参与式教学注重全员参与，让全体同学均参与到课堂教学实践中，学生间通过小组交流或团队学习，课堂氛围开放信任，鼓励学生间互相关心，对学生从多方面表现进行评价。

二、学习本质

传统教学只注重知识的认知，注重教师课堂讲解，注重教师教学内容，主要包括教师为学生传授信息或事实；而参与式教学注重课堂中学生的学习过程，注重教学中学生学习活动的设计，注重课堂教学中教师是否能够给学生做出积极指导。

三、师生角色

教师只是知识的讲授者，课堂教学中教师要对学生所学习的内容负责，让学生对预设学习内容进行学习，教师为课堂主体，教师在学生学习内容中起决定作用，并在课堂上对教学内容进行讲解，课堂教学严格按照教学计划进行，避免在课堂上出现计划外的问题；而学生为知识的被动接受者，学习完全通过记忆，通过固定公式解决问题。但是参与式教学中教师为教学情境的构建者、学生学习的协助者，教师为学生学习的指导者，指导学生在课堂上对知识进行有效探寻，指导学生对身边教学资源进行辨识并有效利用，教师需要对课堂教学进行精心组织，组织过程需全面思考，对课堂教学中可能出现的意外问题进行预设，并将这些意外问题好好利用；而学生作为教学活动的主动参与者，通过课堂的多种活动对知识进行记忆，问题解决可以采用多种方法，鼓励创造性地解决问题。课堂教学中，学生要对自己的学习行为负责，而教师的责任是想办法让学生积极参与到学习的过程中。

四、教学评价方式

传统教学通过学生考试成绩对教师教学成果进行证明，而参与式教学通过课堂教学组织是否有效，学生参与度高低，学生是否通过课堂组织活动获得新知识，是否学会解决问题的方法，以此证明教学成果。

从上述传统应试教学同参与式教学的区别中可以看出，参与式教学的教学形式更加灵活，师生关系更为融洽，课堂教学氛围更为轻松灵活，学生学习更为积极主动。参与式教学所教育出的学生实践能力更强，能够将学到的知识在实际工作中灵活应用。

第七节　参与式教学法的原则

参与式教学法转变了传统教学中的灌输式教学方法，在高中思想政治课中要想运用好参与式教学法，需要掌握一些教学原则。

一、以人为本

"以人为本"是科学发展观的核心，同时也是中国共产党全心全意为人民服务这一根本宗旨的体现。将"以人为本"引申到教育教学中，就是说教学要以学生全面发展为教学目标，教学中要兼顾学生个体需求，在教学中不断对学生的人生观、价值观进行培养。高中思想政治课中，学生是课堂教学的重要参与主体，学生不仅是教学在课堂教学中所追寻的最终目标，同时也是课堂教学获得进步的根本原动力。我国教育教学中，以人为本是最重要的指导思想。参与式教学法在应用中应尊重学生，将学生当作教学中心，在课堂教学中充分调动学生的积极性、主动性，促进主体性发展，将素质教育全面贯穿于思想政治教学，让学生在课堂教学中得到多样化发展。通过参与式思想政治教学，培养学生的社会责任感，培养学生的健全人格，培养学生的创新实践能力、终身学习能力、环境意识及信息素养，从而让学生在学习中实现人的全面发展。

二、互动教学

学生的"学"法是互动教学环节设计的关键，但是教师在课堂互动教学组织设计中是不可或缺的，参与式课堂教学是教师及学生共同参与的过程。参与式课堂教学是教师设计教学导案或者情境活动，让学生在自学基础上通过互动式合作交流对学生协作协调能力进行培养，在互动式教学活动中建立良好的师生关系及生生关系，让学生在互动教学中学会交流，学会合作，为每个层次的学生都创造展示机会，让每个学生都能够在教学活动中获得成功体验，通过互动参与式教学活动完成知识及道德的双重构建。互动参与式教学能让学生在互动中产生认知及情感上的冲突，并在冲突及冲突解决过程中获得发展，而解决的这个过程就是对互动时机的良好把握。教学中只有学生主动参与，教学互动才会获得良好效果，因此课堂教学中应按照教学设计安排互动，避免教学中的盲目互动。课堂教学中要绝对放开学生身体，放开学生思想，教学中允许学生离开座位，允许他们寻找志同道合的朋友讨论问题，讨论中需放飞思想，需要将学生所有思维都调动起来。参与式教学中的"互动"过程控制对教师素质要求极为严格，要求教师必须深入学生当中，对学生的学习情况及思维方式进行了解，对师生间及生生间的沟通渠道进行反馈，让师生双方在合作交流中去发现共性问题，去发现知识的创新性价值，发现具有激励价值的学生发言，发现学生创新性的思维方法，并对学生的思想道德表现进行观察，随之对教学结构及时调整，将参与式课堂活动中学生反应当作新教学资源进行开发利用。通过参与互动式课堂教学对学生注意力进行调整，从而激发学生的学习积极性，提高课堂教学效率，最终实现教学相长的目的。

三、风暴讨论

头脑风暴指的是学生可以各抒己见，对讨论过程进行总结，并形成讨论结论。课堂教学活动为群体性学习，学习过程中，学生间会产生心理作用，他们在学习中会听从多数人的意见，并在讨论中形成群体性思维，最终将学生个体的批判精神有效削弱。要促进学生个体性学习，在课堂教学中就需要充分激发学生的创造性，让学生在课堂上说出自己丰富多彩的想法，提出学习设想，并对学生间的讨论进行分析。参与式教学在实施过程中最关键的步骤是调动学生的主动参与性，要调动学生积极性可在课堂中充分运用"头脑风暴"这种讨论方式，将学生潜能充分激发。只有在群体讨论中才会产生更多具有创意性的思想，这种创意性思想是学生素质能力提高的保证。课堂教学中，课堂气氛如果和谐平等，学生在讨论中可充分释放自己个性，充分发表自己意见，最终会形成人人主动发言，学生间互相讨论、互相学习、互相影响的局面，也会在教学中突破原有知识框架的限制，让自己的视野更开拓，能够将自身创造性思维最大限度地发挥。在参与式课堂教学下，人人互相尊重，人人互相汲取、互相竞争，课堂气氛既紧张又活跃，教师在参与式课堂教学实施过程中，需要确保每个学生都能够畅所欲言，并勇敢提出关于问题的新思路、新想法。

第八节　参与式教学的形式

参与式教学能激发学生的学习兴趣、调动学生的学习积极性，能显著增强教学效果，所以各个学校在教学中应对教学方法还有教学手段不断改革、不断创新，在教学中灵活应用各种教学方法对教学质量进行提高。尽管参与式教学的教学效果好，但是参与式教学对思想政治课教学内容并不是全部适合，在教学中教师必须根据教学内容对教学方法进行安排，如果所要教学的内容理论性较强，教学中就要用课堂讲授方法，让学生能充分探讨；如果所要教学的内容实践性较强，教学中就要用参与式教学方法，让学生在活动交流中学会解决问题的方法。教师还要按照课堂教学的不同内容对参与式教学的具体形式进行选择，让素质教育改革目标得以有效实现。参与式教学的主要形式有：问题型参与式教学、探究型参与式教学、体验型参与式教学、合作型参与式教学、案例型参与式教学等。

一、问题型参与式教学

问题型参与式教学是参与式教学的一种重要形式，指的是课堂教学以问题为中心，将提高学生分析问题、解决问题的能力作为教学重点。问题型参与式教学的主要做法为：课堂教学以学生实际知识结构现状为出发点，并按照此出发点对课堂问题进行设计，让学生充分查阅资料对问题进行解决，给出多种解决方案并进行讨论，进行互评，最后针对讨论互评的情况对问题进行总结。课堂教学中通过这种对问题的设计，让学生在问题解决过程中进行反思，教学中充分调动学生的主体参与意识，并对学生认识、分析、解决问题的能力进行培养。

问题型参与式教学的具体教学步骤：

（一）提出问题，明确目标

课堂教学中教师需要对教学内容及学生具体学情进行认识了解，在对教学内容及学生情况认真把握的基础之上，对教学内容创设相应情境，在情境中提出问题，让学生在情境活动中去探讨研究，主动参与到情境活动中。情境创设的关键环节是教师创设有效问题。在问题创设中教师需要把握：①所创设的问题应能够引起学生兴趣，且有利于学生创造性思维能力的培养；②所创设的问题应趣味性十足，且和教学内容有一定针对性；③所创设的问题应围绕教学目标及教学重点进行设计。只有这样，课堂中教师所提出的问题才会与学生学情更加接近、符合学生认知结构，才能充分激发学生兴趣、让学生的思维始终保持活跃状态，学生在解决问题时才会做到理论联系实际、更好地理解掌握知识。

（二）以疑导读，自学解疑

课堂教学中教师在提出问题、明确目标之后，会让学生利用所创设的问题对课堂教学目标进行导读，在问题引导下对教学内容进行思考，充分发挥主观能动性，进而去找寻问题的答案。在学生以疑导读、自学解疑的过程中，教师应充分发挥自身的主导作用，在课堂教学中将教学中心转移到对教学情境的创设上，转移到对学生学习过程的监控上，让学生在课堂学习时由"学会"变为"会学"，课堂教学中要多关注、引导学生去自主回答问题。在所创设的问题中，一般性问题，学生自学之后就能够自己解答；如果问题比较困难，教师需要对学生进行启发，让学生在教师启发下去解决问题；如果问题应用性比较强，教师需要引导学生对相关资料进行查阅以获取更多信息。课堂上还可以针对问题组织学生进行讨论，说出自己对于问题的理解，让学生之间互相启发，共同提高。课堂教学中教师需鼓励学生多开动脑筋，多进行实践操作，给学生足够的实践机会，让学生能够对问题独立分析解决。

（三）自主质疑，发展思维

学生通过对所创设的问题进行自学性资料查阅之后，他们的智力潜能会被有效激发，那么这时，学生所进行的学习就不再是被动性学习了，而是变成了自主性学习。学习中学生会自己积极获取知识信息，同时提高发现、分析、解决问题的能力。教师教学中还要鼓励学生在活动中勇于质疑，大胆提出想法，敢于发表见解，充分解放思想，给学生表现机会，让学生从活动中获得成功体验。教师教学中倡导学生自主性质疑就是让学生在自学的基础上由课本知识对问题进行引发，提出所有不理解的问题。只有在这种开放性课堂，既有教师设计问题，也有学生提出问题，学生智力、能力才会得到真正发展。

（四）教师讲评，总结提高

参与式课堂教学中的"教师讲评，总结提高"阶段指的是教师对教学活动进行总结，此阶段主要是教师讲授，但是这种讲授应该是对知识点的点拨式精讲，讲解应简练、生动、准确，点拨应适度、巧妙，为学生留下思考空间。为了能圆满解答学生所提出的问题，教师应在教材内容基础上为学生添加一些相关资料及生活中的案例，让学生在知识点不断丰富的同时，还能够在具体实践中对所学知识进一步体会，从而提高分析问题、解决问题的能力。课堂总结是问题型参与式教学的一个重要环节，是对教学的最后回顾，也是对学生的知识理解掌握情况的一个深入性分析。问题型参与式教学的整个过程以提出问题为开始，以问题解决为终结。

比如说在进行《社会主义初级阶段个人收入的分配制度》这部分的内容教学时，按照教材内容，结合社会当前热点问题，设计导学问题如：

我国当前的个人收入差距在不断拉大，一些人群收入越来越高，而还有一些人群收入相对更低，这种收入日渐悬殊的现象你怎样看待呢？

我国现阶段的个人收入分配方式是怎样的呢？这种收入分配方式是否合理呢？

怎样理解国家政策中允许部分人先富起来？"部分人先富"同国家所提倡的"共同富裕"这两者间是什么关系呢？

对协调效率及公平之间的关系你是怎么理解的呢？

针对社会中的弱势群体（比如说农民工、老年人等），在个人收入上，对他们的基本权利应该怎样保障呢？

课堂教学中，让学生带着这些问题去看书、查找相关资料，找寻答案。学生将搜集到的信息带到课堂上，学生之间对问题进行讨论。所谓真理越辩越明，在课堂针锋讨论中，学生对问题会有更深刻的理解。学生在课堂上充分讨论后，教师对讨论的结果进行点评式总结，能够引导学生对问题本质有更深入性认识。

二、探究型参与式教学

探究型参与式教学指的是在课堂教学中以学生自主探索式学习为基础，教师按照学生的实际学情对课堂所要研究的专题进行设计，让学生在自己学习的基础上配合小组合作方式进行学习。高中思想政治课探究型参与式教学是在素质教育理论指导下，以学生自主探索式学习为基础，教学中学生通过自主探索式的参与型实践活动对知识进行学习，获取直接经验，从而达到丰富知识信息的目的。

探究型参与式教学的主要特点是以培养学生的发展探究思维为目标，以再发现为学习方法，强调学生是学习的"发现者"，教师通过创设良好的教学情境来激发学生对所要学习的内容产生强烈的兴趣，在教师引导和鼓励下，学生通过自主探索、自主学习和实践活动，提高综合能力，发展综合素质。

探究型参与式教学的具体教学步骤：

（一）确定问题

研究专题确定的有效性同探究型参与式教学中学生的学习水平及学习境界直接相关。研究专题不仅要对教材教学内容进行反映，同时还要同当前现实社会的实践紧密相连，要根据学生实际的学情水平对专题进行设计。

比如在进行"实现人生的价值"这一个专题的教学时，要对自我实现这一问题进行讲述，教师可以先将西方自我实现理论，如萨特、马斯洛等人本主义思想家的相关观点介绍给学生，随后引导学生就这些理论所存在的内在性矛盾及这些理论在实践中所发挥的作用进行讨论，让学生在讨论中能够对不同理论的合理因素及理论所存在的局限有清晰的认识。认识到这些之后，再将历史唯物主义自我实现的相关观点向学生正面讲授。

这样的教学方式能够让学生对人本主义中自我实现的相关观点进行批判性认识，让学生在对比中形成历史唯物主义的发展观。整个教学过程学生都积极参与，教学气氛生动而活泼。

（二）开展研究

研究专题确定之后，将班上学生分成几个专题小组，这是确保探究型参与式教学顺利开展的组织保障。专题小组其实指的就是合作学习小组，一般每组7—8名学生，学生之间可以自愿组合，教师对小组成员可以微调，确保小组成员之间能够优势互补。开展研究为探究型参与教学的实质阶段。在此阶段中，学生以小组为单位，在教师指导下，通过确定好的合作方式，展开探讨式学习的专题研究。学习过程中，学生可以根据专题制订研究方案以确保研究活动的连续性。研究过程中，研究小组成员分工合作，对专题资料进行收集，进行专题PPT制作，针对专题研究撰写论文，参与课题研讨等，通过这样的研究环节，能够真正提高学生对资源的综合运用能力，发展学生的创造性思维，让学生在研究中形成主动探究知识的意识，提高解决问题的能力。

（三）成果呈现与评价

研究小组成员在研究过程中完成专题资料的收集整理工作之后，小组成员选出代表，小组代表在课堂上对组内成员研究的主要观点进行总结，并接受教师及其他小组成员质询。成果呈现及评价环节既是对专题进行的研究总结，同时也是教师发现问题、解决问题和教学相长的过程。专题研究中，学生对教学活动主动参与，主动收集整理信息资料，主动根据资料对问题进行思考，对观点进行论证，这些是对教师教学的有力支撑，在这个双向的研究过程中，也形成了师生、生生教学相长的良性互动。

三、体验型参与式教学

体验型参与式教学指的是课堂教学中，教师按照学生认知规律特点，对教学情境进行创建，在教学情境中对教材中的内容进行还原或再现，教师引导学生对情境中的角色进行扮演，让学生在亲身体验的过程中对知识进行理解及重新建构，产生情感、发展能力，从而达到让学生充分发挥自我、全面发展的目的。

体验型参与式教学是教育者按照教学内容及目标对教学情境进行有效创设的一种教学活动，教学活动让受教育者有一种身临其境的感觉，在现实情境中启动自身心智，在活动体验中对知识进行感受，通过参与体验对知识进行领悟、内省，从而实现自主性学习，以达到在体验活动中实现自我完善及自我提升的目的。体验型参与式教学强调的是学习者对情境活动的深入参与，强调的是通过活动在知识及学习主体之间建立互动联系。高中思想政治课教学中也应对体验型参与式教学灵活应用。

比如在"生产、劳动与经营"这一专题的教学时，教师要实施体验型参与式教学需按照教师设置教学情境、学生参与情境活动、组际交流和分享活动的成果、教师总结测评、内化应用这样五个步骤对教学活动进行设计。体验型参与式教学的主要思路就是让学生参与到教学情境中，学生参与后，引入心理分析，对学生参与过程中的心理活动进行分析，获得学生对课程内容的共同认知，从而强化"生产、劳动与经营"课程教学效果，让学生对教学内容有更深刻了解。

体验型参与式教学的具体教学步骤：

(一)教师设置教学情境

所有教学活动都发生在一定的教学情境中。要实施体验型参与式教学，教师首先要对相应教学情境进行设计，要根据教学内容、教学目的，有意识、有计划地对教学情境进行设置、进行构建。

当前教学情境设置有很多思路，教学中应按照教学实际情况进行选择，所设置的教学情境应根据学生生活实际安排，需要借助学生生活实践中最常接触的事物进行构建，这样才能够在教学情境中充分调动学生的积极性，才能让他们主动参与到教学实践中，才能对学生理论联系实际能力进行有效培养。

比如说在"神奇的货币"这一章节教学时，可以设置一些买卖情境，比如说一般商品买卖环节，让学生在买卖过程中尝试用货币支付、尝试用信用卡支付、用支票支付等，让学生在支付过程中了解商品，了解货币，了解商品的基本属性，了解货币的本质及职能，了解货币同财富间的关系，并建立起对待货币的正确态度。比如说外币的兑换环节，让学生在兑换中对外汇、汇率有深刻理解。

这种生活化的情境设置，学生会感觉所学的知识离他们很近，同他们生活息息相关，他们有兴趣参与到学习活动中，有兴趣对所学的课程进行深入了解，学生学习热情高涨，积极性、主动性强，课堂气氛活跃，学习效果好。这样的情境设置会激发学生的求知欲望，让学生将自己被激发的积极情感融入学习过程中，将学习看作自身所需，激发学习活动参与感，为教学活动继续展开，获得良好成效打下基础。

(二)学生参与情境活动

教学情境设置好，学生求知欲望及学习兴趣被激发之后，组织学生以小组为单位，积极参与到教学活动中来。教学活动要想获得更好成效可以以小组讨论为主，情境角色扮演为辅。在教学活动开始前，教师对课堂教学目标及课堂活动任务进行明确说明，待课堂活动任务目标确定之后，教师引导学生围绕课堂任务开展活动。

比如上述"神奇的货币"这一章节教学时，教师针对课堂活动可以设计多个层次不断推进的问题，让学生逐步深入了解货币知识，比如：

废品、假冒伪劣商品、正在使用的学习用具都是商品吗？货币与一般等价物、其他商品、纸币、信用货币、纪念币、纪念钞都有什么区别？商品交换与商品流通的区别，是否以货币为媒介？如何判断货币在执行哪种职能？物价上涨就是通货膨胀吗？纸币的面值（面额）就是代表纸币的购买力吗？纸币的实际购买力是由国家决定的吗？优质优价、物丰价廉、物美价廉有什么区别？

课堂活动分组进行，组员在活动中对不同角色进行扮演，并和组员互相分享感受，在活动中对上述问题进行体会。活动中，组内成员之间团结协助，互相学习，共同达到学习目标。学生参与情境活动环节的关键就在于学生的探索，一旦通过活动探索获得答案，学生则会兴奋不已。学生在参与情境活动环节中若做得好，会产生积极情感，并用老师教给的思维方式及学习方法去引导自己，对外部世界感知逐步内化，从而对自身能力有清醒认知，为下一步体验交流做好准备。

（三）组际交流和分享活动的成果

组际交流及成果分享为体验型参与式教学的重要环节。在此环节中，学生对活动体验进行分享，能够让学生发现彼此所共有的要素，拓宽了学生的视野。经验交流是学生主体同知识、同环境客体之间互相作用的过程，也是学生产生悟性的过程。交流中每个小组组长先组织本小组成员进行内部讨论交流，随后组之间进行组际交流，每个小组选出代表，对自己组的观点进行阐述，对组间成员对知识的理解程度进行汇报。在小组代表汇报过程时其他组的成员可以进行补充，进行评价，甚至是质疑。组际交流中学生激烈讨论解答，会对知识有更加深刻理解。讨论过程中，教师要对活动做好调控，要对讨论方向进行把握，让讨论始终围绕设计的中心话题进行。在学生讨论过程中，教师对讨论应有不失时机的引导，提高学生自学能力和思考问题、分析问题的能力，让学生在潜移默化中提高语言交流技能，提高创造性思维和学习的潜能，在活动中对学生合作精神进行培养。

（四）教师总结测评

学生通过情境设置、参与活动、成果分享等环节学习，丰富了知识与情感，有效锻炼了个人能力，随后便进入教师总结测评环节，即教师在学生组际交流之后，需要按照教材中的正确观点对学生成果进行准确、客观评价，同时也需要针对参与活动表现对学生进行最全面的评价。评价中教师可预先设计相应练习题让学生对知识点从不同角度、不同层次进行练习测试，完毕后让学生以组为单位进行互批互评、互判互改，通过学生间互评、师生互评等这种团队协作方式对问题进行解决。这种方式能够对学生学习成果迅速反馈，学生对这种测评印象深刻，教学效果好。此外，教师的测评除了要对课堂知识掌握情况进行评价，同时还要重视对学生知识领悟情况进行评判，通过评判引导学生对知识进行拓展、延伸。

（五）内化应用

要使学生对自己所学的知识加以证实，将所学知识通过实践应用，这一环节可布置一些与学生实际生活相关的任务，让学生将知识用在实践及生活中。例如讲授"提高思想道德修养和科学文化修养"一节后，可以布置学生从日常出发、以自己为示范点，在校园内坚持每天检查自己是否有不文明的行为，如是否有乱丢垃圾、在公众场所大声说话、破坏公物等，在做好自己分内事情的基础上，能敢于指出别人的一些不文明行为，或以默默帮助其纠正的方式，为文明校园建设作出自己的贡献。学生在知识运用的过程中，如果对知识的理解、掌握和应用都达到了质的飞跃，那么学生就有了成就感和成功感，就会产生一种"高峰体验"。在这个阶段，学生既熟练地掌握了所学知识，又培养了实践创新能力，还进一步陶冶升华了情感。体验型参与式教学的实质就是创建一种新型的互动交往方式，教师再现教学情境，还原教学内容，积极引导学生参与学习及其过程的探究与体验。

四、合作型参与式教学

合作型参与式教学指的是课堂教学中，将学生分成两个或者是两个以上的小组，每个小组7—8个学生，让学生在一起互相学习中合作、交流，对别的同学的观念进行学习，小组成员之间互相学习，取长补短。合作教学不仅包括小组中成员间共同合作，也包括小组群体之间的合作；不仅包括学生和学生之间的合作，也包括学生和教师之间的合作；不仅包括师生、生生间的直接交往合作，也包括他们间接性的交往合作。

合作型参与式教学的具体教学步骤：

（一）合理设计合作问题，激发学生合作欲望

合作学习能够有效开展的关键是教师提出的问题能够为学生提供合作契机，设计的问题具备合作的价值。高中思想政治课教学中，并不是所有教材内容都适合采用合作型教学方法。教师在教学过程中需按照教师实际需要，将那些学生自己独自完成存在难度，观点上容易产生分歧、争论，观点启发性较强的教学内容进行合作型参与式教学，只有这样的内容、这样的问题，学生学习过程中才会有合作学习的欲望，才会主动开展合作学习，合作学习才是有效的。

在问题设计中，首先，应明确回答范围，让学生从什么角度去分析，让学生有回答方向，有思考方向；其次，问题设计要具备开放性，具备探索性，如果设计的问题直接同课本原话相关，这种问题就没有讨论必要了。如果设计的问题不能调动学生积极性，这种问题也是不合理的；最后，问题设计需难易适度。所设计的问题并不是越难越好。问题设计得太难，学生能力不足，对问题不能很好把握，就不能获得良好效果。但是如果问题设计得太简单，则没有合作的必要。因此合作的问题在设计上必须要具备层次性，要按照学生实际学情进行设计，要让学生跳一跳就能够得着。

（二）传达学习信息，指导学生自主学习

问题设计好之后，教师要将问题相关的学习信息传达给学生，向学生介绍学习目标、学习方法，学生对学习方法了解之后，对学习资源自主性选择，选择自己需要的学习信息。对照教师所提出的问题，学生对学习资料进行查阅，整理好学习提纲，按照提纲整理好在小组内的发言稿，为思想政治课合作型参与式教学的实施做好充足准备。如果个别学生在学习中遇到困难，教师要给予针对性引导帮助，帮助学生解决困难。小组回答问题时，教师按照问题的回答情况对学生进行引导式启发。引导中要让学生由浅入深地解决相关问题。比如说，对于"美国及日本等国家为什么强烈要求人民币升值"这个问题，学生们很难回答，但是如果教师先对学生提问人民币对美元的汇率近期有什么变化，学生都可以回答，都会知道人民币总体是在升值的。也就是说，学生们通过这种汇率的变化就知道人民币值钱了，升值了。在学生了解人民币升值之后，教师在此基础上再次提问："人民币升值了，值钱了，但是美元却贬值了，那么这是美国、日本等国家希望看到的结果吗？美国、日本等国家希望看到怎样的一个结果呢？"面对这种问题，学生可能也难以回答。在此时，教师还可以对学生进行启发："如果我国人民币升值了，那么此时我国国内的企业生产了商品是倾向于将商品出口呢，还是内销呢？"学生很自然地说："倾向于内销。"教学中，教师对学生不断进行启发，学生就会自然而然得出这样的结论："美国要求人民币升值是对我国贸易顺差越来越大的反应，是为了限制我国商品的出口量。"当然教师在指导学生自主学习时，应在多数情况下保持引而不发，适当引导，提出问题，让学生在小组中对问题进行思考比较。

（三）组内、组间合作学习

各个小组针对教师所提出的问题，在组内自由交流自己的观点，小组成员交流之后，派一个代表对组内成员观点进行总结，然后几个小组代表之间对本组学习成果进行陈述总结，不同小组之间对于学习观点可以互相质疑。在组内、组间合作学习中，教师应是学生学习的引导者，在学生讨论遇到瓶颈时要对学生适时提问。同时，教师需要对学生学习进程进行整体调控，规范学生学习行为，讨论中如果有些学生观点偏离主题，教师需及时将学生讨论的方向引导到主题上来。学习讨论交流中，教师需要对各组学习中的共同错误进行归纳总结，为合作学习之后的反馈评价做好准备。

（四）教学反馈及评价

合作学习之后的教学反馈评价是师生共同参与的一项活动。学生需要对组内的学习成果进行展示，展示学习成果需以小组为单位，不能让个别学生单独展示，个人展示不能显示学生的合作能力。其次，学生学习成果的展示应采用点评、互评、自评等多种展示形式。教师需要对班级小组学生进行全面评价，对学生合作学习的热情参与积极性以及在合作学习中的贡献程度等进行评价。教师对小组间合作学习的成果要进行引导性拓展，对学生教学预设目标的完成情况进行评判，将学生在活动中的情况进行综合评价。

合作型参与式教学能促进学生的合作学习能力、交往能力、组织协调能力的提高，还能促进学生个性健康发展，培养学生的集体观念及团队精神，培养学生的社会责任意识。合作型参与式教学能够开拓学习者的视野，让学习者对知识、问题能够从多个角度进行理解，能够让学习者在合作交流中激发智慧及灵感，能在同他人合作交流中发现自身弱点及不足，并从他人身上学到良好品格、思想、技能等很多在传统课堂教学中所学不到的东西。在素质教育实施中加强对学生合作能力的培养，能为我国培养更多人才，让教育走上可持续发展之路。

五、案例型参与式教学

案例型参与式教学指的是教学中教师为达到一定教学目的将抽象的理论课程形象化为一个一个生动具体的案例，教师在案例展示中让学生对案例进行阅读、评价及讨论，通过对案例的学习让学生对抽象理论更好理解，通过案例型参与式教学促进学生素质能力的全面发展。案例型参与式教学是同高中生心理需求及认知规律相符合的一种理想化的崭新性教学尝试，这种教学方式能促进理论同实际相结合，能够提高学生对抽象理论的学习兴趣。案例型参与式教学中教师及学生能实现教与学之间的双向互动，在互动中学生分析问题、解决问题的能力能获得长足提高，学生思维会更加开放。

如新人教版思想政治第三册《文化生活》中"文化与经济、政治"的章节专题教学过程中，可以按照选择案例、展示案例、分析讨论、总结评价四个步骤来实施案例型参与式教学。

(一)选择案例

恰当选择案例是案例型参与式教学的首要环节，也是案例型参与式教学成功实施的第一步。恰当的案例能够让思想政治课程特别是理论课程更具针对性，更具时效性，所以案例型参与式教学中案例选择至关重要，所选取的案例一定要具备真实性、针对性和开放性这三个特点。同时，案例还应该紧扣时政，与学生生活实际紧密相连，这样的案例才能够激发学生学习兴趣。

在"文化与经济、政治"专题教学中，选择的是第四届中国国际动漫节及天宫一号的成功发射这两个案例。

【案例1：第四届中国国际动漫节】

第四届中国国际动漫节于2008年4月28日在杭州正式拉开大幕。由奥运五福娃领头，国内外著名卡通人物组成的动漫巡游开启"多彩动漫，和谐生活"的第一个狂欢篇章。整个巡游活动由开幕式表演和彩车巡游两部分组成。文艺表演包含"五福迎宾""时尚旋风""多彩动漫""和谐世界""相会杭州"五个篇章，与狂欢巡游同步开始。

有关此次动漫节的相关数据公布：

1.开幕式暨狂欢巡游：观看和参与人数达30万。

2.动漫产业博览会：总参观人数43万，共有280余家动漫企业与机构参展，共设展位1700个，展位总面积近1.7万平方米，场馆总面积达4.6万平方米，场内交易总额达6亿元人民币。

3.动漫产业项目发布暨签约仪式：共达成项目签约60项，总金额40.8亿元人民币。

4.来自23个国家和地区的专家、学者、嘉宾、企业家参加了本次动漫节的活动。

【案例2：天宫一号的成功发射（在课上播放发射视频）】

天宫一号是中国第一个目标飞行器，全长10.4米，最大直径3.35米，由实验舱和资源舱构成，于2011年9月29日21时16分03秒在酒泉卫星发射中心发射，标志着中国迈入中国航天"三步走"战略的第二步第二阶段。

2011年11月3日凌晨,天宫一号实现与神舟八号飞船的对接任务;2012年6月18日14时14分与神舟九号对接成功。神舟十号飞船也在2013年6月13日13时18分与天宫一号完成自动交会对接。

2016年3月16日,天宫一号目标飞行器正式终止数据服务,全面完成了其历史使命。天宫一号整器结构完整,运行轨道仍在持续、密切的跟踪监视之中,平均轨道高度约370千米,而且以每天100米的速度衰减,2018年"受控"坠落,残骸落入指定海域。

(二)展示案例

展示案例为案例型参与式教学的前提工作,也是最基础的一项工作,同案例型参与式教学是否能够成功实施关系密切。面对政治理论型专题,教师一般需要提前两周左右对案例进行准备,并将准备好的资料下发到每位学生手中,让学生对案例资料仔细研读,掌握案例核心内容及本质,针对案例进行资料的更深层次收集,根据所收集到的案例资料撰写发言稿,对案例进行分析,发表看法,为课堂讨论做好充足准备。要提高案例型参与式教学的教学质量,必须重视"展示案例"阶段的质量,做好案例分析工作,并将学生所撰写的课堂讨论发言稿纳入课堂教学考核评价指标体系中,以防有些学生对案例不仔细分析,敷衍了事。

(三)分析讨论

课堂教学中的分析讨论是案例型参与式教学实施中最关键的环节。课堂讨论多以班级或小组为单位。对讨论过程,教师要做到整体把握,整体驾驭。驾驭的目的是要在教学中充分调动学生参与讨论的积极性,要及时对讨论进行引导及点评,更要在讨论中充分激发学生的自主性思考,同时讨论中教师还要对讨论的时机进行把握,在合适的讨论时机启发并引导学生围绕课堂中心议题进行讨论发言,将讨论引导到正确的认识轨道上。

比如上述第四届中国国际动漫节这一案例,首先让学生思考:动漫节、文艺表演、狂欢巡游等属于什么现象?生活中除了文化现象(活动）之外，还有哪些现象（活动）？你能进行分类吗？请完成书本第9页的问题。在上述基本问题讨论完成之后，引导学生对案例展开论述：告诉学生在国家广电总局、十九家动漫基地的大力支持下，中国国际动漫节永久落户杭州，杭州将成为实至名归的"动漫之都"。提问：中国国际动漫节选择杭州的理由是什么？让学生从经济优势、政治优势、文化优势、环境优势这四个方面对杭州当选为动漫节举办地的原因进行分析，并在分析基础上得出文化同经济、政治间的关系。

课堂教学中教师对学生讨论情况进行层层引导，选择合适时机引导学生对中心问题的不同观点进行启发，并对其中问题进行分析，让学生正确掌握分析问题的思路与方法。课堂教学中，教师针对每个学生发言都要给予引导及点评，这样学生能够获得对问题的正确认识。

（四）总结评价

总结评价是案例型参与式教学的最后一个步骤，也是一个必要的环节。对案例进行恰当、中肯的总结评价，能够对学生讨论中所暴露的问题及时修正，同时也能够对学生发现问题、解决问题的能力进行培养。

比如上述第四届中国国际动漫节这一案例，针对杭州举办动漫节的优势，教师引用中共杭州市委副书记、中国国际动漫节执委会主任叶明先生的解读对杭州优势进行了总结。经济优势：杭州连续15年经济总量两位数增长，2006年生产总值达3400亿元人民币，财政收入600亿元人民币，人均收入达到6300美元。杭州还是民营经济大市，在全国民营企业500强中杭州有59个。强大的经济实力为杭州办好动漫节提供了坚实的经济基础。政治优势：杭州市政府的大力支持和充分保障，营造安定有序的社会秩序。文化优势：杭州建城已有2000多年的历史，有丰厚的文化底蕴。环境优势：杭州的旅游资源十分丰富。在动漫节召开的四五月份更是风光旖旎，景色迷人。

就文化同经济、政治间的关系，进行了总结。第一，在经济的基础上相互影响：①经济是基础，经济、政治决定文化，文化是经济、政治的集中反映；②文化反作用于经济、政治，给政治、经济以重大影响。第二，在时代发展的进程中相互交融：①文化与经济相互交融：经济发展推动文化事业的发展，文化生产力在现代经济中的作用日益突出；②文化与政治相互交融的表现：民主法制建设的发展提升人们的文化素养，"文化"关系国家安全。

思想政治课案例型参与式教学中，课堂上通过教师的及时点评，对中心议题进行了切中要害式的总结分析，学生对问题有了更清晰、更深刻的认识。案例型参与式教学中，总结评价既需要教师来做，也需要学生来做。学生的总结就是对组中成员对案例分析的观念进行总结梳理，并将总结生成书面报告或者是小论文，作为小组案例并形成书面形式总结报告，这也是对学生进行考核的一项重要依据。教师的总结评价不仅包括对课堂讨论中学生参与程度进行评价，对学生课堂讨论中的举止行为进行评分，对课堂讨论的节奏进行总结，同时还需要对自己教学中所选的案例质量进行反思式总结。只有这样，才能够在激发学生学习积极性的基础上，最大限度提高教学效果。

第六章　新课改及专业化视角下的高中政治教师专业发展研究

第一节　高中政治教师专业发展的理论支撑

一、教师专业发展的本质和内涵

由于教师在基础教育改革中作用至关重要，新课改不仅促进了教学内容与方式的变革，也引发了教育者自身的变革。因此，在新课改全面推行的同时，"教师专业化"这一词汇不断被提及，并成为教师发展的主要方向。

（一）区分教师专业化与教师专业发展

1. 教师专业化的内涵

《现代汉语词典》对"专业"一词做出了这样的解释：专门从事某种工作或职业的称为专业。教师作为一种职业，必然有其专业性，教师专业是指专门从事培养人的，需要专门训练并具备专门的知识、技能的，专门性的社会服务性职业。

教师专业化是指在教师的职业生涯中，通过各种培训不断提升自身的专业素养、教学能力等，以实现成为一个教育专业工作者的目标。具体来说，教师专业化的理解：

第一，作为教师最基本的就是必须具备专业知识，包括学科专业知识和教育专业知识，这是教师这一职业区别于其他职业的根本。当然除了专业知识之外，教师还需具备专业能力，这主要表现为专业的教学能力。

第二，我国对于教师任职既有规定的学历标准，又有职业道德的要求，并且还有教师资格认定及管理的相关制度。

第三，我国对于教师的教育也有其专门机构、专门的教育内容和措施。

第四，教师专业化是一个不断发展的过程，教师要不断调整自身的思想观念、价值取向，不断丰富自身的专业知识和技能，以满足不同层次的需求。

总之，教师专业化既是一种对职业资格的认定，更是教师终身学习、不断更新的自觉追求。

2.教师专业发展的内涵

教师专业发展自20世纪80年代被提出以后，逐步发展成为世界各国提高教师质量的共同策略，并成为世界教师教育的主流趋势。为此，教师专业发展也成为世界各国教育学者共同关注并展开研究的课题。

纵观国内外学者对教师专业发展的研究，一般对于教师专业发展的理解有两种：一是教师专业的发展；二是教师的专业发展。前者将教师专业发展理解为一门专业，即教师这种职业的发展的历史过程；后者将教师专业发展当成不是正式的和不具专业能力的人发展成为教师的过程。本文所提到的均是指代后者。因此，本节所讲的教师专业发展是指教师的专业知识和专业能力掌握熟练程度由一般到专业的过程，是教师不断接受新知识、增长专业能力以达到个体专业不断发展的过程。

3.教师专业化与教师专业发展的关系

我国著名学者叶澜说过，从广义的角度看，"教师专业化"与"教师专业发展"两者的内涵是相通的，都是指教师专业性增强的过程。但是从狭义的角度看，两者还是存在一定差别："教师专业化"更加注重外在的专业性提升，更多的是从社会学的角度考虑的，意在从学习和培养角度来促进教师群体及教师职业的发展；"教师专业发展"更加重视教师专业知识和能力的养成，更多的是从教育学角度考虑的，代表观点有"教师的专业发展是其能力和水平以及自身的素养、知识层次逐渐提高，由量变演变成质变的进程"。简言之，这一进程强调的是教师教学能力的提高，是教师内在专业素质与外在实践教学技能的提升，是一种主动学习的过程。

(二)政治教师专业发展的内涵

高中政治教师作为教师群体中的一部分，其发展首先要符合新课改的总体要求，即坚持以学生的全面发展为根本目标，转变教师的教学思路与学生的学习思维。政治教师专业发展的内涵的特殊性是由思想政治课自身的学科特点所决定的，高中思想政治课程要求教师不仅要传授专业知识给学生，还应该是引导学生树立正确的价值观。所以，作者打算从高中政治教师的专业化进程角度作出阐述：高中政治教师专业发展是指在其整个教师职业生涯中，依靠各种政治专业组织或机构，通过政治专业培训，不断增强政治专业知识、提升专业技能，最终能够在从事政治教学的过程中，成长为一名具有高尚情操和强烈专业认同感并能实现人生价值的优秀的高中政治教师。为此，面对新课改，高中政治教师要做到：

第一，必须坚持以生为本，在教学过程中更加关注学生潜能的开发，保证学生成为教育活动的主体，以促进其个性全面发展。

第二，必须具备坚实的政治理论基础，不断提高自身的政策理论水平，增强自身对国内外时政的敏锐观察力并能将其联系课本内容，将知识点更加通俗地展示在学生面前，以方便学生更加容易接受。

第三，必须以新课程理念为指导，丰富自己的教学内容，充分挖掘和利用身边的各种课程资源，积极参与校本课程开发研究，实现信息技术与课程教学的有效整合，以达到最佳学习效果。

第四，必须采用多种教学方法，例如启发式、讨论式、情境创设等方式，引导孩子们积极主动地投入到教师的授课中，达到新课改以人为本，以学生发展为目标的要求。

只有做到这些，高中政治教师才能与时俱进，不断更新知识，在指导学生从社会实践活动中获取新知识的基本技能的过程中不断实现自身的专业发展，实现教学相长的双赢局面。

(三)政治教师专业发展高低的标准

教师专业发展程度的高低必须有评价标准，政治教师作为教师群体的一部分，要清楚地知道政治教师专业发展高低的标准，首先得弄清教师专业发展高低的标准。纵观国内外关于教师专业发展高低的标准展开的形形色色的讨论及研究，笔者将其概括总结为：

第一，向社会提供重要的服务，即负责教育学生，管理学生的学习，并积极从事教育科研事业。

第二，需要有持续不断的专业训练，包括理论训练和实践训练。

第三，要有符合时代变更、走在时代前沿的教育思想，并将这些教育观念融入教学育人的过程。

第四，具备正确指导学生全面发展的能力，负有了解学生、管理学生的学习并提出建议的责任。

第五，具备专门的教育理论基础和实践教学能力，主要包括教育学、心理学等技能以及组织教学活动、开展科研、探索课程资源等能力。

第六，教师在前五项的基础上所取得的教育成效，能够得到社会的认可并以此获得大众的尊重。

可是，衡量高中政治教师的水平和能力高低的标准又是什么呢？笔者认为，除了具备以上教师共同的标准之外，由于政治学科的特殊性，政治教师专业化还需具有其特有的标准：政治教师应该具备全面而系统的政治专业理论和政治教学实践知识基础，这也是能够胜任政治教师的基础和根本。在我看来，要成为一名优秀的高中政治教师必须具备四个方面的知识基础。

1. 系统的政治专业知识

作为一名高中政治教师，要能顺利完成政治教学任务并取得一定成效，最基本的就是要熟悉精通政治学科的相关知识，包括马列主义、毛泽东思想及中国特色社会主义理论这些党的指导思想，另外还有政治经济学、哲学、文化等各方面的知识，这样才能在教学过程中把握全局，正确处理教材，更好地为学生解惑，发挥政治教师教书育人的作用。

2.扎实的教育专业知识

要想成为一名教师，教育学和心理学这一学科是必修科目，这也成为我国考取教师资格证所必考的科目。政治教师的职责主要有两方面：一是将政治学科知识传授给学生；二是教育学生学会做人。因此，要想成为一名合格的高中政治教师，除了政治专业知识外，教育专业知识也必不可少，这包括教育基本理论、心理学基本理论、教学论、社会学、管理学等，新课改的理念要求教师不仅仅是知识的传播者，更应成为引导学生完成学业、实现全面发展的教育专家。因此，这要求高中政治教师能够在适宜的教学方法和评价方法的帮助下，将教师所具备的政治知识组成转变为学生的知识结构，培养他们成为中国特色社会主义事业的接班者。

3.全面的科学文化知识

学生作为教师的工作对象，一般而言都需要进一步培养和关注，因此教师的教学工作有其人文性特点，强调培养学生人文素质的内在价值。高中政治是一门综合性的学科，其内容涉及经济、文化、哲学等各方面，因此，高中政治教师必须具备广泛的科学文化知识，这样才能将高中政治5本书的课本知识融会贯通，并且能够有机地反映到课堂教学中，拓展教材内容，激发学生的学习兴趣和求知欲望，以满足每一个学生的探究兴趣和全面发展的需要，不仅能够促进学生的全面发展，又能够让自己的教育教学丰富多彩，得到社会广泛认可。

4.坚实的政治教学技能

一名优秀的高中政治教师，不仅要懂得政治课教什么，更应懂得怎么教。

首先，要有较强的语言表达能力。这是作为一名教师的基础，对于政治学科来说，更应如此。政治教师语言表达能力的强弱，直接关系到学生对学习政治的兴趣以及教学效果的优劣。因此，政治教师应该注重口才的锻炼，以此引起学生学习政治的兴趣。

其次，熟练运用现代多媒体教学并且具备处理丰富信息的能力。在当今信息化时代下，教师必须有将两者很好结合的能力，达到"1＋1＞

2"的效果。由于政治学科知识比较枯燥，有的知识又比较抽象（例如哲学知识点），因此政治教师必须具备计算机技术的运用和多媒体辅助教学的技术，熟练制作生动形象的多媒体课件，在课件中通过案例教学（图片、视频等形式）更加通俗易懂地将知识点传授给学生，从而吸引更多学生学习政治的兴趣。

最后，政治教师要有突出的教学设计、教学组织、学生管理的能力。在政治课堂教学中，一方面得有完美的教学设计，另一方面在教学过程中面对各种突发状况要有所准备，有组织严密教学活动的能力，还应该将学生管理得井井有条。

二、课改后高中思想政治课程的新理念

教师专业的不断发展完善的最终目的是提高教师的教学效率，更好地促进学生的成才，所以，高中阶段政治教师的专业发展应该以思想政治新课程的理念为依据，即要想实现发展，就必须先了解课改后高中政治课程的新理念，并以此为基础，促进自身专业发展。

（一）教材内容新：贴近学生生活

新课程改革促使高中思想政治课程有了新的改观，而其中最明显的就体现在教材内容的变更。课改前的教材内容具有较强的学科知识理论体系，强调知识紧密的逻辑结构，缺乏对学生生活经验的关注，可以说是知识与学生生活距离较远，学生也缺乏在实际生活中对知识的运用检验，并且教材的学科语言过于晦涩和专业。而新课改着重于改变原有课程内容的繁、难、旧的状况，淡化了知识理论体系，关注学科的纵横交叉，注重满足学生发展的一切要求，将社会生活与教学知识的诠释相结合，使得教学课程更加切合学生身心发展的规律，同时又做到贴近实际生活。相对往常的教材，新版的高中思想政治教材内容转向知识分类整合的模块化方向发展，分为经济生活、政治生活、文化生活、生活与哲学四大必修模块，显而易见，这四大模块都与"生活"紧密联系，这样的编排增强了课程内容与学生生活的联系，更能激发学生的学习兴趣和探求未知世界的愿望，也说明了新教材内容努力与学生生活实际相贴近。另外，新教材相较于旧教材的最大亮点

在于增设了选修模块，分别为科学社会主义常识、经济学常识、国家和国际组织常识、科学思维常识、生活中的法律常识、公民道德和伦理常识六大类，学生可以根据自己的需求进行选修，选修内容是必修内容的进一步发展，使学科知识结构更加合理科学，同时选修模块让学校能够安排更为多样和灵活的教学活动，符合新课改的要求和学生未来立足社会所会面临的实际。

（二）课程目标新：注重学生能力的培养

新课改确立了知识与技能、过程与方法、情感态度价值观三位一体的课程目标，即"三维目标"，是对课改前"双基"目标的超越与创新，不是单纯的科学知识的传递，而是立足于学生的全面发展。针对高中思想政治课新课改提出了政治课程总目标及具体目标两个层次，这两类目标无疑都体现了"三维目标"。结合政治课程的学科特点，政治课程教学目标的设计应当注意以下几点：首先，情感态度价值观是首要考虑的目标，这与政治学科主要的德育功能息息相关，所以要先确定世界观、人生观、价值观方面的目标；其次，学生最主要的学习目的是知识的获取，对于知识目标要明确其理解等级，分为识记、了解、运用等层次，并以知识目标为基础展开对学生的态度价值观的教育活动；最后，将对学生的培养作为政治课程教学行为的焦点，关键是要提高学生主动学习的意识和能力，对学生实际使用已学知识进行实践分析的能力进行训练，提高学生运用课程知识处理实际困难的实践性和创新性。对通过借助教学过程和教学方法提高学生水平这一政治教学新目的进行完备的展示。三个目标之间是层层递进的关系。例如在必修三文化生活中第四课第一课时"传统文化的继承性"这个课题的教学目标设计：

1.知识目标

第一，识记：传统文化的含义、传统文化继承性的表现。

第二，理解：传统文化的特点、传统文化具有相对稳定性和鲜明的民族性、传统文化要与时俱进的重要意义、继承传统文化的正确态度。

第三，分析运用：分析现实生活中传统文化继承性的表现、联系实际分析传统文化的特点、联系具体事例说明应如何正确继承传统文化、分析传统文化对今天中国人的价值观念、生活方式和中国的发展道路具有深远的影响。

2.能力目标

第一，提高学生的归纳与分析能力。例如：分析传统文化的特点。

第二，教会学生利用教材提供的情景和问题，提高学生自主学习、合作学习和初步探究学习的能力。

第三，要求学生学会辩证地观察问题、认识问题。例如：要用一分为二的观点来继承传统文化。

3.情感态度价值观目标

通过学习本课内容，帮助学生认识文化发展的历史过程和中华民族传统文化在现实生活中的作用，理解继承传统文化的现实意义和价值，以确立对待传统文化的正确态度，做自觉的文化传承者和享用者。

(三)课程评价新:突出师生共同发展

课程评价是实现课程目标不可或缺的一部分。其要与政治教学的实际评估相结合，新课标在教学评估建议中强调："教育部印发的《基础教育课程改革纲要（试行）》及《教育部关于积极推进中小学评价与考试制度改革的通知》要在本教学课程评估中得到较好的体现，时时监督教学课程的实施情况和成果，以此方法促进学生的前途发展和教学水平的提升。"评估教师教学水平和效果，能够促使教师持续前进完善和提高教师自身的教学创新能力，最关键的是能够大幅提升政治素质修养，优化教学行为，增强教学的激情和自信度。故而，先前的奖罚评估教师教学水平在教学课程新观点中得到一定的弱化，规定评估师生要立足实际，面向未来，将"奖惩性教师评估"和"终结性学生评估"转化为"发展性教师、学生评估"，课程评价目的更加强调师生共同发展，最终要促进师生未来的发展，体现了课程评价的"新"。

这些新的变化都要求高中政治教师通过自身专业发展来实现。

第二节 高中政治教师专业发展的必要性

教师的专业化进程已是全球时代发展的潮流趋势，在我国的特色社会主义建设条件下以及独特的教育模式下，新课改对高中政治教师的专业发展提出了更多的要求，另外，政治课程要求与时俱进，这也需要政治教师的专业发展程度不断提高。

一、教师专业发展是国内外重要而紧迫的课题

(一)国外环境

在如今的知识经济时代，作为一名高中政治教师，要紧跟潮流的趋势，就要脚踏实地、积极进取，完善自身、充实自己，这样才能达到教育发展的目标。

随着经济全球化的发展，在教授课程时，高中政治教师会比其他学科教师更多地讲述有关世界政治、经济、文化的内容，譬如"高中思想政治必修部分的第二模块：政治生活——世界政治经济发展的基本趋势"中，要求教师要引导学生正确看待经济全球化与世界多极化，这就需要政治教师在上课之前要有充分的备课，不仅要博览群书，熟稔相关理论，辨析学生在该问题上的识别度，因地制宜，运用科学合理以及更具感染力的方式将信息传达出去，与此同时提高学生的理解和接受能力，教师一方面面临着不断更新和掌握知识的挑战，另一方面面临着检验自身授课能力的挑战。教师只有逐步拓宽自己的知识领域、提高自己的能力和水平才能以不变应万变，在复杂多变的国际环境和政治格局中帮助学生沉着冷静地掌握世界动态。所以需要高中政治教师能够在全球化的进程中完成授课任务，实现其专业发展。

经济全球化虽然有益于我国经济的发展，但是这其中也存在着一定威胁。由于经济全球化中起主导作用的是西方发达国家，因此随着经济全球化的深入，西方的价值观及意识形态也随之传入我国，渗透到部分国人的头脑中，对于思想还不成熟稳定的高中生来说更是如此。

而高中政治教师在国家意识形态教育方面发挥着重大作用，其观点和言论会对学生的政治立场产生深远影响。所以说高中政治教师要有鲜明的立场，始终坚信马列主义，帮助学生树立正确的信仰，以自身坚定的科学信仰感染学生影响学生，培养学生的爱国主义精神，促进其全面发展。这么说来，这一隐形的威胁需要高中政治教师不断提升专业水平，以坚定自己的专业信念。

（二）国内环境

教育与经济及科技三者是相互交融的关系，我国是发展中国家，人才的培养这一重任就落在了教育上，而这就离不开高素质的教师队伍，所以，我国的教师专业发展问题也变得十分迫切。高中政治教师肩负着学科教学与德育的双重任务，这就要求高中政治教师不仅要具备一整套先进的理论，更要树立正确的育人观念，实现这一目标的最行之有效的办法就是实现教师的专业发展。

近年来，我国经济体制的改革和社会转型带来了一系列问题，如关系到广大人民群众切身利益的民生问题较为突出，这些问题又与高中思想政治课内容紧密相连，这些日益突出的问题会给高中生带来不可避免的困顿，如果老师没能给予适当合理的指导，则可能会产生不良的后果。某些墨守成规、不求进取的政治教师在更新知识和转变授课方式上的欠缺就会导致自身与现实社会的脱节，从而导致其不能及时解答高中生在社会认知过程中的疑惑。因此高中政治教师要注意实时更新知识，随时随地把握新热点新政策，这样才可以指导高中生正确而全面地观察各种时事，树立正确的"三观"。要达到此种要求，高中政治教师需要坚持专业学习，努力提高自身素质。

众所周知："人往高处走，水往低处流"，正当的功利追求也促进了高中政治教师专业发展。教师也是一份职业，从事教师工作的人也面临着自身和家庭的生存发展问题，希望教师这份职业给他们带来一定的物质保障。而在我国，教师的收入水平与工作绩效相关，教师为了得到更高工资收入，一定会严格要求自身，自觉地进行专业培训，投身校本科研，争取在工作中取得更好的成绩，这在客观上也促进了高中政治教师的专业发展。

二、新课改的推进需要教师的专业发展去引领

新课程改革对高中教师的专业发展提出了新的挑战。在新课改的推行过程中，高中政治教师面临的主要压力是：如何转变传统的教学观念，如何在课堂中实现以学生为本等，这些压力与挑战都迫切需要高中政治教师不断提升专业发展。

2004年颁发的《普通高中思想政治课程标准（试验）》（即新课标）对高中政治教师的专业发展提出了更高的标准。高中政治教师的专业发展与新课标算得上是互相推动、互相补充的关系，高中政治教师的专业化既是推行新课标的前提，又是实践新课标的最终结果。新课标中的课程性质、课程理念、课程设计、课程内容需要政治教师的专业发展。

（一）政治新课标课程性质的要求

高中政治新课标完美结合了课程的思想性和政治性。《普通高中思想政治课程标准》明确提到："高中生主要针对马克思列宁主义、毛泽东思想、邓小平理论、'三个代表'重要思想、科学发展观及习近平新时代中国特色社会主义思想进行相关政治课程的学习，学习根本内容为社会主义物质文明、政治文明、精神文明建设基本原理，促进学生的联系实际进行相关政治、文化、经济等方面的学习，彻底吸收辩证唯物主义和历史唯物主义根本内涵，提升自己融入社会的技能，强化中国特色社会主义的理念，逐渐形成正确的世界观、人生观、价值观，为自身的持续发展提供良好的政治思想氛围。"为此，高中政治教师一定要树立坚定的使命感帮助高中生在这纷繁复杂的社会中选择正确的政治立场，努力成为建设中国特色社会主义事业的一分子，并且能够树立正确的"三观"。这一特点要求高中政治教师必须有坚定的、毫不动摇的政治思想和立场，通过自身专业发展来提高践行新课标的成效。

（二）政治新课标课程理念的要求

高中政治新课标的课程理念体现了社会性与人文性的统一。政治新

课标的课程理念所坚持的五点都体现了"以学生为本"这一核心思想，并且要求政治课程教学要立足于学生的生活经验，密切联系社会生活，体现了人文性与社会性的结合。这一特征要求高中政治教师在平时的教学过程中，冲出以往的填鸭式教育方式，贯彻以人为本，将学生确立为核心，积极建设老师与学生互相学习、平等合作的氛围，教师不再是学生学习的领导者，真正实现以学生为主体的新课标要求。为此，新课标课程理念的人文性与社会性的统一需要从事政治教学的高中教师具备较高的人文知识和素质，要求政治教师将自己的专业发展与学生的全面发展紧密联系，注重学生的可持续及全面发展。

（三）政治新课标课程设计的要求

高中政治新课标的课程设计思路体现了基础性与选择性的统一。高中政治新课标采取模块式的组织形态，分为必修和选修两大模块。其中，必修课程包括经济生活、政治生活、文化生活、生活与哲学四个模块，是所有高中生都必须学习的课程；选修课程是对必修课程的延伸和拓展，共设有六个模块，由学生自主选择进行学习。基础性和选择性的都在新课程中得到了充分的展示。通过以上所提到模块不难看出，高中思想政治课程的内容涉及了政治、经济、文化、法律、道德、哲学等多方面知识，可以说范围相当广，这就要求高中政治教师的专业知识一定要宽广，同时还要继续深化知识深度充实自身，诸如此类方可领会课本，抓好教学，完成任务，得到全方位发展。

（四）政治新课标课程内容的要求

高中政治新课标的课程内容标准体现了时代性与时效性的统一。不论是哪个模块的课程，都立足于中国特色社会主义理论体系，并且牢牢抓住我国特色社会主义建设的现实状况，与时俱进地调整教学内容。这一调整就需要政治教材也相应地进行调整，这充分体现了政治课程的时代性与时效性的统一。这一特点要求高中政治教师必须紧跟时代步伐，认真学习党的会议精神和国家大政方针，并且将国内外重大时事引入课堂，与课本内容结合，让政治课堂教学贴近实际生活，增强时效性。总之，高中政治教师的专业发展过程中，必须牢牢把握时代精神，不断更新知识结构。

三、政治学科特点及学生发展呼唤教师的专业化

与其他学科相比，思想政治课程更加凸显时效性，同时还承担着重要的德育及意识形态教育功能。此外，教师不仅仅是传授知识，更重要的是以自己高尚的人格和职业生涯中的实际行动成为学生学习的楷模，学生的成长发展也离不开教师的高水平的专业化程度。为此，高中政治教师需要不断发展以适应时代的发展。

（一）高中思想政治课程的时效性特点需要教师专业发展不断提升

1.高中思想政治课的重要地位要求从业者的专业化

第一，政治教师承担着传播科学文化知识和进行品德教育的两个重担。高中思政课不仅培养学生的爱国精神、集体意识以及对社会主义的热爱，也为积极推动国家意识形态的教育做出了贡献，政治意义十分突出。另外，高中政治课是提高国民素质的一门课程，其教学成果的优劣直接影响到我国的整体国民素质，可见其作用之重大。

第二，高中政治课对于学生来说有着重大而深远的影响：指导学生理解哲学当中辩证唯物主义和历史唯物主义的原理和方法，帮助学生掌握生活技能，积极融入社会，鼓励他们树立建设中国特色社会主义的共同理想，这样才能确立正确的"三观"，为其将来的成长确立良好的思想政治和道德素质根基。这样深远的价值观作用决定了思想政治的重要地位，也就间接决定了高中政治教师需要具备过硬的专业基础，为此，高中政治教师必须不断更新自己、发展自己。

2.强调自主、合作、探究的高中思想政治课要求从业者的专业化

"三维目标"的提出使得政治课程教学以往的"死记硬背"的学习方法不再完全适用，现今的高中思想政治更多注重学生的能力考查。因此，开放互动的教学方式及合作探究的学习方式更能适应新课程背景下的高中政治教学课堂，为此，政治教师应该不断用新的理论武装

自己，提升专业水平，使思想政治课堂成为师生情感交流、思维碰撞、心灵对话的舞台。

区别于理科知识点的形象、具体，高中政治课的内容比较抽象，尤其是哲学部分，要实现让学生完全理解并掌握，学生必须要在教师教学过程中不断接受熏陶。所以，高中政治教师一定要将行之有效的传授途径应用到授课中，如合作探究，以此来提高课堂教学实效和对学生的思想教育效果，注重培养学生发现问题、分析问题并解决问题的能力，让学生扎扎实实地掌握知识点。

此外，思想政治课程的时效性特点十分突出，其部分课程内容必须随着时代的前进而更新，例如党的十九大将习近平新时代中国特色社会主义思想确定为党的指导思想，这一决定使习近平新时代中国特色社会主义思想的地位发生了变化，从而使得政治生活中党的指导思想的相关内容也要进行一定调整，这就需要政治教师及时学习十九大精神，形成对习近平新时代中国特色社会主义思想新的认识，以便在教学过程中应对自如。由此可见，时效性这一特点要求高中政治教师要不断更新、丰富自己的学养和素养。

（二）教师专业发展是学生发展的根本保障

教育是为学生终生发展而奠基的，应该一切为了学生的发展。通过教师的发展来促进学生的发展是应该也是必须的。对于每一个学生来说，周围的一切构成了其教育环境，在这之中，既包括物质的环境，也包括人文的环境。对于强调学生全面发展的素质教育来说，校园中的一景一物都具有教育意蕴，尤其对学生的品行具有潜移默化的功效；教师的一言一行、一举一动都会在学生的眼中得到放大。教师这一职业的工作性质决定了教师的人格特点和活动内容必然具有示范效应，具有隐性课程的功效，教师的专业发展也不例外。

教师是学生的榜样，教师专业发展牵引着学生的发展；反之，学生是教师成长的参照系，参照系向前驱动，推动着教师的发展。事实上教师不仅是学生的榜样，还应该成为社会的典范，即所谓"君子如欲化民成俗，其必由学乎！"在强调终生学习的信息化时代，教师终生学习体系应当率先成为全民终生学习体系和学习型社会的典范。

在专业发展过程中，教师既会遇到获得进步时的欢乐，也会遭遇探索中的艰辛，这一切教师都会有意或者无意地在与学生接触的过程中表露；教师专业发展的过程与成果，学生既是见证者，也是收益者，就如同教师发现学生成长一样，学生也能体察到教师的进步。教师的专业发展的过程和结果作为隐性课程的一个重要资源，不仅对学生在校期间的学习和生活态度及行为产生影响，而且对学生的终身发展有着深远的意义。

教师自身专业程度发展的最终目的就是促进和保障学生发展的。从某种角度说，没有教师就没有学生，没有教师的专业发展就没有学生学习水平的不断提高。广大学校千万不能只使用教师，而不培训和发展教师。教师专业发展不仅是一个理念，更是学校的一个永恒的工作重点，是一个大家共同追求的重要结果。教师专业发展不单单是出几个骨干教师的问题，而是让所有的教师都有一个大提高、大发展、大成长。教师整体素质提升了，学生的全面发展才能得到根本保障。因此，学生发展是教师专业发展的最大外动力。

第三节　新课改及专业化背景下高中政治教师专业发展的走向

一、新课改下高中政治教师的角色定位

传统教师职能角色遭到新课程改革的冲击。传统的教育思想强调政治教师要按照课本内容及自己的既定方案塑造学生，让学生成为一种被批量生产的规格一致的产品，这一做法忽略了每个学生的个性。在传统教学的过程中，教师处于绝对权威的地位，学生必须服从教师。这些行为恰恰与以学生为本的新课改理念相违背，新课改这一现实呼唤着教师角色的转变。那么，新课改特点下高中政治教师该扮演的新角色又是什么样的呢？

（一）学生学习及做人的引导者

《新课程改革纲要》明确指出要改变课程实施过于强调死记硬背、被动接受学习、机械训练的现状，倡导学生主动参与、乐于探究、勤于动手，培养学生搜集和处理信息、获取新知识、分析和解决问题以及交流与合作的能力。新课标以"强调课程的功能要从单纯注重传授知识转变为体现引导学生学会学习、学会生存、学会做人"为核心理念。同时，政治学科的特殊性要求政治教师还应通过多样的教学方式，如情景教学、讨论教学等激发学生探究问题的兴趣，引导学生积极主动地学习政治知识。为此，高中政治教师在教学中必须从知识与技能、过程与方法、情感态度与价值观这三个维度来构建教学目标体系，大力提倡学生主动、互动、合作、探究及创造性学习。

新课程是学习型和开放型的课程，高中思想政治课程的学科特殊性决定了其在学生确立正确的政治倾向，形成高水平的道德品质方面起着重要的导向作用。因此，政治教师作用不再是"教书匠"，而是一个"教练员"，不仅要为学生创造适合学习和发展的环境，做学生学习的指导者，更应该成为学生形成正确价值观的引导者。高中政治课程中许多知识点都与我们的现实生活紧密相连，例如高中《政治必修一》的"经济生活"就讲到消费者如何正确维护自己的权益，《政治必修二》的"政治生活"所讲的如何选举人大代表等。这一事实证明理论与实际密切相关，因此政治教师在教学过程中应该注重培养学生理论联系实际、自如运用所学知识解决问题的能力。政治课程教学的根本在于学生的学，政治教师必须为学生的学习服务，为此，新课改下政治教师就不能再是具有绝对权威的施教者，而应该为学生创造合作学习的环境，成为师生平等关系的建设者。

（二）先进教学方式的探索者

新课程强调"学生中心"的教学理念，这一先进的教育观念要通过先进的教学方式体现。观念不转变，方式转变就没有了方向，没有了基础；方式不转变，观念转变就失去了归宿，二者是相辅相成的关系。因此，新课改的推行使得教师的教学方式不得不变革和创新。一方面，在过去的高中政治教学中，教师往往采用单一的传递、讲授、灌输的方式，而正是这种教学方式的过多使用直接导致了课堂死气沉沉，学生被动接受、死记硬背，对政治课程更是失去学习兴趣。新课改指出要在师生之间建立起平等交往的"对话"机制，这就要求高中政治教师在教学方式上要有所转变，要善于处理教材，紧扣学生生活，创设学生愿谈善谈的情景进行对话，在一次次的平等对话交流中实现智慧的撞击，变学生被动接受知识为主动学习知识，从而真正达到新课改的目的。另一方面，基于前文所讲的高中政治新课程中最直观的改变——教材内容更加贴近学生实际生活，政治教师应该改变传统的单一教学方式，关注学生在学习方式、思维方式上的差异，根据教学内容和学生的差异性，采取启发性教学，引导学生通过质疑问难、合作探究等多种方式进行政治学科的学习，甚至走出课堂、走向社会，以便让学生在多种多样的教学方式中，选择最适合自己的学习方式。因此，在新课程理念的指导下，高中政治教师需要转变传统教学方式，寻求新的教学方式，一方面有助于提升教学成效，另一方面可以促进教师自身专业发展。

（三）教学设计的原创者及反思者

新一轮基础教育课程改革的核心理念是以学生为本，此理念重视学生的全面发展，尊重学生的个性差异，着眼于培养学生的完整人格。因此，高中政治教师在教学目标设计上要以学生发展为本，在教学设计中应该充分联系所教学生的实际情况，尽量使得教学内容能够无限接近学生的实际生活学习状况，同时依据不同学生的实际情况制定有较强针对性的学习内容和方法，以便每一位学生更好地学习、吸收新理论知识。同时，与新课改相适应，政治教学过程设计理念必须从以教师的教为本向以学生的学为本转变，真正确立学生的主体地位。这一观念要求政治教师在教学设计中做到：课堂教学设计中要让全体学生参与，引导学生全身心参与，让学生主动地参与，动眼观察、动耳听、动笔记、动脑思考、动手操作、动口讨论。只有这样，才能充分调动学生的学习积极性。为此，高中政治教师应该根据实际情况，并紧扣当下时政，成为教学设计的原创者，这样不仅有助于焕发课堂教学的活力，更有助于锻炼教师自身能力。

另外，政治教师必须时时对自身教学观念和内容方法手段进行思考反省，不断自我调整，以检测自己教学设计的效果，从而获得持续不断的专业成长。这恰恰证明了高中政治课程中哲学部分的实践是检验真理的唯一标准的原理，教学反思就是在研究自己如何教、如何学；如何在教中学、学中教的问题。从政治教师专业发展来看，教学反思应贯穿于教师的整个教学生涯，不断反思不断改善，这既是对教学效果的总结，也是教师自我学习前进的手段。最终，让自己成为驾驭教学艺术的智慧者。

（四）教育教学工作的研究者

在传统的教育理念中，专家学者是教育理论的代表，而一线教师则仅是教学实践的化身，研究者和实践者长期处于分离的状态。但在新课改推进过程中，实践证明理论无法穷尽地指导实践，实践也不能穷尽地阐释理论。因此，这就要求教师教学实践的变革和教学理论的觉醒，由"经验型教师"转向"研究型教师"。对于高中政治教师来说更是如此，众所周知，在高中政治课程中运用案例教学十分频繁，这就要求政治教师对案例展开分析，只有研究透彻了，才能在课堂教学中掌控自如。另外，政治新课标提出一线教师要注重搞科研，这就要求政治教师必须具备相当的教学研究能力，包括：运用和处理教材的能力、发现问题并解决问题的能力、善于从教学中提炼并形成教育经验和教育思想的能力。在平时的教学工作中，政治教师要运用辩证思维、创造性思维捕捉高中政治新课程实施中的成果，善于总结，最终形成自己的教育特色。

二、专业化是高中政治教师专业发展的目的和归宿

教师向专业化发展是高中政治教师的目的与归宿，同时这一价值观念也导致了高中阶段政治教师的素质水平标准不断升高，因此本文将把高中阶段政治教师的专业化水平要求作为起点，集中精力研究教师专业化视角下高中阶段政治教师在知识专业化程度、专业化能力、专业化品德修养三个层面所要达到的新目标。

(一)专业知识方面的新目标

知识是认识世界和改造世界的基础，政治教师担负着思想教育，其知识素质决不能低于其他教师的知识水平。政治教师的专业发展也包括专业化知识水平，同时也为教学质量的提高提供良好的环境氛围，牢牢掌握高中政治学科内容，深入分析理解其内涵，能够确保教学获得较佳的成果。重新布局高中政治的知识内容是高中阶段思想政治新课标的一个重要变革，毫无疑问它对高中政治教师专业知识方面有了新的要求。具体来说包括四个方面：

1.基础理论知识

当前的教育界存在着因记诵式教育的效果不佳而否定理论本身的价值这样一个误区。我们必须肯定正确理论对实践的指导作用，因此，一名合格的思想政治教师要能够对马克思主义哲学、政治经济学、科学社会主义基本原理和基本观点（即马克思主义）的内容和实质充分理解消化，并且需要了解这些理论的历史渊源和最新发展，在教学过程中能够自如地运用这些理论观点来解释社会现象和思想政治教育所面临的实际问题，这是政治教师所应具备的基本功。

2.政治学科专业知识

学科专业知识是教师专业体系的核心。雷诺兹认为学科内容知识主要包括：学科知识内容，即各学科有关的事实、概念、原理、理论等；实质性知识，即一个学科领域的主要注释架构与概念架构；章法知识，即一个学科领域新知识被引入的方式及研究者对知识的追求与探究的标准或思考方式等；有关学科的信念；有关学科的发展，即最新的发展、取得的成果。一方面，政治教师必须吃透政治课程中的所有知识内容，例如政治、经济、法律等一系列的根本名词的定义及含义，这是政治教师进行教学工作的基本，是政治教学活动顺利进行的前提和基础，这方面知识的掌握有助于政治教师科学传授知识，讲清"是什么"的问题；另一方面，与政治教学密切关联的高等级的政治观点知识内容，如适当阅读《马克思主义政治经济学》《西方经济学》等有助于政治教师展开必修一经济学常识的教学工作，这方面知识的掌握可以加深教师对所教学科内容的理解，有利于政治教师深入浅出，讲清"为什么"的问题。与其他学科不同，政治学科具有时代性和时效性，所以，政治教师还应该及时借助一切手段方法获取最新政治课程的发展情况和最前沿的观念结论，熟悉有关党的最新政策及重要领导人的讲话，例如在现阶段，要认真学习十九大会议等的重要精髓，不断深化对科学发展观的理解，将党的十九大精神运用到教学实践中，将政治教学课程与党的理论实践相结合，不断变革完善，促进政治课程的时代化和专业化。

3.教育理论知识

教师是一种培养人的专业工作，政治教师要想成功扮演好自己的角色，在掌握政治学科专业知识的基础上，还必须具备教育学科方面的知识，因为其要承担德育的重任。政治教师必须具有的教育学科知识一方面指普通教育学、心理学、教育心理学、伦理学等，另一方面指学科教学论、教育科学研究方法等方面的知识，这些知识在很大程度上可以确保政治教师高效地履行自己的教学育人工作。当然，目前正是新课改如火如荼进行之时，高中政治教师还必须多多学习有关新课改理念推行后的一些教育理论专著，如《新课程与教师专业发展》《中国教师缺什么——新课程热中教师角色的冷思考》等，以此不断更新自身的教育理念。

4.相关学科知识

新课改强调学科之间的交融性，重视学科之间的联系，高中思想政治课程涉及的知识面较宽，包括历史、地理、语文等，综合性越来越强，要求政治教师必须博学多才，强调政治教师除对政治学科教学工作效果的关心注意外，还要将一定的精力分到对其他关联教学课程的关心上，归纳总结它们之间的关联，以便在政治课的教学中巧妙利用其他学科知识，达到更好的教学效果。例如可以引用语文课程中的诗词歌赋到政治课程中，协助学生对一些哲学观念知识的吸收，它可以使学生快速学习政治学科理论知识和促进学生综合运用不同课程知识的能力，增强学生学习运用所学知识的综合技能水平。

此外，在多媒体不断发展完善的当今社会中，幻灯片、计算机等已经被引入教学领域，并逐渐成为其一个突出的标示，高中政治课堂教学要与现代信息技术结合起来，就需要政治教师掌握现代信息技术的基本知识（如PPT、Flash等），制作政治课教学课件，对于一批老教师来说更要及时补上一课，以便适应新课程改革的需要。

（二）专业能力方面的新目标

能力是指人们掌握知识的基础上应用知识的本领。新课改背景下的高中政治课教学是以政治新课标为基石的，因此，政治教师的能力素质主要体现在对新课标的理解，以及实践运用的水平中，它针对当前政治教学课程提出了全新的指标和标准。

1.课堂教学能力

一名优秀的政治教师必须具备良好的政治课堂教学能力，这一点直接关乎教学效果的好坏，至关重要。

第一，政治教师要具备对政治教材的组织和处理的能力，以落实新课标提出的"三维目标"的要求。政治教材是政治教师的教以及学生学的依据，政治教师如何组织和处理教材直接影响到学生掌握政治知识、能力发展程度的高低。政治课堂教学目标的设计必须以新课标提出的总体培养目标为基础，具体分析教材和教学对象，明确教材的前后联系，准确把握每一课具体的教学目标、重难点，然后进行教学设计，而要做到这一点，政治教师必须具备掌握和运用教学大纲的能力、熟悉和使用教材的能力、制订教学计划的能力和编写教案的能力等。

第二，综合研究能力是当今政治教师的必备能力之一。按照高中阶段思想政治新课标的精神，在高中思想政治教材编写中加入了综合探究的内容：一是，将探索性研究活动引入到全部学科中；二是在学习完任一课程单元后设有综合探究课，例如在必修一经济生活第一单元后设置了"树立正确的金钱观"的综合探究，这些内容的设置恰恰要求高中政治教师要有高效开展综合探究活动的能力。其一，政治教师要深入理解综合研究其内在含义，综合探索研究指的是学生在课程教师的引导下独立自主地开展综合化学习活动，它以学生真实的经历为基础，与学生的校园生活和社会生活紧紧关联，它可以展现学生运用综合课程知识实践化的能力。其二，政治教师要具有设计综合探究课的能力，具体实施程序为确定探究主题、收集资料、制定探究方法、师生交流并展示成果、归纳总结谈收获。而由于在理论和实践方面综合活动探究课都起步较晚，能借鉴的案例不多，因此，对于高中政治教师来讲，这方面的能力要求较高，具有一定挑战性。

第三，政治教师要具有过硬的课堂教学控制能力，即对每堂课的把握能力。基于新课标提出"以学生为本"，教师不仅是知识点的传递者，而且是道德的引导者、思想的启迪者、信念的塑造者，要促进学生全面发展，这就要求政治教师在课堂教学过程中注重教学技巧，包括：能够充分唤起学生注意力的导入技巧，例如使用视频、图片等可以刺激学生感官的导入方式；能够增加学生参与程度、训练学生反映能力的提问技巧；能够培养学生协作能力的分组讨论活动的技巧；能够总结学生课堂表现、突出课堂重点难点的小结的技巧；能够强化学生记忆、深化理解知识的作业布置的技巧等。教师如果能够熟练地掌握这些技巧，就能很好地提升课堂教学控制能力。

2.课外科研能力

苏霍姆林斯基说过："如果你想让教师的劳动能够给教师带来乐趣，上课不至于变成一种单调乏味的义务，那你就应当引导每一位教师走上从事研究这条幸福的道路上来。"进行教育教学科研有助于教师专业素养的提高已是不争的事实，尤其是新课改以来，"教师即研究者"的呼声越来越高。因此，政治教师也应该与时俱进，积极主动参加教育科学研究，提升自身的专业素质。

第一，高中思想政治教师要具备开发政治课程资源的能力。新课标中出现了"课程资源"一词，要求变革以教科书化学科课程资源的理念，政治教师不应该仅仅担任执行政治课程的这一角色，而要成为课程开发的主体，也就是说，除了高中政治教材这一基本课程资源之外，必须开发其他课程资源，例如报刊、视频、图片、各种人力物力等凡是能够促进教学内容的，与学生生活紧密联系的，给学生提供探究交流、增长见识的一切可以利用的要素都可以作为政治的课程资源，例如可以根据自己任职的具体学校情境及学生学习的需要，自主地开发适合本校教学的校本课程。在这些丰富的资源中，需要作为课程资源开发者的政治教师对其进行判断、选择和整合，因为开发利用哪些课程资源直接关系到政治课的教学成效。

第二，高中政治教师要具备一定的教研能力。教育需要科研，这不能仅靠专家学者。认识来源于实践，教师作为教育实践者，掌握着教学实践过程中的第一手资料，立足于最优化的探索地位，所以政治学科的探究者角色只能够由政治教师担任。政治教师在政治教学过程中发现并解决问题的能力以及收集资料、撰写论文的能力即政治教师的教研能力。具体来说，其一，政治教师要能及时快速地发现或识别教学活动及环境中的阻碍，并进行相应的探索分析，积极找出清除方法，以达到研究帮助改进、完善实践教学的目标；其二，政治教师在其教学过程中不要仅仅停留于经验总结层面，而要对自己的教学经验进行一定的学术提升，例如可以通过撰写发表论文形成一些自己的教学理念。这样既切合了新课改的要求，让政治教学与时俱进，又能不断提高自己的专业能力。

3.综合评价反思能力

政治新课标建立了涵盖学生发展能力评估和教师发展能力评估在内的比较全面的发展能力评估制度，积极为学生的全方位完善和教师教学水平的不断前进提供帮助。而要建立这样一个系统的评估制度，必须加强对政治教师工作内容和方式的自我修整能力的强化。

第一，高中政治教师需要具备教学检查评价的能力。其一，政治教师必须具备在政治教学过程中收集资料，运用各种评价方法了解学生的学习情况，例如可以通过谈话观察、日常学习行为观察等判定学生是否达到预定的学习目标，从而判定自己是否达到预定的教学目标，然后根据所反馈的信息来改进自己教学工作的能力；其二，在政治教师评价方面，要求将归纳总结、思考反省引至政治教师的自我教学评估中，要求政治教师科学化地审视自己，这就要求政治教师要有一定的反思能力。

第二，教学思考反省是高中阶段政治教师必须要有的能力之一，并在此基础上成为研究型教师。反思是一种高层次的批判性思维，因此，新课程下，政治教师的反思对象应该是自己教学过程中的教学行为和思想观念，是对这些的质疑、判断和分析。而教学反思的目的则是增强政治教师自身的教学效能和素养，提高教学成效，成为研究型、学者型教师。综上，笔者认为新课程下政治教师的反思能力即教师检查、反馈、调整政治教学，从而实现自身发展的能力，只有不断发现、探究新问题并且不断反思自己的教学行为，政治教师才能在自我检查中获得其教学素质的不断提高，及时迅速融入到时时变革的教学氛围和学生环境中，对教学手段进行变革、创新提高教学的实际应用能力。在注重教师思考反省的教学过程中，政治教师由单纯的教育工作者转变为研究型教师，由传道授业解惑者转变成学习型教师，实现了教学与研究、教育与学习的统一。

(三)专业品德方面的新目标

"百年大计，教育为本；教育大计，教师为本；教师素质，师德为本。"由此可见，教师的道德品质的重要程度，对于肩负德育重任的思想政治教师来说更是如此。因此，政治教师要成为学生的道德模范，帮助学生树立正确的价值观，其自身的专业品德素质十分重要。政治教师的专业品德主要包括专业信念、专业态度两方面。

1.专业信念

与其他学科相比，高中思想政治课有着鲜明的意识形态色彩，作为一名政治教师，最重要最基本的就是要确立自己的政治信仰，树立科学的世界观、人生观和价值观，做一名坚定的马克思主义者，这样才能在政治教学中以中国共产党的各类思想为指导，全面贯彻党的教育方针。

首先，坚持教学工作是政治教师专业化理念的外在表象之一。正如伟大的教育家陶行知所认可的"教育是我国的万年大计"这一理念深入我们的内心；坚信教育能够促使学生积极向上，能够提高生活的动力；坚信教育能够化环境阻力为环境推力；坚信世上最好的教学方法就是教师与学生一起生活学习，同甘共苦；坚信教师应该时刻保持自己的榜样地位，以身作则；坚信教师应具有学而不厌、诲人不倦的职业精神；坚信教师要借助苦难的磨炼激发自己积极向上奋进的潜力；坚信教师要以人民为友，与人民大众建立深厚的友谊；坚信在中国教师倾尽一生为儿童教育事业做贡献的决心下，我国一定会出现新的生命活力。上述内容所表现的都是教师对自己教学工作的强烈认同感，愿意终生投身于教育事业。

其次，政治教师应具备不同于其他教师的专业化的学科理念。新课标规定政治教师要在基本行为准则的范畴内，积极领导学生注重思想道德品质的提升，发扬民族精神，强化建设中国特色社会主义的信念，促进科学世界观、人生观和价值观的形成，为学生成为有理想、有道德、有文化、有纪律的好市民提供一定的助力。因此，高中政治教师要树立马克思主义和中国特色社会主义事业的坚定信念，坚持共产党的领导，坚持四项基本原则，在政治立场上同党中央保持高度一致。同时，还需具有较高的马克思主义理论水平，并与时俱进地关注马克思主义的最新发展及党和政府最新的路线、方针和政策，以便在政治教学过程中正确运用马克思主义的观点和方法去宣传和贯彻党的路线、方针、政策，弘扬社会主义主旋律，并能结合自己任职学校学生的实际情况，具体分析问题并解决问题。高中政治教师的学科专业信念不仅影响着高中思想政治课教学成效，而且会影响到学生的政治倾向，所以，高中生要在政治教师的正确指引下建立正确的人生价值观，并培养学生成为建设中国特色社会主义事业的接班人。

最后，在拥有坚定的专业信念的基础上，还需具有高尚的道德品质、强烈的教育责任感。在教学过程中做到实事求是、严以律己、坚持原则。此外，新课标要求"以学生为本"，这就要求教师要用平等的态度对待学生，将学生的意见充分反映在政治课堂上，展现自己的亲和力，凸显自己的人格魅力的作用，让学生产生积极学习的动力，以此来提高政治课教学的有效性，并让学生在学习中体验到快乐，产生愿学、会学、乐学的情感体验，挖掘学生长远发展的潜力，这也与新课标关于全面发展学生素质的观念相吻合，同时也体现了政治教师高尚道德品质及责任心。

2.专业态度

教师的专业态度是指教师对于自己职业的基本心理倾向，讲的是愿不愿意的问题。因此，一个政治教师如果具有积极向上的专业态度，那么就能创造良好的课堂氛围，认真地教好每一个学生；反之，则会抱着得过且过的态度，让教学效果大打折扣。因此，政治教师要具有积极、稳定、以学生前途为价值标杆的专业化态度和理念，才能够刺激教学与学生的不断变革创新，达到教学相长。

首先，政治教师要有一定的专业自觉，即对专业发展的意识和动力。在新课改和专业化的双重背景下，教师不能满足于完成教学任务即可，而要将教师这一职业看成一门专业，认识到应该不断改进自己的专业结构，成为专业发展的主人，变"要我发展"为"我要发展"，否则将会被新课改淘汰出局。因此，教师要想在新课程改革中赢得主动，占据优势，唯一的选择就是积极主动投入课程改革，根据新课程理念完善自己的教学实践，把握新课程改革给予自己提升专业水平的良机，不断更新、丰富自己的专业知识结构和专业能力，做到自觉主动地追求专业发展，直至实现理想的专业发展。

其次，政治教师需具备专业情感。这种情感往往是在政治教师对自己教学行为进行客观理性评价的基础上产生的，因此，具有良好的专业情感是成为优秀政治教师的重要途径之一。政治教师的专业情感包括三方面：其一，专业的道德感，即要认同教师职业道德规范，将教书育人纳入自己的责任之内；其二，专业的理智感，这产生于教师理性认识自己所从事的事业，具有专业理智感的政治教师更能客观看待自己的工作，清楚地认识到自己对学生发展的影响，从而更好地促进学生全面发展；其三，专业的美感，这是教师对教育教学的艺术性的反映，教育教学既是一门科学，也是一门艺术。科学性强调教育教学的准确性，艺术性强调教育教学的差异性、独特性，因此，具备了专业美感，有助于政治教师根据实际情况对不同学生进行不同的教育。

最后，总而言之，政治教师专业品德素质的养成是教师专业发展的基础，是教师专业发展和事业走向成功的重要动力。

第四节　推进高中政治教师专业发展的途径与方法

一、基于"自主"的教师专业发展

政治教师专业化自主发展能力是其不断前进发展的本质根基和根本性的动力源泉，确保政治教师专业化能力修养的不断提升。所以，只有那些注重自我完善的政治教师才能在新课改下有意识地、主动地寻找学习发展机会，促使自身的专业发展。

（一）内动力：政治教师树立教师自主发展的理念

发展不是外部的追求，而是主体内部呈现的自发的、主动的运动状态。自主发展本质是指人们自我认识、自我发展的过程。自我发展是建立在自我意识基础上的，这种意识是长期实践的产物，只有首先在观念上树立了教师自主发展的观念，才有可能在行动中实行。因此，树立教师自主发展的理念是实现教师专业发展的基础。

1.培养主动学习意识，树立终生学习观念

俗话说："学习落后是一切落后的根源。"教师这一职业主要任务是教书育人，不学习不读书是大忌，政治教师要获得专业发展，首要问题就是要持续学习，因此，政治教师若是不学习，其专业发展就成为空谈。新课改对高中政治教师提出了更新、更高的要求，迫切地需要政治教师树立新的学习理念，掌握学习的要领和方法，树立终生学习观念，成为学习型教师，以不断提升自身的专业素养。仅靠职前及在职时为数不多的培训，肯定是不能满足教师教学的需求的，对于具有时代性的思想政治课更需要政治教师不断更新、丰富自己的各方面知识。

第一，借助阅读进行相关知识的学习积累，培养教师自主学习的能力时阅读是必备的过程阶段。政治课程的时代性很强，政治教师需要有目的、有步骤地阅读包括政治专业著作、专业报纸杂志、政治新课标以及最新时政材料等，并对每一次的中央会议、地方会议以及领导讲话内容进行及时学习，将摘要记录和读书速记引入到阅读中，并紧扣政治新教材，将两者进行有效结合，以便将相关材料为自己讲解的思想政治知识辅佐，为自己的政治课教学奠基。坚持是阅读学习的关键所在，心急吃不了热豆腐，唯有点滴积累积少成多才能够不断提高自身的政治专业理论涵养，培养自身对时政敏锐的观察捕捉能力，提升自己关于政治教育教学的思想，在提高实践教学效果的同时促进自己的专业发展。

第二，在实践中学习，实践指导教学，政治教师可以通过对自己的教学经验进行总结、反思和提炼，得到新的认识。面对新课改的要求，高中政治教师应该在准确掌握思想政治新课标精神的基础上积极主动地去实践，这样才能将新课标的理念变为课改的实际行动，也只有实践才能把新课程标准转化为活生生的教学成果。为此要做到：其一，政治教师要做教学过程中的有心人，善于从日常的政治教学中获取新知识；其二，从与学生、家长、同事、专家的交流对话中获取有效信息，得到一定启发，从而构建新的知识；其三，抓住一切参加各种类型的政治教学公开课、学校关于政治课程研究及教研活动的机会，最大限度地扩大自己的知识储备量。

总之，高中政治教师要实现自我专业发展，最基础的就是要树立自我发展意识，明确专业发展的目标，让自己未来发展的目标来引领当下的行为。

2.提升辩证思维能力，丰富实践知识

辩证思维能力对于高中思想政治新课程实践具有重大意义，政治教师辩证思维能力的提升可以使得其在更高层次上思考分析问题。同时，促进教师专业化发展的关键也包括教师所具有的实践运用知识。

从马克思主义哲学中可以得知，辩证思维是指用全面、联系、发展的观点看问题。与其他教师相比，高中政治教师应该具备更高更强的辩证思维能力，这是由于在高中思想政治哲学与生活这一专题中包含了丰富的辩证法知识，需要政治教师传授学生并培养学生的辩证思维。同时，新课改实施过程中凸显的一系列问题也需要政治教师用辩证思维去看待与分析，例如新旧课程、传统教育与素质教育、学生的个性发展与全面发展等问题可以用矛盾的对立统一规律进行分析与认识。因此，高中政治教师应该不断提升自身的辩证思维能力，做到自觉地把辩证思维渗透于教育教学活动中。

实践知识是政治教师专业发展的立足点，它产生于政治教师对教育教学经验的积累。当然，政治教师获得实践知识的途径是丰富多样的，包括：第一，认真负责上好思想政治课。实践是认识的来源，因此，政治课堂实践教学是政治教师获取实践知识技能的主要渠道，所以，政治教师要积极投入政治课教学，在师生鲜活的政治课堂上吸收相对应的实践应用理论知识。第二，积极主动参与教师培训课程。政治教师借助校内外诸多培训渠道提高自身水平，例如：教学探讨会议、学院培训等，通过这些培训手段和渠道提高自身专业知识的储备量。第三，捉住一些机会进行政治课程的教学观摩，这是丰富政治教师实践知识最直接、最快捷的途径。在对省市级优秀公开课、政治教学示范课等的观摩中，从优秀政治教师身上学习各种良好的实践教学技巧，吸取其中精华，并在观摩后积极参与评课，不仅让自己的评课实力提高，还能在专家名师的评课过程中获取对自己实践教学有益的信息知识。

（二）外动力：打造政治教师自主发展的平台

虽说政治教师实现专业发展其内因是主要的，但是如果没有外在环境的支持，大多数教师还是不能去主动求变。因此，创设良好的环境，可以引导政治教师更好更快地成长，主动去适应新课程改革的需要。

第一，要建立政治教师专业学习发展共同体。产生于20世纪80年代美国的教师教育改革运动的教师专业学习共同体，是以"分享合作互助"为核心的将具有共同愿景的教师连结在一起进行交流共同前进的学习型组织。要靠政治教师自身单一的力量来实现塑造自主发展型教师的目标是有一定困难的，因此，必须建立政治教师专业学习共同体，通过团体间的合作互助，实现共同发展。虽说如今的高中已经设有政治教研组，但是政治专业学习共同体与此还是有一定的差别，在这一团体组织中成员间更具平等性和自主学习，开展的活动内容更加丰富，例如大家可以为了一节公开课的教学设计集思广益，可以围绕一个课题进行深入研究等，通过这样的合作学习以提高工作效率，同时对于每个政治教师个体来说，不论自己的想法经过团体的讨论后是得到肯定或否定，对其自身来说都是一种积累，日积月累，必能提升各自的教学能力，在教师互助中实现各自专业的发展。

第二，给予政治教师足够的行政支持，这是教师自主发展的有力保障。政治教师要能在教学中、管理中实现自主背后的支撑就是学校的行政，对于每个教师来说，学校的管理模式和行政领导的信任程度都会对其产生较大影响，尤其对于政治教师来说，政治学科的地位不是很受重视，因此，政治教师更加需要学校领导的信任与支持，在行政管理者或校长信任的基础上进行各种教育教学培训活动，为政治教师的顺利发展提供良好的环境氛围，提升其教学探讨的主动性。

第三，政府应该引导社会大众加强对政治教师的尊重，维护其职业地位。当今社会上道德问题频出，舆论将责任直指政治教师，认为是其政治课教育质量不高所造成的，此时，政府应该出面予以坚决的否定，通过媒体正面的宣传让大众了解到思想政治课的真正价值与意义，转变一些人对政治教师的偏见，为政治教师树立良好的社会形象，加强对政治教师的尊重和体谅。唯有较佳的社会环境氛围才能够促使政治教师放开手脚自主根据政治新课标进行创新，从而更好地实施新课改，给学生传授新知识、新理念，最终也能实现自身的专业发展。

二、基于"教学反思"的教师专业发展

1989年，美国法学家波斯纳提出了"经验+反思=成长"这一教师成长公式。从这一公式中可以知晓政治教师的专业成长与发展需要其

不断反思自己的政治教学经验，没有经过反复推敲的经验是狭隘的，可见，教学反思对政治教师专业的发展有着极其重要的价值。

（一）持之以恒地进行教学反思

政治教师进行教学反思的过程中，必须做到主动、连续、坚持不懈。

第一，政治教师在教学反思实施过程中要遵循主动性原则。这一原则要求政治教师通过积极主动参加相关课程教学的思考和反省活动来不断促进其专业发展进程。教学思考反省要求政治教师对自己的教学行为和教学过程进行有意识的分析与再认识，并以此为依据对今后的教学进行改善与重建。这就要求政治教师在自我专业发展意识的引导下积极主动地进行教学反思。政治教师的主动参与是保证教学反思深度的重要因素，若没有教师的主动参与，就谈不上教学反思促进教学的效果，更谈不上教学反思促进教师专业的发展。

第二，政治教师在教学反思实施过程中要遵循连续性原则。这一原则要求政治教师在政治教学过程中，应该持续不断地进行教学反思，即教学反思应贯穿教师职业生涯的始终。由于政治教师教学的具体情况是不断变化发展的，所教的学生也会因各自的特殊性出现新的问题，加上随着新课改的推行，政治教师必须持续不断地根据具体情况对自己的教学作进一步的反思，让自己的教学适应新课改。

第三，政治教师在教学反思实施过程中要遵循坚持性原则。俗话说："世上无难事，只怕有心人"，因此，政治教师在教学反思方面也应做个有心人，坚持到底，使之成为政治教师的一个良好的习惯。要达到教学反思能实现促进教师专业发展的目的，不是两三天能做到的，而是一个长期的过程，必须持之以恒。具体来说，政治教师在每次政治教学前后要养成及时反思的习惯，要做到每天、每周、每月、每学期对自己的教学情况进行反思，及时了解自己方方面面的不足，并进行针对性的改进，接着在后面的教学中再次检验自我思考反省的效果，经过不断的循环促使教师专业化程度的发展完善，这就需要形成反思的习惯化、制度化。

（二）努力更新政治教师的观念

观念是行动的先导，政治教师能否积极参与教学反思、主动促进自身的专业发展，关键是看政治教师对自我专业的认识。作为教师实现自我发展的主要环节创设地的学校来说，应该探寻各种方法让政治教师实现观念上的转变。

第一，要提高政治教师的教学反思意识。其一，很多人认为只有出现了问题才需要反思，平时的教学过程中不需要反思，这说明了教学反思还没能全面地引起政治教师的关注，这恰恰是与教学反思作为教学过程中的重要因素背道而驰的；其二，政治教师对反思的意识程度对反思的效果影响重大，学校的硬性要求只能使政治教师产生一时的反思行为，而不能养成其反思的习惯。这二者都要求学校要提高政治教师自觉进行教学反思的意识。

第二，加强政治教师协同合作理念的培养，提倡在教学协助合作中思考反省。政治教师个人专业化水平的发展完善离不开整个政治教师群体，在平时的课堂教学中，不同政治教师所进行的课堂教学往往是相互独立、隔离的，这说明了政治教师之间缺乏一种合作的工作关系。虽说在教育实践中存在着一些合作，例如政治组集备、相互听课等，但是这些合作关系的存在往往是为了应付学校的检查，是一种"形式合作"，更有甚者连形式都省了，仅仅在备课记录、听课记录上作假应付，所以说政治教师之间的真正合作十分有限，基本都是处于孤军奋战的状态。为此，学校应该努力改变政治教师对合作的看法，使其认识到教师间的合作对教师专业发展的重要性、不可或缺性，认识到在教学合作中每位教师的参与程度及其所具有的知识技能会对整个合作的效果产生影响，从而让政治教师积极全力参与合作，使得教师在合作交流中展示各自特有的教学思想，促进相互借鉴、共同进步。

（三）专家的指导和合作教师的帮助

马克思主义认为，人的本质在社会性上是各种关系的总和。在政治教学实践中，政治教师通常都对怎样开展教学思考反省、对哪些内容进行反思等方面显得不足，而且由于单个政治教师的知识水平与能力也比较有限，政治教师个体的教学反思开始时一般较难达到理想的效果。因此，得到政治学科方面专家的指导和政治合作教师的帮助，将是政治教师顺利进行教学反思的基本保障。

专家关注的是教师教学中的理论层面，可以通过不同政治教师展开有关教师专业发展、教学反思的理论的系统培训，并从理论角度向政治教师传授如何进行教学反思、对哪些内容进行反思，通过这些理论方面的培训给政治教师提供有效的帮助。

合作教师关注的是教师教学过程中的实践层面，可以通过互相之间的旁听课程、课程评估等方法手段筛选教学过程中的难题障碍等，开展针对性较高的问题讨论，通过集体智慧使自己脱离逆境。日积月累，所形成一套比较全面的关于政治课的教学反思，最终为所有政治教师所共享。

新课改理念中要求教师成为"研究型教师"，理论联系实践，政治教师还应该将政治教学实践与各种相关的基础知识联系起来，并形成特有的政治教学反思，将其上升到一定的理论高度。在专家及合作教师的共同帮助下，政治教师通过不断地虚心求教及交流沟通，不断地改进原本头脑中不正确、不科学的教学理念，丰富自己的教学知识，拓展自己的政治教学实际运用知识，从而获得专业发展。

（四）完善政治教师专业发展的评价机制

有些教师做不到主动进行教学反思，这就需要一定的外在力量来促进他们进行反思，而教师评估恰巧是最完善的激励手段。教师评估指的是按照国家政府机构部门对教师所指定的标准和教育职业的特征，借助一切手段对教师的品德、能力、考勤、绩效开展科学的评估，促进教师管理的完善性，帮助教师开展修正完善活动，不断完备的过程。由此看来，教师评估应为教师的专业化发展保驾护航。

第一，借助政治教师的自我评估方法手段促进对政治教学工作的思考和反省，最终提高政治教师的专业化水平。自我评估指的是课程教师全面客观地认知自己的前提下，按照评价标准对自己的教学行为、效果等进行分析与反思，它作为鞭策教师专业发展的一个有利手段，有助于政治教师自我诊断，提高自身素质。学校应该引导政治教师养成以促进教师自身发展为核心的自我评价的习惯，帮助其发现政治教学过程中的不足，改进政治教学，提高教学效果。另外，学校也应该创设和谐轻松的氛围，鼓励政治教师说出教学过程中所遇到的困惑和难处，并与之一起分析解决。在自我评价结果出来后，要与教师共同进行探讨，让政治教师对其自身所具备的优势以及存在的不足有一个正确的客观的认识，并帮助其分析这一现象存在的原因及解决办法，在这样的评价过程中无形地也提升了政治教师自我反思的能力。

第二，开展发展性评价促进教师进行反思。当前学校对教师的评价大部分都以学生成绩为一个重要指标，以奖优罚劣的方式对教师的教学实践进行评估，这一评价模式不仅忽视了中间层次的教师，也没有为教师的发展提出明确的方向。所以，新课程建议建立发展性教师评价体系，即以教师发展为目的，激励教师在参与评价的过程中反思自己的教学。发展性教师评价体系由评价目的、评价标准、评价手段等构成。对于高中政治教师来说，其评价标准、方案由政治教师主动参与制定，以此为基准的评价结果也能较容易地得到政治教师的认可。同时，要及时向政治教师反馈评价结果，并相互讨论提出改进建议。由此可见，发展性评价重视的是评价过程，其最终目的是改进政治教师已有的专业发展水平，政治教师在这样的评价过程中改正缺点、发扬优点，调整工作方向和目标，以便今后更成功地开展政治教学活动，同时这也是政治教师进行自我反思、自主发展的螺旋式上升的专业发展过程。

三、基于"同伴互助"的教师专业发展

尽管学界对"同伴互助"的定义在措辞上有所差别，但其基本要点都是一致的，即参与的主体是两个及其以上的教师；根本目的是促进教师专业发展；为了实现教师专业发展，可采用的方法是多种多样的，如听课、共同研讨等。在本书中所提的"同伴互助"是指由高中政治教师组成的一个组合，在此组合中每位政治教师的地位是平等的，通过相互讨论与合作，来解决实际教学中的问题，最终达到共同发展的目的。

由于每个政治教师有着不同的教学思想、教学方法，有着各自所擅长的部分，因此，如果每一位政治教师都能做到与同伴进行合作与切磋、分享教学经验、彼此学习，做到"同伴互助"，那么将会实现学校政治教师的共同发展。

（一）学校的大力支持

学校作为教师成长的摇篮，有必要给予政治教师开展同伴互助大力支持，成为这一活动不断开展的有力保障。学校应给政治教师配备相应的教师培训，即对政治教师进行"如何进行同伴互助""如何有效地跟同伴进行沟通交流"等方面的培训，以此作为基础，政治教师之间的同伴互助才能顺利展开。

第一，学校要为政治教师营造教师互助的氛围，为政治教师营造一个"同伴互助"的开放的文化氛围，让政治教师在其中完全释放自身的能量，与同伴教师共学习、同成长。具体来说，这种开放的学校文化体现为：一是，门户的开放：欢迎校长、同事、家长、专家学者共同讨论教学问题，从事教学研究；二是，手的开放：教师主动参与、关心学校的政策，参与学校的课程开发与教学研究等；三是，心的开放：教师要摒弃权威，愿意倾听各方面的意见；四是，脑的开放：教师要用脑思考，用心反省，研究创新，促进教师专业成长。

第二，学校还应该在思想、时间、物力、人力、财力等方面给予大力支持。在思想上，学校要重视政治教师之间的同伴互助，将其列为学校工作中的一项重点工作来抓，视它为激发政治教师专业发展的核心方法；针对时间问题，学校应该用心布置政治教师的教学时间表，让政治教师有充分的实践进行同伴互助活动，有时遇到特殊情况例如同伴教师需要观摩同组教师教学情况时，学校教务处应该主动调整课表以避免教学时间上的冲突，以此保证全部成员的参与；在物力上，学校尽可能给政治教师一个开展同伴互助活动的专门场所，方便教师在一起进行讨论与交流；在人力上，学校可以通过增加教师人数、不要给政治教师额外的负担以减轻其工作量，来确保政治教师有精力进行同伴互助活动；在财力上，给予政治教师适当的经费，助其开展课题研究等，并对团队的努力与成效给予一定的肯定与奖励，以此来推动这一活动向更高更深层次发展，以取得更大的成果，促进政治教师的共同发展。

（二）积极开展校本教研

教育走向校本是当今世界教育改革的发展趋势，也是理论界探讨的热点问题，校本资源的开发随着新课改的进行而掀起热潮。教师的同伴互助是一种促进教师专业发展的活动，它坚信教师有能力帮助同伴获得专业的发展。校本教研能将教师平时的教学工作、科研与自身专业发展很好地结合起来。校本教研的方式多种多样，但一般都要包括自我反思、同伴互助、专业引领三个基本要素。因此，教师同伴互助可以说是校本教研中的一种形式，并且校本教研制度的建立正好将教师同伴互助活动加以规范化、系统化，从而更有效地保障教师间的相互合作与研讨。

对于高中思想政治课来说，提高学生的学习兴趣、活跃思想政治课堂气氛十分重要。首先，高中政治教师必须立足任职学校的校情，充分了解掌握学生的政治课学习情况，以此作为开展校本教研的依据，同时这有助于政治教师了解自己在政治教学中存在的问题，并为自己今后的专业发展指明方向。其次，政治教师要在调研的基础上对校本课程的可行性展开分析，对自己即将展开的课题研究的价值进行推敲，以便确定最终的主题，在这一进行反复论证的过程中有利于提高政治教师的专业分析能力。再次，在校本课程实施过程中并不是一成不变的，而需要根据各位政治教师的实践教学情况的意见反馈进行不断的改进与深入，并结合校情促进校本课程持续变革创新，持续拓展政治教师的专业知识储备量，提高教学水平，促进政治教师专业发展。最后，作为高中政治教师，要学会转变教学思想和手段，时时刻刻关注国内外的时事政治，并将其渗透到校本教研中，最终进入政治课堂教学。

高中思想政治课的校本教研强调学校是教研活动的主场所，政治教师是教研活动的主力军，但这并不意味着校本教研不需要校外机构及成员的支持与指导，例如有了思想政治教育教学方面专家指导，可以提高政治课校本教研的水平，正如教师同伴互助不仅仅局限于校内同伴一样，校本教研活动的参与者也可以是专家、外校名师等，凡是能够帮助提升政治教学成效、促进政治教师专业发展的，都可以成为校本教研的参与者。为此，学校要意识到这一力量的引导和提升作用，从而为校内政治教师开展校本教研提供这种力量的支持，以更好地实现政治教师教学能力的提高以及自身专业发展。

（三）重视专业引领

"专业引领"是指擅长教育教学研究的专业人士运用自身所掌握的先进的教育理念与方法引导一线教师开展教学实践的研究，促进教师专业发展的活动。值得注意的是，专业引领并不等于是专家单方向的信息传输，而是理论与实践的对话，要注重教师专业发展的反馈信息，即要做到将专家拥有的先进思想与教师拥有的实践经验进行相互碰撞、取长补短。为此，在"专业引领"中要做到注重实效、追求平等。一方面，新课程要求政治教师具备解决教学活动中实际问题的能力，而不再是抽象的说教，因此，在专业引领中，专家、教师必须共同研究，达成共识，使得引领可以发挥最大的实效；另一方面，只有在专业引领中坚持平等的原则，教师与专家才能真正成为研究教学的合作伙伴，而不再是过去科研活动中的上下级关系，这有利于提高教师参与研究的积极性。

第一，高中政治教师可以通过积极参与专家领衔的各种教学活动来提升自己的政治教学能力。其一，主动参加思想政治教育方面的科研讲座，这类科研讲座有助于政治教师及时了解当下的新课改的形势，掌握政治课程改革的重点、难度，并接受教育新思想，树立教学新理念；其二，参与专家领衔的政治课题研究，这有利于政治教师从专家思路、课题方案设计中汲取营养，将此研究过程变为自己学习以及提升专业水平的过程；其三，政治教师可以通过学术讲座、专家咨询等专业指导来实现自身专业发展。

第二，学校要鼓励政治教师进行合作研究和行动研究。其一，合作研究包括专家与政治教师之间的合作，也包括政治教师之间的交流沟通，合作研究的展开既能发挥各自长处，又能弥补各自短处；其二，学校要充分调动政治教师"行动"起来的积极性，将自己在教学过程中遇到的问题提炼后与专家共同探讨，并在其指导下开展行动研究，逐步养成在研究中教学、在教学中研究的习惯，从而使理论与实践更好地相结合，增加政治教师的研究意识，提升自己的研究水平。

第三，通过课例教研提升专业水平。课例教研是对实际课堂教学的研究，在此研究中以教师为主体，从教学中面临的实际问题出发，在与专家及其他教师的合作、实践与反思中提高政治教师的教学能力，促进政治教师专业发展。首先，政治教师要在专家的指导下，根据所教学生的特点及政治新课标，设计出有研究价值的课例；其次，政治教师要按照设计的课例方案，做好教学前的准备，以提高课堂效率；再次，政治教师要在课后对课例进行简要记载，以便日后查阅；最后，政治教师要系统分析整个课例教研过程，针对专家与其他合作教师提出的建议，进行积极反思以便今后的改进与提高。通过一个又一个课例教研，不断地提升政治教师的教学水平，促进专业发展。

第七章　新课标给高中思想政治教学带来的影响

第一节　学生地位主体化，师生关系平等化

传统的教学概念，倡导"师道尊严"，重视教师的权威，"教师中心论"呼声居高不下，更是一度将教师视为整个教学活动的核心。高中思想政治教学也不例外，教师是课堂的主人，有绝对的权威和决定权，主要任务在于单向地向学生传授政治学科的基本理论观点。学生在课堂上，最重要的任务是积极配合教师，尽可能多地记住和理解更多的政治观点和理论，以便于在卷面测试中取得更好的成绩。这样的教学和管理模式，是专制、权威的教育方式，教师在课堂中是主角，而学生仅仅处于被动配合的地位。教师作为主角操控全场，学生作为配角，学什么内容，用什么方法去学，学多长时间，学到什么样的程度，都是由教师安排，学生只需执行即可。

一、教师为主导

教师为教学主体的方式，固然可以保证教师的地位，维护课堂秩序，但是却以"格式化"的一刀切方式，将所有学生视为机械的信息接收者，完全忽视了学生这个灵活的个体作为独立个体的个性。更有甚者，埋头苦教，只要能考出好的成绩，将教学看成一台机器，目的就在于生产出完全一样的产品，即会背书、会考试的学生。当前，是一个社会信息和文化知识大爆炸的时代，学生每天都接收着各种各样的信息，思维越来越活跃，个性越来越鲜明。科学技术是第一生产力。国家对创新型人才的需求日益增加，文化软实力在国家竞争中发挥着愈加重要的作用。时代在变，学生在变，少年强则国强，孩子们才是

未来社会的主人、民族的希望，学习是他们走向社会的门，只有让他们在门里当好主人，有朝一日，走上社会，才能扛起保卫、建设国家和民族的重担。

二、学生为主体

新课标，根据社会和学生的变化，更加坚定地强调教育应该也必须把"教师中心论"变为"学生中心论"。具体来说，新时期的教育，教师是主导，起协助作用；学生是主体，占核心地位。将课堂还给学生，相信每一位学生，尊重他们的个性，让他们在课堂中进行自主、合作、探究。所谓自主，就是要尊重学生学习过程中的自主性和独立性。在学习的内容、时间、进度等方面，都多让他们自己去判断、选择和安排。让学生体验成功的乐趣，增强学习兴趣，带来美好的满足体验。根据学习任务的难度，教师可以帮助学生建立师生、生生之间的合作。合作，意味着互动和平等的交流，无论是失败还是成功，都可以互相解惑、互相帮忙。这种开放的交流方式，让学生从孤立的学习者转变为一个群体。通过合作，有利于培养学生的合作精神，愿意、乐意和他人交流，具有亲和力，为未来走上社会奠定人际基础。此外，新课标要求，高中综合探究在政治课中的重要地位，通常以分组讨论形式开展的探究活动，可以培养学生积极思考，开拓进取，勇于创新的精神。自主、合作、探究的课堂能够为政治教学带来新的活力，但是对学校和教师们来说面临着许多变化，是不小的挑战。

第二节　师生素质综合化，教法学法多元化

新课改和新课标，给教育带来"新"变化，为了更好地适应这种变化，教育活动的两大主体，教师和学生，在地位、角色和素质上也跟着变化。政治教师，是政治课教学活动得以顺利进行的组织者和管理者，需要掌控整个课堂的全局，对学生的学习情况做到心中有数。社

会在进步，教育在发展，对教师的各方面素质和教育方法要求都不断提高。学生，是学习的物质载体，是课堂的主人。但是学生想做好课堂的主人，就得一改依赖教师，被动的学习方式，不断提升自己的学习能力，改进学习方法。

一、教师素质综合化

高中思想政治学科新课标，提出的教学理念，很大程度上依靠教师去践行，这就需要政治教师们提升各方面素质。第一，政治素质，能够以学生利益为着眼点，独立做教学决策。保持教学的政治方向，积极响应素质教育号召，践行素质教育宗旨，耐心地对待每一个孩子。热爱教育事业，热爱孩子，积极为社会主义教育事业做贡献。第二，业务素质，能够从事政治教学的人，必须具备相应的学历、文化水平，学历、职称是教师教学能力和水平的体现。教育理论水平和实践水平从师范生开始就需要学习学科专业知识和教育理论知识，懂得教育规律。第三，管理才能和组织才能。班级授课制，一个教师需要面对一群性格各异、能力不同的学生。为了更有序地管理，需要教师具备领导的能力和艺术。教学和处理班级事务都应该雷厉风行，坚决果敢，让学生有令则行、有禁则止，方便管理。同时，教师专制的"一言堂"或是放任、散漫的管理模式已经过时，在保持课堂井然有序，打造一个适合大家学习的环境的前提下，教师要坚持民主的管理方法。所谓民主，就是有问题大家一起协商，做决定前征求意见，深思熟虑，正确决策。第四，思想素质。政治教师为了更好地完成教书育人工作，应该具备严于律己、宽以待人的思想素质。用自己独特的人格魅力、道德感召力、思想辐射力和宽广的胸怀去管理学生，使学生心服口服，才能真正实现"不教"的境界。第五，创新意识。运动是绝对的，社会文明发展的脚步从未停止。新课标要求，教师应该时刻保持好奇心，接受新事物，研究新方法，探索出独具匠心和富有特色的教学模式。第六，身体素质，包括身体和心理健康两大部分。新课标要求，教师须是身心健康的人，教师岗位责任重大、任务繁重，没有充沛的精力是无法胜任的。教师应当多接受新鲜事物，调整心态，避免职业倦怠，提升幸福感。

二、学生素质综合化

学生，是政治课堂的主人，未来社会的接班人，知识最终要靠自己去掌握，做人的道理靠自己去践行。因此，学生也应该积极主动地参与理论学习和实践活动，学会自我教育、自我管理，不断增长见闻，提升素质和能力。第一，主动学习的能力。学生应该在自主意识中明确学习目的，明确自己作为国家未来的栋梁，学习是最主要的任务，树立远大的理想，激发主动学习的欲望和兴趣。第二，自我约束的能力。就高中生所处的年龄阶段而言，处于青春期，虽然物质上仍不能脱离家庭的资助，但自主意识很强，精神上非常渴望自由，容易冲动，并寻找机会证明自己。学校和课堂是相对封闭的环境，想要真正学到知识，培养出能力，需要学生端正思想和信念，从主观上自我约束。第三，研究创新的能力。新课标和新课程，要求培养具有创造性的学生。高中生经过多年的基础知识积累，有一定的知识背景，抽象思维能力也随着年龄而日渐成熟。知识基础、抽象思维、课改的时代契机，要求高中生们拥有坚定的自信心和争强好胜的动机需要，变盲目服从为独立思考，敢于去标新立异。第四，健康的身心。面对多个科目的学习和频繁的考试，高中生的课业负担，可谓多个学习阶段中最沉重的时期，需要良好的身体素质作为支撑。同时，高中生面临着成长、学习、家庭、人际关系、未来目标等多重矛盾，需要有健康的心理素质，及时调适。

三、教法学法多元化

随着新课改进程的深化，高中思想政治新课程标准，对高中思想政治课教学的影响日益加深。主要表现在教师素质越来越高，学生能力越来越强，教法和学法不断得以改进和更新。自改革以来，政治课教学探索和运用了许多新的教学方法，效果显著。普遍来说，传统的讲授法、谈话法的基础上，根据时代特点产生新的教法、学法；以语言交流，对话为主的讲授法、谈话法、讨论法等；以直观的体验刺激学生感官、思维的方法，如演示法、情境法、参观法等；还有崇尚通过实践，让学生学会知识的实验法、联系法等。不同的学科具有不同的特点，教学方法也应该有选择，有针对性地使用。因此，各个学科应该从以上普遍的教学法中，选择适应本学科特点的具体教学方法，甚至是根据学科需求创新更加贴切、适宜的教学方法。

第三节　教材沿革人性化，教学内容生活化

新课标，作为新时期的教学大纲，突出"新"和"变"，这种革新，最显见、最直观地体现在教材上。过去的高中思想政治教材，从头到尾绝大部分内容，是在概述政治、经济、哲学理论，插图和教学案例都很少。其优点在于尽可能多地容纳更多政治理论，供学生学习。然而，过多的文字叙述加上满堂灌的文字解说和内容解读，教师的教学任务繁重，学生视觉、听觉也容易感觉疲劳，教学效果不理想。

一、教材沿革人性化

新课改背景下，众多教育界专家、学者，以教师和学生的身心特点为基础，对中小学教材进行沿革，致力于研究出更加简洁、人性化的教材。在新课标基本理念指导下，诞生的新教材变成彩色的，插入大量的图片和案例，可读性增强，更能提升学生学习兴趣。教材出版管理也更加灵活，本着以生为本的原则，允许地方和学校编制校本课程，实现从一纲一本到一纲多本转变。认为：只要经过实践检验证明是有利于学生学习的教材都可以运用。

二、教材内容生活化

教材内容，是政治教学的主要内容，其他教学案例和教学活动都围绕着教材展开，也依靠教材来反映。新课标实施新课程，通过教材案例和综合探究，我们不难发现，课程内容由"难、繁、偏、旧"和过于强调理论知识变得更加注重课程内容与学生生活和时代特点、科学技术发展联系起来。抓住学生心理特点，从他们的兴趣出发精心挑选对学生来说终身学习必备的基础知识和技能，并通过他们熟知的、感

兴趣的生活实例帮助理解。知识的简化，重点知识的突出，生活案例的运用，在很大程度上减轻了教与学的负担，提升教学实效。

第四节　教学目标向整体性、均衡性倾斜

新课改和新课标，致力于改变传统课程过于注重知识传授的倾向，强调有效的教学应该是既能使学生获得基础知识、形成基本技能，又能关注到知识和技能学习的过程，是学生学会学习和形成正确的价值观的过程。由此，提出三维目标，转变课程的功能，三维目标可谓整个新课标体系的灵魂和统帅。

一、知识与能力目标

知识与能力目标，是教学的显性目标，要求通过教学活动，实现学生知识的积累、能力的培养。教师的教学水平、教学效果和学生的学习能力、学习态度，都可以通过知识增加、能力增强直观地体现、衡量。无论什么时期的教学活动，都强调知识增长、能力提升的重要性，属于传统教学中合理的部分。教学目标的更新是科学取舍的过程，既要求克服旧课程过时、陈旧的理念，也应该保留合理内核。知识与能力目标，是从传统教学中继承的目标。对高中思想政治课教学而言，主要是让学生了解和认识政治、经济、文化、哲学、法律、伦理等高中思想政治常识，丰富知识，为成为真正的社会主义接班人，做好知识储备。在教学过程中，还应格外注意学生能否对知识进行有效运用，能否将政治知识融入生活。简言之，就是要让学生既"学会"也"会学"好的学习方法和学习能力，终生受益。

二、过程与方法目标

过程与方法目标，作为新课标提出的课程目标，属于可操作性目标，强调学生学习过程的重要性，要求改变过去一味关注学习结果和成绩的单一模式。新的课程模式，倡导在教与学的过程中，让学生自

己去体验知识和技能，掌握科学的学习方法。这一目标的提出让整个教育目标体系变得更加科学、完整。对高中思想政治教学而言，不能再简单地以成绩作为教学好坏的唯一衡量标准，能够更加公平、民主、人性化地评判教师、学生和教学过程。然而，新目标也对应着新要求的产生过程与方法目标，要求教师教会学生知识的同时还要学生会学知识，掌握学习方法和技能，在过程中有所收获。

三、情感态度价值观目标

情感、态度与价值观目标，从意识形态方面强调正确意识指导实践，是新课程的又一目标。较之其他行业，教育活动的特殊性在于对象是灵活的、具有情感和思维的人。新课标认为，教学除了要注重知识与能力这一结果，以及学习过程中学到的方法和培养的能力之外，还应对教学功能进行更深层次的挖掘。良好的情感体验、端正的态度，影响着学生对事物的认识和评价。积极向上的情感、态度，产生积极的价值观，对于评价自身和周围的事物有着积极的导向作用。这一目标对学科教学提出更深层次的要求，涉及知识的内化、情感的体验、态度的端正和正确价值观的树立，已经上升到意识形态层次。思想政治课，是培养学生好的政治素养、高尚道德品质的前沿课程，应该教会学生对自己的人生价值，对自己在社会中所处的地位和作用，有准确的定位。让他们明白，不同的价值观对人生道路选择的重要影响，帮助他们树立正确的价值观，更好地认识世界、改造世界。

三维教学目标，是分别从结果、过程、动力三个方面，对学科教学提出要求，同时又是一个完整的体系，相互影响，相互制约。在教学活动中，不应该厚此薄彼，甚至是顾此失彼，更应多关注多层次目标的整合。

第五节　教学资源向多元化、层次性发展

一、大教学资源观

新课标定义的课程资源，是从宏观角度来说的，不仅包括现有教学资源的使用，还包括新教学资源的开发。宏观的教学资源观认为，凡是有利于学生学习和成长的材料与素材，无论是显性的，还是隐性的，都可以"为我所用"，成为有效的、良性的教学资源。如最常见的图书资源、音像资料、风俗习惯、文史典故等，还包括名胜古迹、自然风光、特殊的人与事等，都可以概括总结，与知识点连接起来，成为实践教学资源。

教学资源的概念是广义的，覆盖范围是广泛的。除了传统意义的文本教材，即教材、教参等，作为主要教学的主要依据，还包括围绕文本资源拓展衍生的学生、教师、环境资源。学生资源，主要包括学生多年成长和学习中拥有的知识背景、生活经验，以及个体间的差异，都是教师在教学中，学生在学习中，可利用的已经储备的课程资源。教师资源，是指教师经过多年学习和教学，沉淀的文化底蕴、教学经验和个人独特的魅力和教学风格，都是有助于教学的资源。除了文本的资源、人的资源，还包括环境资源。环境资源，从场合分又包括校内、校外资源两个部分。校内资源，例如学校的图书馆、实验室、活动室等，都是师生们最直接、最方便使用的教学资源。校外资源，比如公园、动物园、博物馆、展览馆等自然、人文环境，可让学生在实践和亲身体会中学到知识。

二、教学资源开发

新课标对包括高中在内的各门学科，不仅在教学资源拓展方面提出要求和建议。国家为了改变教育活动课程管理过于集中的情况，在课程设置方面更加注重现实性和层次性。纵向上，逐步实行国家、地方、

学校三级课程，鼓励教育部门和广大教师积极运用各种教育资源，实事求是，因地制宜地开发适合本地、本校的课程。有针对性地以当地、该校实情为依据，所设置的课程增强了课程对地方、学校以及学生的适应性，可操作性强，实践意义重大。多元的教学资源是为政治教学进一步发展提供的物质支持。课程设置的多层次为广大教师们，为高中思想政治教学的发展，提供更为广阔、自由的创新空间和行政支持，为学科完善和发展提供自由的土壤。

第八章　新课标与教育现实出现差距的根源

第一节　受传统思维定势影响，三维目标难以实现

一、思维定势含义

思维定势，指的是一种惯性思维，表现为先前的活动和思维方式对现在及以后的看待、解决问题的影响。思维定势，对生活和学习的影响是把双刃剑，可以为新的实践提供目标、方向和经验借鉴，产生正面效应；但更重要的是，思维一旦成为定势，成为固定的倾向，就意味着死板和僵化，严重影响人们在新形势下与时俱进地创新，成为创造性思维培养的枷锁，这就使得原有的经验积累产生负迁移，错误地指导实践。

二、思维定势危害

教育，是一项尤为复杂的活动，旨在通过各种教学活动将科学的知识和理性的思维传授给学生。在教学过程中，教师会根据教学需要和学情，有目的、有计划地为学生创造相对固定的学习模式。这就使得同一群体的学生，在知识储备和思维方式等方面，具有一定的共性。然而，每个学生天生都是这个世界独一无二的特殊个体，加之后天生活于不同的家庭和社会环境，造成每个学生的思维都具有差异性、客观性。这就使得教师在培养学生群体思维的相对稳定性和不同学生思维的差异性方面产生矛盾。

新课改，要求高中思想政治课从教学理念和教学方法等方面的创新。新课标的"新"也从课程设置、教学内容、教学评价等方面对政治教学提出新的要求。然而，思想政治课由传统的德育课程发展而来，

随着实践的深化不断地与时俱进。尤其是新课改和新课标的新理念为高中思想政治课教学提供科学的指导，赋予新的生命活力。然而，任何事物的发展、创新，都不是简单地全盘否定或全盘肯定。由于思维的定式和习惯，旧事物退出历史舞台，新事物完全代替旧事物被人们所接受，成为主流，需要一定的时间和实践去检验。这就使得，新的教学模式，依然会或多或少地受到传统教学模式的影响。

"政治课很简单，政治课只需要背"等这些错误的思维定势，必然会给新时期高中思想政治教学在新课标的指导下，实现新的发展、发挥巨大作用带来阻滞。尤其是在这些片面思维的影响下，新课标提出的三维教学目标想要高效率、高质量地实现，变得困难。片面强调记忆和应付考试的政治学习是低效低能的。思维定势使得教师和学生在教学过程中只关注对知识的感性认识和记忆，并不能够在学习中提升自己的能力。在教学活动中，受高考影响，片面强调分数，忽视教学过程中教法、学法的创新。模式化地、片面化地教学，将知识作为学生竞争的工具，完全忽视了思想政治课程对学生情感、态度、价值观方面的培养，这种倾向是错误且危险的。政治教学的前途虽然一片光明，但道路是曲折的。自新课标提出，标志着高中思想政治教学进入一个新的阶段。这期间，有一个过渡期，在新旧交替过程中，教师们难免会产生困惑。

第二节　教师对新课标理解存在偏差，
课堂活动流于形式

教师，是新课改改革的重点对象，也是新课标最直接的践行者，更是教育事业得以发展的重要载体。新课标能否按质按量地践行，主要依靠一线教师们在教学过程中的重视和运用。然而，人的思维具有相对稳定性，长期影响人行为的思维甚至可以说是根深蒂固。人是最灵活的个体，思维是人脑主观对客观事物进行观察和思考判断的反映。即使面对同一对象，因人的知识背景、理解能力、思维角度不同，都

会产生差异。因此，教师们基于之前的知识、教学经验，对新课标基本理念和各项要求进行理解时，一定是见仁见智，有所不同的。思维具有能动性，正确的思维指导人们认识世界、改造世界。但有些教师也会对新课标的理解存在偏差，无法准确定位新课标的内涵和作用，在实践中存在困惑或不足。

一、依赖教材，忽视生活

过分依赖教材，忽视生活化教学，评价标准单一。受传统教学方法和思维定势的影响，许多教师对新课标的教学手段和教学资源理解得不够到位，存在误区。部分教师在常年教学中，养成的教学习惯使得他们仍然十分依赖教材，不能理解"用教材"的真正含义。依然是僵化地"教教材"，教学活动的展开完全围绕着教材内容而展开，缺少教学案例的运用和启发。许多教师对新教材的解读上依然将政治理论知识作为唯一的核心教学内容，将学生的考试成绩作为唯一的评价标准。

二、教法单一，手段僵化

教学手段僵化，难以把握好传统教学方式与现代教学手段之间的"度"。老教师习惯于一本书、一支粉笔的传统教学工具，对新出现的却已经广泛使用的现代教学手段存在畏难或抵触心理。新教师深知科学发展为教学带来的好处，乐于使用多媒体、音视频等新的教学手段，积极利用现代教学手段减轻教学负担，将知识以更多元、更直观的方式呈现给学生。然而，有些教师对多媒体等现代教育手段产生依赖心理，不根据课本具体内容和学生学习状态的滥用，使得现代化教学沦为点缀华丽课堂的工具。因此，新老教师，在传统教学模式和现代化教学手段之间的均衡上还存在问题，很难准确地把握二者之间合适的度。

三、理念落后，职业倦怠

教学职业倦怠，教学理念落后，教学方法单一。教师工作时间长，涉及范围广，忙碌和压力妨碍教师学习进修。教师，尤其是班主任，每天除了备课、讲课按质按量地完成教学任务，还需要花大量的时间和精力去处理班级、课堂的突发问题和日常事务。此外，学校和教育行政部门为了考核教师的教学水平，丰富学生的学习生活，会安排许多教学行政方面任务或是各式各样的比赛。为了适应新课改的发展，教师们也需要定期去更高水平的学校进修。一系列的教学、组织和管理、行政任务、进修培训，占用教师大量精力。繁重的工作任务，巨大的工作压力，容易让教师产生职业倦怠，幸福感下降，对进修和提升自我心有余而力不足。这就使得教师理念和教法学法不能得到及时更新，降低教学效果和教师成就动机。

第三节 学生角色困惑，学习方法机械，
学习动力不足

新课标，强调学生是课堂主体，对学生的能力和素质提出更高的要求。然而，学生的年龄和阅历让他们一时之间很难从被动的学习者转化为自主学习的主人。在教学过程中的配角向课堂核心角色转化的过程中，受主客观条件的限制，也会让学生产生角色的困惑，处理不好就会在新旧教学模式过渡中感觉无所适从，增加学习负担和压力，降低学习兴趣。

一、角色困惑

新课标，要求将以教师为中心的直接教学模式向以学生为中心的自主、合作、探究学习模式转化。这种转变，对学生的能力、主动性、积极性提出更高的要求。要求学生能够转变学习态度，由过去被动的"要我学"向主动的"我要学"转变。要求学生主动安排学习任务，在教师和同伴的帮助下能够独立地学习知识和技能，带着质疑的心态在自主学习的过程中认真思考，发现问题，了解问题，解决问题。只有经过自己思维加工获得的知识，才是自己真正掌握的、有用的知识。

二、能力不足

在课改之初，新课标理念和规范这种"教是为了不教"的理念，对

学生的要求很高。在广泛的学生群体中，只有少数已经在日常学习中拥有良好学习习惯，掌握科学学习方法，注重培养自学能力的优秀学生，能够较快地接受教学模式的改变，顺利地实现"灌输"到"自学"的转变。

三、积极性不够

多年的灌输教育，让学生养成依赖教师的习惯，产生思维惰性。根深蒂固地认为，政治或其他学科学习，只需对教师讲的内容死记硬背，能够顺利地考试就是合格的学习。当被动的学习态度与消极的学习信念，与需要自己去掌握、自己去学的新教学模式发生碰撞，效果可想而知。政治课也不例外，想采用启发、引导、讨论、调查等教学法时，也会因学生能力不足，学习动机欠缺而受到阻碍。

第九章　高中政治课教学面临的挑战

第一节　新高考改革背景下高中政治课教学面临的挑战

改革始终是机遇与挑战并存的代名词。在新的高考模式下，文理科的传统模式已被打破多年。中考范围限定为三门必修课加三门选修课。学生有更多的自主选择，这意味着：在理论上，政治和其他重要的传统学科，如物理、化学、生物等，具有相同的选择状态，这当然大大减轻了政治教师的求学压力，也可以从根本上解决课堂上单调的传授知识方式。充分体现政治学科的时间性、参与性、体验性、有效性的特点，同时将高中政治课堂作为教学平台，优化创造生活情境，引导学生直接面对社会，增加学生的现实生活体验和社会经历。客体的功能充分展示了政治主体的独特魅力。

同时，在新的"文理不分科"和"选考"高考制度的设计下，政治不再是高考的必修科目，对政治知识的挑战也是真实的和严重的。为深入了解新高考改革中高中政治思想课教学面临的挑战，笔者向500名学生发放了问卷调查。在几所高中一年级随机抽取，最终返回475份问卷，其中461份有效。此外，笔者还采访了那些高中的一些政治老师。根据问卷统计、访谈内容和以往的一些研究结果，得出的结论是，高中政治科目的教学相比于考试背景面临着巨大的挑战。

一、高中师生大多对新高考中政治学科的定位不清晰

调查发现，超过三分之二的学生"不太清晰"和"不知道"高中政治对自己的重要性。这说明，高中生对政治在新高考中的地位了解不多，对这些科目的关注度也不高。对教师的采访还显示，近半数的教师对新高考的具体方案并不完全了解，也不了解与政治学科有关的国家政策。

政治学科是贯彻立德树人根本任务的根本学科，是教给学生如何更好地过好公民社会生活的核心学科。然而，相当一部分学生在高中时对政治产生了误解，认为政治教学是空洞无聊、神秘而不切实际的。这也可能是因为部分政治教师对国家的政治政策和课程设置不深入，课堂组织设计不科学，教学方法应用不合理，使政治课变得不那么有趣。

学习思想政治理论是开展立德树人基本任务的重点学科。我们必须从支持和发展中国特色社会主义、实现伟大复兴的高度认识学习思想政治理论的重要性。青春期是人生的重要成长时期，大部分都需要进行正确的引导。因此，无论是政治学教授还是高中生，都应该正确认识政治学科在时代和人生巅峰的地位，对学科的价值有更全面的认识。学习经济生活，了解国民经济制度，了解经济政策，分析经济形势，了解经济规律，有助于学生发挥自身优势，进入相关经济管理或积极创新专业，助力大国振兴，同时实现自己职业抱负。学习政治生活可以帮助学生更深刻地认识社会主义制度的优点和社会主义早期阶段的弊端，从而不仅对国家的未来充满信心，而且对困难和紧迫性有所了解。在观察内外关系和不同的思想动向时，要保持头脑清晰、专注，时刻保持正能量，不要抑郁或极端。学习文化和哲学可以提高学生的文化水平，树立正确的三观。

师生对高考改革中政治学科的政治定位认识不清，容易失去责任感和历史使命感，严重影响学生的教学效果。

二、新高考改革使高中政治课学科地位受到冲击

问卷调查显示以政治学科为选考科目的学生只占少数，在所有选考科目中排在末位，由此可见，选择政治学科作为选考科目之一的意愿非常低。已经实施新高考的浙江、上海等考生的实际选择也大致如此。

"重理科轻文科"是许多高中的普遍现象。政治作为文科，一直是高中所有学科中最不受重视的科目之一。初中阶段政治课内容由于学习内容直观易懂，考试形式简单，直接导致政治课在义务教育阶段不被重视，存在感很弱，以致间接影响高中阶段的政治学习和选修。新高考改革前，高中理科基本不重视甚至是不学政治课，将政治课改成自习课或者温习其他学科的现象是很普遍的。新高考改革后，高中政治与物理、化学、生物、历史、地理六大学科具有同等的地位，成为供考生选择的六大主要学科之一。也就是说，所有学生可以根据自己的意愿和兴趣爱好选学或不选学、选考或不选考政治，这对包括政治学科在内的六门备选学科来说是一个巨大的冲击。

从报考层面上看，改革方案指出考生的志愿将由"学校+专业"组成，这是一种以报考专业为导向的录取方式，学生可以根据自己的兴趣和爱好来决定自己的专业，并将专业作为选择大学的关键因素。这种设计很好解决了由于分批次录取致使部分考生因为需要先选择学校而必须选择自己不喜欢的专业的问题。如今志愿填报和录取方式变为以专业为主、以学校为辅，部分学生可能会更少考虑高校的思想政治专业，随之而来必然是高考不再选择政治学科。

师生对于新高考改革中关于政治学科的政策定位认识不清晰，容易丧失历史责任感和使命感，而且会严重影响政治学科的教学效果，很容易偏离学科设立宗旨和目的。

三、新高考改革背景下高中政治课教学如何实现立德树人目标需要摸索

在旧高考背景下，受传统教育的影响，不管是学校、家庭还是社会教育都更加注重学生智育的开发，而忽略了学生德育的培养，这使得学生道德认知与道德行为严重偏离了正确的方向，思想道德教育是素质教育的核心、灵魂。新高考改革的一个重要目标就是如何实现立德树人的根本任务，目前学生的德育问题主要体现在道德认知和道德情感两方面，具体体现在：第一，学生消极地对待学习，他们认为学习是为了父母或者老师，学习是为了应付考试等，学生对待学习的不端正的态度导致学生的自控能力较差，出现上课不认真听讲、课后不按时完成作业、考试作弊甚至旷课等不良行为。第二，学生不尊重教师

的劳动，不懂得感恩，甚至对教师产生敌对心理，导致学生和教师无法建立和谐的师生关系。这些问题都是亟待解决的问题，高中政治作为立德树人的关键课程，是实现德育的主要途径，政治教学如何实现立德树人的目标还需要在实践中不断探索。

四、新高考改革背景下学生对如何选课有些无所适从

"你对如何选择这六门选修课有什么目标吗？"结果显示，52.08%学生对选择方向"怀疑"，甚至20.79%学生没有方向。此外，当被问到："如果你选修政治课，你首先想到的是什么？" 31.5%学生选择"考前政治成绩"，仅24.63%学生根据学科兴趣，大学专业要求、志愿和定向职业分别占4.93%、1.97%和3.45%。这一结果很大程度上表明，大多数学生对长期职业规划缺乏必要的兴趣，并没有将自己的学业目标与未来的职业规划联系起来来决定选择哪个职业、哪个课程。在新高考背景下，虽然学生在选择上获得了更多自主权，但研究表明，学生缺乏完整的信息，缺乏长远的规划，缺乏学习的主动性，无法确定选考的具体科目，在教师的指导下被动地选择。可以说，这种情况是学生时刻处于无准备状态的必然结果。高中生需要一定的时间才能完全理解他们的决定。此外，学生进入高中科目选择很容易受到环境的影响，尤其是同龄人。事实证明，高中生的科目选择仍然是盲目和随机的。

五、新高考改革背景下政治课程设置和教学组织难度加大

新高考"3+1+2"科目的选择大大增加了政治课的难度。科目选好后，学校会根据学生的选课情况来设置科目。根据调查结果分析，参加政治考试的学生比例最小。新课程标准还规定，政治课是必修课，所有学生在考试前必须学习。正是申请者人数少与政治需求的矛盾，增加了政治学院的设立难度。

本次调查的主要目的是了解学生对轮班制和思想政治课教学的态度。调查表明，认为应用轮班制"影响"或"可以影响"学习的学生比例非常高，有较大比例的学生选择"学习秩序较混乱"和"学习反馈困难"这两个选项。这表明，学生认为在政治教学中应用课堂制弊大于利。"政治课"只会待在政治课上，在不同的时间在不同的班级学习不同的科目，这也大大增加了管理、监控、课后辅导和课后作业的难度。对政治教师的测试表明，课程的教学和组织难度相应增加。

六、以识记为目的的教学方式影响学生对政治课的认可

可以看出，学生对当前政治课的兴趣很低，仅占24.86%，而学生对教师教学效果的满意度也不是很理想，对当前政治课的评价普遍不是很高。这种情况在很大程度上可以体现在现在学生在政治科目上的认可度不高，这也是学生不重视学习政治科目的原因之一。

众所周知，高中政治课的目标是提高学生的思想政治素质，基本任务是培养学生的品德和社交能力。由于理论在高考中只占小部分等诸多因素的影响，高中阶段许多政治科目的教学偏离了时间感知、参与、经验和政治有效性的特点概念和理论的传达。大多数高中政治教师忽视了学生个性化的培养。他们把高考作为重中之重，让学生记住重点和难点。学生课堂参与度低，导致学生过度依赖老师，缺乏自主学习能力。这样一来，学生们兴趣不大，没有多少利益感和价值感，自然会不认可这样的政治课。

七、高中政治教师的现有素质难以适应新高考改革对政治教学的要求

如前所述，新高考对高中政治课程标准、教学过程和教学效果等方面都有新的规定。但通过相关调查分析认为，相当一部分高中政治学教师的现有素质难以适应新高考改革下的新课程政治教学要求。这些教师在不同程度上存在教育教学观念落后、不注重学习和应用先进教学方法、缺乏学习积极性和学习新知识等问题；有的教师没有深入研究课本，只注重课本仅有的知识点。此外，他们无法理解课本应该呈现的更深层次的内容；而相当一部分政治教师没有长远的职业规划，只满足于现状，不想上进。在政治课的组织实施方面，相当一部分政治高中教师只做好规定的教学工作，在学习过程中不努力提高课堂教学的有效性，不重视学生主体地位，不能因材施教，教学方法比较简单。关于如何让学生积极参与教学活动，尽可能体现学校政治课的时间感、参与感、体验感和有效性，他们是没有进行相关思考和解决的。部分高中政治教师在能力方面远远不能满足新招生计划要求的情况，亟待解决。

第二节　传统的智力观下高中政治课堂教学存在的问题

根据与智力相关的研究分析，一直以来学术界都存在不同意见和观点。在根据我国对于智力相关的研究分析，普遍将智力理解为：能让人准确、顺利地完成自己所要达成的某活动或行为的需要的各种行为和认知能力的有机整合的一种能力，我们称为智力。智力是以抽象思维能力为核心支撑的，还包含记忆力、观察力、思维力、想象力、判断力、推理力等能力的一种能力。它重视的是一个人的认知能力的高低，并需要语言和数理方面的逻辑能力进行核心支撑。应用到实践中就是解决问题，找寻特定问题的正确答案，拥有能快速有效地进行学习的能力，是否具有这种能力被看作能不能正确、顺利地解决问题的关键性因素。将这种关于智力能力的相关理论思维应用到教育教学过程中，就是对应地形成教学思维、学生思维和评价思维，教育教学相关思维就存在一定的局限性，即简单地认为教育教学就是对知识的教授，学习成绩的好坏就是评价标准，学生知识的接受程度就是智力的发展程度。

传统的高中思想政治课程教学虽然在一定程度上得到了不断的发展与前进，但是仍然存在我们不能忽视的问题，如学科定位不明确、教学方式落后、教学评价单一等问题。随着新课程改革的实施，高中思想政治课程教学存在的一些问题得到了有效的改善和进步，其在课程教学理念和教学内容方面更是有较大的变革，而这些变革就需要广大教师群体在教学过程中真正贯彻和实践。但是，通过相关分析和调查我们发现，在实际的教学情况中，在高中思想政治课程教学中存在的一些根本性的问题还是没有得到有效的解决和落实，究其原因，是多层面的，而其中影响最深、最负面的因素就是传统的智力相关理论。在教学过程中，仍然有很多教师的思想观念比较传统，始终遵循的是以成绩、考试分数去判断和衡量一个学生的智力水平，去评判学生是否能不断成长提高，有的教师甚至将这一标准作为唯一标准和信条。因而这一个传统的思想观念也成为阻碍新课程改革与实施道路上的重要因素。

在受传统智力理论观念影响的新课程改革中的高中思想政治课堂教学主要存在的问题：

一、高中思想政治学科的定位问题

新课程标准明确指出高中政治课程的培养目标及课程定位，注重培养和提高学生认识、参与当代社会生活的能力，注重培养学生思想政治素质，强调学科的德育性质。但是，在目前的教学过程中，将政治学科定位为纯学科课程的观念并没有得到根本的转变。如上所述，传统智力的内涵较狭窄。因此，在传统智力观的影响下，高中政治的教学活动所追寻的是智力的发展，且将智力的发展局限于学生对知识的掌握能力。作为重要德育课程的高中政治课演变成了纯知识课程。高中思想政治课堂教学的价值取向过多强调传递既定思想政治道德知识，把思想政治教育当成知识教育，而忽视对学生基础德行、思想政治品格的培养。思想政治道德知识是人们生活经验的概括、抽象与总结，虽然来源于生活过程之中，却因其经过抽象加工过程而具有了一定的抽象性和符号性。政治学科的意义并不在于知识符号本身，而在于这些知识符号所代表的生动而丰富的思想意蕴。以传授知识为特征的思想政治教育舍本逐末，将知识符号而不是这些符号所代表的意义看成教育的目标。

新课程标准的实施，对于高中思想政治课程的定位和培养目标提出了明确的要求，提出要重视培养和提高学生认识社会、融入社会生活的能力，要重视对于学生思想政治素质的培养和提高，要发挥和强调思想政治学科的德育性质和作用。但在实际的高中思想政治课程教学中，教师认为思想政治学科就是单一学科的传统观念仍然没有得到转变，也没有发挥思想政治的学科作用。因而，传统智力理论的内涵也就显得比较狭隘和浅显。因此，受传统智力理论观点的影响，高中思想政治课程教学活动中重视的是学生智力的发展情况，同时也将学生对知识的把握程度认为是学生智力发展的程度，将具有重要德育功能的高中思想政治课程演化成了单一的知识学科。在高中思想政治课程教学中，更多的是强调对思想政治道德知识的教授，仅仅把思想政治政治课程作为一种道德知识进行教育，从而完全忽略了对学生思想道德品质和个人素质的培养。人们将日常生活当中的经验、思想和行为进行了抽象、概括和总结，进而形成了具有一定抽象性和符号性的思想政治道德知识。我们去理解思想政治学科所蕴含的价值和意义并不是这些知识符号，而是这些符号所体现的生动的、丰富的思想价值和意义。重视思想政治课程中的这些知识符号的传授，而忽视这些知识符号所代表的意义和价值的高中思想政治课程教学是本末倒置的。

学生对于学习的期许和需求不是学习这些枯燥的、呆板的理论知识，而是在学习的过程中能不断地思考和探索，能利用学习到的这些能力去了解社会、认识社会和融入社会，去发现和领悟属于自己的人生哲学和智慧。因此，高中思想政治教学不能仅仅停留在学习思想政治学科中的符号知识，更多的应该是重视学生的参与和探索，在学习的过程中进而培养学生的思想道德品质和树立正确、积极的人生观、价值观和世界观。

二、高中思想政治课堂教学内容的问题

在教学过程中，高中思想政治教学内容的比重不适当、不均衡。它主要表现在道德知识、政治知识、法律知识等相关知识的传授上，而忽视了对发展的培养与协调，发展学生的情、意、言、行。2004 年以来，我国进行了课程改革，高中政治课的内容发生了很大变化。新课程观认为，课本内容是课程材料的重要来源，但不是唯一的来源。课程不仅是知识，而且是经验和活动；它不仅是文学学习的过程，而且是体验的过程，是师生相互求知的过程；它是教材、教师、学生、环境四个要素的融合。

尽管课程改革已经进行了多年，但传统教育早已根深蒂固，传统教学内容的地位成为核心，甚至是唯一的地位，教学并没有发生重大变化。这主要是关于课程的测试要求。高中政治课的教与学主要围绕理论知识展开，单向注重知识的传授和记忆，为考试服务。至于知识、意志和良好品格的全面发展，如果没有复习，几乎直接被忽略了，很少有人关心和关注它。毫无疑问，作为思想政治教育的重要学科，高中政治学科包括思想、政治、道德的传播，同时也是形成良好品德使人们受到一定教育的重要组成部分。但是，思想政治教育与科学教育还是有区别的，因为其本质不是传播思想知识——政治道德，而是形成具有完美品德的个体。思想政治教育的过程是在知识、情感、意志和行为等方面形成和发展执着的过程。获得思想道德知识只是人格形成和完善的必要手段和必要过程。单纯地传授知识，不培养情感、培养意志、培养行为，不是完整的教育，不仅不会促进"知识"本身的真正发展，相反，会阻碍其他因素的发展，造成知识与行动的脱节。

三、高中政治课堂教学方式的问题

传统的智力理论虽然不否认情绪、动机、性格等因素对智力表现的影响，仍然强调学习中的智力，但严重忽视了对学生情绪态度的培养。

第一，是单向教学法。由于升学的压力，在高中政治思想课教学中，教师的教学方式独特，采用教教材、教考试的方式进行教学。教师的教学活动围绕教材进行，以教材为中心，旨在完美呈现教材内容，让学生从教材中掌握知识。政治本来就是最广阔、与现实生活和政治经济关系最密切的领域。然而，在实际工作的过程中，课程原本的生命力被提炼了出来，学习中心变成了教科书的枯燥副本。教师和学生机械地背课本，学习的主要目的是为了获得考试成绩。只要他们掌握了课本上的知识，并能更好地应用在考试中，就达到了教学的目的。原本热闹的讨论等活动被取消，课本知识简化和教条化，热闹的课程变成了死提纲和总结课文的要点。学生敏锐的观察力、思考生活和时事的能力，这些必须在课程作业中培养，但被淘汰，成绩取代了思维能力。因此，课程变得乏味，学习变成了记笔记和记忆项目的机械活动。应该在课堂上体现的学习政治的艺术和乐趣，也正在消失。

第二，应用型教学法缺乏学生参与，没有体现学生在学习过程中的主体性。为了帮助学生更好地应对考试，获得高分，节省思考时间，教师往往采用"重传轻教"的方法，忽视引导学生的思维，让学生提问，以实现获得高分的目标。最终的结果是学生带着教条、混乱不堪，与现实不接轨，造成逻辑混乱。学生也习惯于在与日常现实生活应用不同的环境中学习书籍。教师在课堂上只是按照考试题目的内容，而忽略了学生的真实生活。

四、高中政治课堂教学评价的问题

(一)评价内容片面,重知识轻能力

重知识，忽视能力，而降低德育功能。基于传统智力观的智力测验和考试也主要侧重于语言表达和数学推理，不能充分体现学生的潜力。与其他学科相比，思想政治学科的德育功能是其他学科无法比拟和不可替代的，同时也是与德育关系最密切的学科。然而，在传统的教学考核标准中，教师能否达到既定的教学目标，是根据学生对知识的掌握程度决定的，也就是以考试结果来衡量的，这种以结果为基础的评价，评价的内容比较单一、片面，忽视了德育的功能和学生个性化的发展。

(二)评价方法单一,重定量轻定性

受传统智力观的影响，高中政治课堂教学采用了传统的纸笔评分方法，侧重的是考察特定时间内存在于个人大脑中的知识量。而每个孩子都有独特的天赋，我们的教师应当采用更为多元的评价方法，从定性的角度考察学生在考以外的条件下对所学知识和能力的应用状态。

第十章　新高考改革背景下思想政治课教学面临挑战的应对之策

第一节　学校管理层面的对策

一、根据新高考的要求改进教学管理水平

新的高考方案对学校教学管理提出了更高要求。首先，学校要根据政治课程要求和学生选课的模拟调查，合理规划未来三年的课程，确定并保障教室和学生活动室的类型和数量。其次，加强研究提前做好课程的设置与组织预案。"3+1+2"选课方案的实施必然出现走班制，就会出现行政班和教学班共存的新情况，甚至会出现"一人一课表"，做好相应的研究和预案目的就是既要尊重学生的个性发展，也要避免教学混乱和教学成本的显著提高。最后，加强配套设施建设尤其是包括网络教学资源、本土教学资源、社会实践基地的建设，充分满足政治课时代感、参与性、体验性、实效性等特点对环境设施的要求和多样化的教学活动的开展。

二、始终抓好师资队伍建设

新的高考方案对政治教师提出了很高的要求，办好思想政治理论课关键在教师，关键在发挥教师的积极性、主动性、创造性。教育者要先受教育，讲信仰者自己要有信仰。教师是人类灵魂的工程师，承担着立德树人的神圣使命。所以，为了很好地贯彻实施新高考方案学校还应始终抓好师资队伍建设，注重教师的职业发展，积极搭建各种平台，提供各种机会和便利，不断提高教师素质。这方面的措施很多：其一，强化新课程理念的学习，使教师尽快掌握与新课标相适应的教学技能；其二，强化教师教科研意识，鼓励教师积极参与校本课程的研究与开发，通过教学和教研实践提升教师的专业素质；其三，加强对教师心理学、管理学和职业生涯规划教育知识等的培训以适应指导学生心理问题，协助完成学生进行人生规划的重要任务；其四，引入优质网络课程资源，如名校教师教学资源，让学生享受与名校生同等的优秀教学资源，同时，学校之间可以进行资源共享，达到优势互补。

三、同步开展系统的政治课选课指导工作

新高考改革"3+1+2"选考背景下如何选课确实是高中生们的一大难题。据研究，"3+1+2"选课理论上有多达12种搭配。在高中生普遍知识不多、阅历不深、眼界不高的情况下，将如此复杂甚至由此决定他们命运的重大选择简单交给他们显然是不负责任的。因此，学校应同步开展系统的高中选课指导工作。

从录取的形式来看，高考的成绩不再是大学录取的唯一考虑因素，而是改为"两依据、一参考"，也就是依据语数外三门统考科目和三门选考科目成绩，参考学生的综合素质评价结果（包括学生思想品德、学业水平、身心健康、艺术素养、社会实践五个方面）。这种录取方式显然更科学合理，学生的主动性更大，高校的招生依据也更丰富了。

政治与马克思主义理论类、法学类、公共管理类、教育类、工商管理类等方面的专业有很大的关联，故而对于偏好文科的学生来说，政治学科可纳入选学、选考课科目。但是，有一种和政治相关的组合选择考生在选考上还是要尽量避免：政治+地理+历史，新高考方案下此传统三种文科相结合的最大缺点是专业的选择受到严重限制。"3+3"选课模式下许多高校的专业对学生的课程选择有一定的要求，包括三选一、二选一和规定必考。其中，规定必考是最严格的，因为考生必须学习这门科目，必须参加考试，否则你就无法进入这个专业。同时，新高考改革对考生一大考验就是要将目标放得更加长远，要考虑到自己未来的专业选择甚至是职业选择，所以，与政治相关的6种组合中"物理+生物+政治"和"物理+地理+政治"这两种组合可报考专业比例最高，因此，考生可参考选择。

在重庆新高考3+1+2模式下考生应如何选科，可以从三方面进行参考。第一，识别孩子的性格、兴趣、行为风格和职业倾向。家长们可以通过性格分析相关的知识，通过对日常生活的观察识别孩子的性格类型，通过他们平时的兴趣爱好、特长、未来的职业梦想等来识别每个孩子的独特性。第二，认真研究孩子最喜欢、最擅长的科目，因为这样的科目才容易取得好成绩；所以，我们家长平时，特别是在初中的时候就可以观察孩子最擅长最喜欢的科目；如果孩子找不出自己最喜欢的科目，至少可以观察孩子最不喜欢的短板科目是什么，这样就可以相应地用排除法来进行筛选。第三，选物理还是选历史，一定程度上是确定未来的专业方向是偏文还是偏理，因为大学的学科设置还是有着明显的文理性，如没有选择物理，原则上就无法就读工科类、医学、理科类中的数学、物理、化学、统计等，包括一些学校对心理学也提出物理或者化学的要求。如果真的不喜欢物理，如果有可能，选历史的同学仍然可以把化学或者生物当成一门科目来学习，这样未来在高考的时候可能会有更多的机会。

新高考方案的考生在短期内要同时准备更多的科目，如何在它们之间进行选择是一门艺术。随着三门选考科目的出现，学校倾向于采用走班制和分层教学，如何引导孩子尽快适应成为关键问题。对此，应该提前做好教育引导工作。首先，学生尽量做到各科平衡，保持良好的状态，在此基础上培养考生的优势科目（可以作为未来高考的选考科目）。其次，培养考生的自主学习能力，高中课程进度快，在课堂上的有些知识点无法详细阐述，这要求考生一定要在课前课后学会自主学习，不然等到知识点的漏洞越来越大，再想补上就比较困难了。再次，引导考生重视日常考试成绩。考前几个月"临时抱佛脚"的方法已不再适合目前的高考模式了，因为高二的考试成绩会影响高考录取，因此，学生从高一开始就要及时掌握、吃透知识点，不能等到了高三再狠抓。最后，考生应平衡各个科目之间的关系，尽量保持中等或以上水平，以免影响高考录取。

第二节　教师层面的改进对策

一、准确把握高考新方案对高中政治课的基本要求

高中政治作为一门专门从事思想政治教育的学科，肩负着立德树人，培养人才的责任和使命。政治教师要以高度的责任感和使命感投入工作，始终抓住"为谁培养人才，怎样培养人才，培养什么样的人才"这一主题，切实贯彻落实高中政治课课程标准的教学建议，着力培养学科的核心素养。第一，要认清高考改革的宗旨，明确政治学科政治认同、科学精神、法治意识、公共参的核心素养。教师要密切关注政治学科课程标准的三维教学目标与核心素养之间的有机联系，努力掌握扎实的基础知识，具有敏锐的时政意识，良好的人文素养，科学的思维方法和熟练的应试技巧。第二，切实把握和领会高中政治课的课程性质。政治课是"落实立德树人根本任务的关键课程"，而高中政治课是教会学生如何更好地进行公民社会生活核心课，是一门具有很强时代感、参与性、体验性、实效性和强烈现实关怀的社会性课程。第三，教师应认真学习考试大纲，提高政治教学的针对性和有效性。除了对书本知识的教授外，教师还应注重培养学生的实践能力，不断提高学生的思想道德素质。第四，探索和改进教学方法。由于政治课的教学要求、教学任务和教学功能的变化，大多数学生学习政治学科的内在动机被削弱，这就要求教师能够大胆改进传统教学方法，积极探索新的教学方法，探索有利于充分发挥学生主体价值、提高学生能力和素质的新型教学模式，切实发挥政治课立德树人的功能。

二、围绕新课标重新设置和组织高中政治课教学内容

为了顺利实施高考改革方案，全面落实政治课程标准的教学建议，着力培养学科的核心素养，政治教师有必要根据自身和学生的情况重新设置和组织高中政治课教学内容。

（一）充分利用现代信息技术激活课堂学习氛围

政治课程的内容大多枯燥乏味，多媒体技术的恰当引入可以让课堂变得有趣，使单调的认知过程变得生动活泼，有效地激发学生的学习兴趣。如在教学中教师可以播放切合主题的歌曲和电影片段，营造良好的课堂氛围，调动学生的热情，提高学生的课堂参与度，加深对课程内容的理解。此外，还可以在网络上寻找编辑适当的时事资料，让课堂更接地气。

（二）教师应将理论讲授与生活实际相联系

第一，教师应根据新课程标准的要求和教材的主线精心设计和实施教学活动。第二，在解释理论知识的同时，教师应将理论与实践相结合。通过实际案例实现对课堂理论知识的补充和再创造，以深入浅出的方式去解释复杂的政治理论，使学生在学习过程中感到轻松有趣，增强师生之间的情感交流，引发师生之间的共鸣，实现教学相长。

（三）充分尊重并激发学生学习的主体性，引导和鼓励学生独立学习

新高考改革的目的之一就是推进素质教育的实施，培养学生独立学习，善于发现、分析和解决问题是素质教育的重要表现之一。因此，教师在设计教学活动时，应鼓励学生在课前预习积极发现问题、收集和总结问题，然后在课堂上整合学生在预习过程中发现的问题，并根据学生的问题制订教学计划、确定教学重点和难点，以此提高学生参与度和价值感。例如，在讲授"消费的类型"时，学生可以在课前收集消费的类型有哪些，而后在课堂上展示。通过这种方式学生将对"消费的类型"有切实的体验和充分的理解，这种入心入脑的感受远远胜过教师空洞抽象的讲授。教师还可以通过翻转课堂等形式来提高学生自主学习的能力。此外，教师应该有意识地引导学生关注时事新闻，通过现实生活丰富知识储备，促进全面发展。

三、不断提升自身的可持续教学能力

新高考对政治学科的课程标准、教学内容、教学过程、教学效果以及教师素质提出了新的要求，这必然要求作为教学的组织者、引导者、

主持者的教师坚持终身学习，持续关注社会，不断提升教学掌控力。第一，不断加强专业知识的学习。政治专业知识是教师立足专业的根本，政治教师不仅要对政治教材的知识体系烂熟于心，还要积极学习掌握相关的专业理论知识、国家方针政策以及国内国际局势基本情形。第二，提高教育教学实践能力。如果说课堂是传授教学知识的主战场，社会生活才是课堂知识的检验地，为了巩固课堂教学效果，教师必须提高教育教学实践能力，教师应善于在日常的学习和生活中发现知识的结合点和生长点，鼓励学生运用学过的理论知识联系实际分析和解决问题。第三，努力掌握现代信息教育技术。现代信息教育技术可以通过其直观可视性激发学生的学习兴趣，使抽象变得更加生动形象。在信息技术高度发达的今天，高中政治教师必须掌握一些基本信息教育技术，并用来服务课堂教学活动，提高教学效果。第四，加强自我反思，提升专业水平。教学反思是教师通过批判性思维来提高对教的理解和教学质量。新课标强调教师的自我反思不是一般意义上的"回顾"，而是思考、反省、探索和解决教育教学过程存在的问题，反思在教学前、教学中、教学后均可进行。反思性教学实践是提高教师素质、促进教师个体专业发展、提高课堂教学质量的最有效途径。只有通过反思才能使教师的教学经验达到一定的理论高度，才会对后续的教学行为产生积极的影响。

四、在教学中贯彻立德树人的理念，不断探索德育方法的创新

思想政治课是实现立德树人的关键，教师应该在教学中思考如何渗透立德树人的理念。教师应该做到三方面：第一，注重约束自己与榜样的作用，只有教师自己做得到才具有示范性，教师良好的人格是一种对学生有着直接影响的教育因素，教师应该给学生树立一个良好的榜样，以自己高尚的人格力量来教育和塑造学生的人格形象。第二，充分挖掘教材内容，高中政治教材中存在很多德育的内容，例如市场经济中有关诚信与合作的内容，可以教会学生诚信的重要性，对学生的作弊等不诚信行为起到很好的教育作用。第三，重视课后实践活动，课后实践是学生了解政治的主要途径，让学生参加各种实际的活动，在活动中锻炼思想，增长才干，培养优良的思想和行为习惯。

在新高考背景下，高中政治教师要不断探索德育方法的创新。可以从三方面进行思考：第一，改变思维方式，在新形势下思考问题。就是对传统优秀教育德育方法的继承，从聚合思维到发散思维，多角度、多方面、全方位地思考德育方法的现实情况。不拘泥于形式，不拘泥于定型，要从人性化和实效性出发，认清新情况、新问题，寻找解决新问题的新途径，以发现教育方法的有用性和实效性。第二，提升理论素养，创新性思考问题。提高理论素养是教师开展德育工作的基本储备之一，是创新德育方法的主要来源。理论素养主要体现在教师扎实的理论基础和丰富的教育理论知识上。注重政治学科及相关学科相关的德育方法更具创新性和感染力，更具实用性和价值，能更好地反映职业发展前景。第三，加强国际交流，开放眼光思考问题。加强国际交流，可以激发和调动教师工作的积极性，促进教师自身的进步和发展，让教师从关心自我到关心他人、关心世界，影响学生。

第三节　针对学生层面的对策

一、加大宣传，提高学生对高中政治课的认知度

根据已试点新高考方案的省市经验及对部分高中政治教师的访谈，笔者认为要改变学生对高中政治的偏见和误解必须主动加大宣传力度。高中政治课不仅是中小学课程的延伸，也是马克思主义基础教育与德育教育的结合，是青年学生思想政治教育的主要来源；高中政治课也是"落实立德树人根本任务的关键课程"，是教会学生如何更好地进行公民社会生活的核心课，同时还是一门具有很强时代感、参与性、体验性、实效性和强烈现实关怀的社会性课程，对于高中生树立正确的世界观、人生观、价值观具有直接的启发和引领作用，对于高中生将来顺利社会化、建功立业乃至建立和谐家庭都有无可替代的独特作用。

二、改进教学方法与手段,提高学生对高中政治课的认可度

(一)优化教学方法,提高学生学习兴趣

兴趣是最好的老师。要想在新高考中提高高中政治课的分量,就必须从源头上激发学生的学习兴趣,只有这样,才能更好地保证教学质量和教学效果。第一,建立良好的师生关系,尊重学生在教学中的主体地位。教师应该更多地了解学生、关心学生,获得学生的支持,并通过和谐的师生关系拉近师生距离。同时,尊重学生在教学活动中的主体地位,鼓励学生主动参与、积极思考,增强参与感、价值观和获得感。第二,要注重教学艺术,营造良好的学习氛围。一个好的开始是成功的一半,教师要注意课堂导入的艺术性,丰富多彩的课堂导入可以激发学生的兴趣,激发他们对知识的渴望,为新课程的讲解奠定基础。课堂上要尽可能尝试运用与学生生活息息相关的现实材料和有趣案例,使相对枯燥乏味的政治理论知识更加形象生动,拉近学科知识与学生生活之间的距离。培养学生对政治课学习兴趣需要一个过程,也需要巧妙的方法,教师积极反思教学效果,不断进行教学创新,用满满的获得感赢得学生才是根本之道。

(二)利用现代化教学手段,激发学生学习热情

根据政治学科时代感、参与性、体验性、实效性等特点,学校尤其是政治教师必须利用网络时代信息交换充分的优势,大胆在课堂上运用网络的便利,包括互联网、QQ、APP、微信、博客等手段,及时引导学生积极关注各种社会现象,并利用政治学科所学的理论知识分析有关社会现象,针对各种社会热点问题提出各种积极的应对措施。还可以利用网络的便利找寻适当的音频和影像资料,补充教材内容相对平面和僵化的不足,让课堂鲜活起来,以此激发学生政治学科的学习热情、参与意识、社会责任感。当学生真正能够以主人翁的姿态投入政治学习之时,他们也必然有巨大的成就感、获得感。

第四节　课前准备策略

任何课堂教学都有课前的准备活动，人们通常误认为课前的准备就是所谓的"备课"。事实上，课前的准备比"备课"做的工作多，含义更广。课前，不仅要备课，至少还要备"人"（学生）和备"法"（教学方法和教学手段）等更多方面。因此，教学准备是指教师依据教学目标要求，选择教材、分析自我和学生、钻研教材、组织教材、选择教法、制订教学计划过程。

一、教学目标制定和运用策略

对于一节思想政治课来说，政治教师是主导者和掌控者，这节课的效率高低不是看教师讲了多少，而是要看教学目标的完成情况，看学生知识的掌握情况。教师拥有什么才能教给学生什么，教师拥有智慧才能给予学生智慧的启迪。作为政治教师，面对课堂极富变化、充满气息的资源，必须因地制宜地进行有效的开发和利用；改革政治教学理念，提高政治课堂效率，才能真正成为新一轮课程改革的推动者。

"凡事预则立"，要想上好一节政治课也要在课前精心准备。教学设计，即备课，就是课前的准备活动。教学设计决定这节课的容量和效果，它既是一节课的重要组成部分，也是一节高效政治课的前提。过去的教学设计，教师备的是教材，参考的是他人现成的教学设计，研究的是一节课的重难点，但是对学生却缺乏研究。面对不同班级的学生，始终就是一个教学设计。这样的教学设计忽视了学生的差异性，在机械的教学设计指导下的思想政治课堂，教师讲着没有激情，学生听着无味，如此何来的课堂效率。

思想政治学科是一门与时俱进的学科，而精彩的教学设计是高效课堂的前提，因此，政治教师把书上的知识点既要备得生活化，又要与时代相结合。

课时的教学目标必须是结合新课程理念和思想政治学科的具体教学

目标，同时根据所教班级的具体情况，总结以往教学实践经验的基础上进行制定。教学目标可以根据课堂周围具体情况的变化进行调整。具体来说，教学目标的制定需要注意：

第一，教学要有明确的指向性，内容全面。按照课标要求，教学目标指"知识目标""能力目标""情感态度价值观目标"三维目标。每一目标有不同层次的具体发展指标，在制定目标的同时要结合学校学生的具体实际情况。即目标的制定和运用，要将课程标准的法定要求转化为某一节课对学生素质的具体要求。在制定目标的时候不能照抄网上或者参考书上的目标，防止脱离所教班级学生的具体实际和学生个性发展的要求；也不能过分强调学生知识目标要求，而忽视学生情感价值观的培养，忽视学生获取知识的方法，造成目标的片面性。

第二，教学目标的制定坚持预设与生成的统一。思政政治学科不同于自然科学，它属于人文社会科学。自然科学目标是可以预先设立的，因为自然科学知识可以脱离主体存在，具有普遍性和客观性。而人文社会科学知识是对事实和规律的叙述已经做过价值解释和选择，它并不是关于事实和规律的纯粹的学说，而是被意义化、价值化的事实和规律。作为人文社会科学，思想政治课程内容的生活化，使得思想政治学科的学习过程具有了体验性和情景性的特点。这说明，其不能脱离主题而独立存在。所以，它的目标只有在过程进行后，在师生的互动中不断地生成，并随着过程的推进不断地演变。因此，在制定思想政治学科的教学目标时要坚持目标的预设和生成的统一。

第三，情感态度价值观目标的制定要结合具体课本知识，体现德育性。新课程的三维目标中，思想政治学科更是肩负着德育的重任。教师在教学过程中不仅要对学生进行马克思主义基本原理的理论知识教育，更重要的是培养学生积极乐观向上的人生态度和价值观，关注学生的人格的养成。对高中生进行心理品质教育、社会主义民主法制教育、社会发展规律教育、荣辱观念教育、世界观教育、人生观教育、价值观教育、道德观教育、时事政策教育以及良好的行为习惯培养等，对学生进行全方位的人格教育。现在是市场经济的时代，人们更多的是追求利益的最大化。我们在社会上也许会看老人摔倒没有人扶，环卫工人不受人尊敬，各种"拼爹"等不文明现象。学生的世界观和价值观还没有正式形成，思想政治又是对学生进行品德教育的主阵地。一方面，思想政治课可以培养学生正确的世界观和价值观，让学生在将来做一个有益于社会和人民的人。另一方面，思想政治学科还可以培养学生个人优秀的品质和良好的学习习惯，培养积极的学习态度。

第四，教学目标的行为主体必须是学生，且目标要具体可测。在新课标的要求下，教学目标的陈述要以学生为主体，而不是以教师为主体。例如，"拓宽学生的知识面""培养学生的创新意识"等，这些教学目标的陈述就强调教师教学目标的主体是教师，忽视学生才是主体。新课标采用的是素质发展动词描述化和目标行为主体学生化来表述，比如，学生"正确理解物质的概念"，学生"理解和掌握新事物和旧事物的客观标准"。

二、学生具体情况分析策略

教师要把课堂交给学生，培养学生自主学习的能力。新课改特别强调"学生为主"，注重学生能力的培养和科学价值观的养成。思想政治教师要把这样的理念落实到每一次的教学设计上。不同的学生由于客观的原因，造成心理、生理以及智力的差异，不同的班级也各有特点。政治教师在备课中充分考虑这些差异，因材施教，促进不同学生的共同发展。

个体差异是普遍存在的，教师要了解学生就要深入学生的学习和生活，进行调查研究。对学生进行全面的了解，了解学生的家庭背景、现有的知识水平和生活现状等诸多方面，同时也要了解学生关心的社会热点，以及他们的心理和情感上的障碍。思想政治学科是德育与智育相结合的学科，在师生互动中既要提高学生学习能力，也要提高学生的思想道德水平。所以，思想政治学科的教学策略的选择，也要结合学生的具体实际和具体发展要求，才能被学生接受，才能更好地促进学生的学习。

（一）了解学生

第一，了解学生的知识基础。

了解学生的知识基础是为了知道学生在学习教材中可能的认知障碍。教师在了解学生的生活情况、思想状况等一般情况后，了解学生对具体某一课认识的障碍，为什么会有理解上的困难。比如，在学习哲学基本问题时，学生会有疑惑。既然物质是第一性了，那为什么还是先有人们对手机的设计，后有手机了？这些问题的产生就是基于对物质和意识之间相互关系的认识不够。只有了解学生认知障碍之后才能制定或选择准备的教学策略，才能找到解决问题的方法。

第二，了解学生的需求，把握学生学习教材的疑点。

思想政治学科不仅是对马克思主义基本原理的宣传教育，也要帮助学生解决自身的思想问题。如果不理解学生的需求、学生在日常生活中关注的社会热点，只是按照教师的既定的教学方针，照本宣科，课堂教学就很难调动学生的学习的积极性，也就很难做到因材施教。

（二）选择正确的教学策略

了解学生的具体情况是为了选择或者制定正确的教学策略。教师的教是为了学生的学，教学过程虽是师生互动的过程，但是学生才是课堂的主体。在选择或者制定教学策略时，要适应学生的具体情况，充分考虑学生的认知能力、情感态度、思想状况等诸多要素，同时结合课标要求，确立教学策略。

三、教学方法选择策略

新课标强调学生的学习过程和学习方法，让学生积极主动参与教学过程，乐于学习，勤于动手，让学生自己积极主动地搜集信息，提倡学生自己分析解决问题。那么，现在的思想政治学科的教学策略就要不同于死记硬背时的教学策略。不同的课程有不同的内容和要求，选择的教学方法也要有所不同。思政课的性质，就要求在选择教学方法上要适应这些新的要求。

第一，思想政治课的教学方法的选择要符合课程标准和教学目标。

我国是社会主义国家，我国的教育事业是由共产党统一领导和创办的，思想政治作为学校社会主义性质的标志之一，理应始终坚持党的领导，坚持社会主义的方向。思想政治学科甚至是学校教育的变革都取决于观念的变革，体制、管理等都受到观念的制约，而党的领导是抓宏观，制定战略的。所以，在教学过程中要树立党的领导观念，不能把社会负面新闻过多地带入课堂，甚至散播反党的言论。

中国共产党是建设中国特色社会主义事业的领导核心，中学政治教师在课堂上要对学生解释清楚，中国共产党的领导地位不是自封的，是历史和人民的选择。

第二，书本学习和生活实践相结合。

读万卷书，不如行万里路。思想政治学科不仅是学生知识的学习，也不仅是对社会的认知，而是让学生在认知社会的基础上参与社会，体验生活，让学生能够很好地应对社会突发的危机，很好地判断形势。因此，仅靠学习课本上的知识，单一的教学方法不能很好地表现"三维目标"，所以，在教学过程中，每节课的教学目标的实现，要依据学校的现有情况和学生的具体实际，尽可能地选择不同的教学方法。也可以形成教师独有的风格，形成自己的教学方法体系，全面立体地呈现教学目标。

第五节　思想政治课课堂教学策略

课堂教学是教学的主阵地，是教学准备的实施阶段，课堂师生活动的主要场所是学生学习最重要的场所，是教学目标的具体呈现。课堂教学策略就是为了完成教学目标所表现的行为。

一、组织和实施讲授策略

将教学内容传递给学生是课堂教学的基本要求。课堂教学内容是教师在课堂上传递给学生的全部信息，包括课堂上所教的学科知识、技能、情感态度价值观的全部信息，包括一切直接的潜在的深奥的信息。

而这一切就是发生在课堂教学的 45 分钟里，并且通过一定的教学方式传递给学生。讲授教学方法是被运用最为广泛的教学方法，进行高效的讲授教学，就需要选择正确的讲授行为策略。

教材上的知识是死的，是静态的，教学活动就是要将静态的教材内容通过某种形式传递给学生。这一加工过程中要在新课程理念指导下进行，结合学生的社会生活经验，教学内容的组织必须满足学生的兴趣和需要，同时有一定的创新。思想政治课的教学内容情境化、生活化、观点材料化、说理形象化和教学形式多样化，比较容易实现学生的主动参与，引起学生个体认识的发生发展。情境、问题和活动是思想政治课的运作机智。因此，教学内容的组织设计就是结合学生的具体实际情况，把静态的教材内容生活化、情境化，使得最终的教学内容有主次，有严密的逻辑性和明确的重难点。

第一，教学策略设计突出重点，突破难点。

思想政治学科的知识体系中有很多不同的概念和原理，在一节政治课上也可能涉及多个不同的概念和原理。而这些概念和原理在思想政治的知识体系中也有着不同的地位和作用，难度各异，因此也就有了难点与非难点、重点与非重点之分。在教学内容设计时必须准备把握难点与非难点、重点与非重点之间的关系。在讲授过程中要突出重点，对重点要细讲、精讲，非重点则根据需要可以略讲甚至不讲。往往难点可能又是重点，那么就要认真考虑讲授重难知识点的时间、课时，运用什么样的事例来突破这一难关。将重点、难点放在学生思维活跃的时间段，可以事半功倍。

第二，教学内容进行情境化设计。

"立足于学生现实的生活经验，着眼于学生的发展需求，把理论观点的阐述寓于社会生活的主题之中，构建学科知识与生活现象、理论逻辑与生活逻辑有机结合的课程模块。"新教材中的知识点都是由情境的矛盾发现的，思想政治课教学应该立足于生活。每个学生都有不同的经历，受不同的遗传、家庭和社会因素的影响，教师在课堂教学中要尊重学生的差异，创造不同的机会满足不同学生的需要。

教师创设的情境可以是真实的，也可以是虚拟的。在创设情境的时候要注意情境的"启发性""情感性""连贯性""学科性"。情境的创立不能只求新求异，在创设情境的时候就要有明确的目的，让学生情感产生共鸣。一堂政治课的知识点可能有很多，但是并不意味着情境就是越多越好。教学时间是有限的，学生可能花费更多的时间去了解情景材料，这样这些情境就会喧宾夺主，影响课堂效率。

第三，教学生活内容进行生活化设计。

思想政治学科的德育性质，要求政治教师对学生进行科学价值观的引导。政治教师要把思想政治学科书本上的理论知识与现实的社会现象结合，这种社会现象可以是国际新闻事件、国内热点事件，也可以是学生自己的生活现象。通过知识的学习，要让学生能够用马克思主义的基本观点立场来分析社会现象，学生自主评判。把生活的情境搬到课堂上就可以激发学生学习的兴趣，让死气的课堂变得生动。教师要灵活地把书本上的知识还原为学生熟悉的生活，学生能够理解，学习也就变得轻松。

第四，教学内容进行问题化设计。

教师的讲授不是简单地把教材的内容陈述给学生、灌输给学生，不是简单的教材内容的移植。根据新课程理念，课堂教学是教材内容的重新有意义的建构。所以，这就要求变教材内容的陈述性叙述为问题性叙述，对静态教材内容进行问题化设计。

第五，处理好全局与局部的关系。

思想政治学科的教学过程是一个持续的过程，必须处理好全局与局部的关系。它可以是全书与某一章节单元的关系，也可以是与具体某一节课之间的互相关系。教学内容的设计要统观全局，充分考虑一学期的总学时，也要考虑某一课的具体教学安排，统筹兼顾。

二、组织讨论策略

课堂讨论是学生在教师的指导下，就教材中的基础理论或疑难问题，在独立钻研的基础上共同进行，通过扩大教学对话范围，教师学生之间共同探讨解决问题的教学组织形式。可以全班进行，也可以分组进行。

第一，培养学生良好的课堂讨论习惯。

教师要根据班级的具体情况，如人数、教室布局等方面，也要充分考量学生之间的具体差异、学生之间的思想观点差异和相互交流情况。同时，在分班时也要考虑男女生的比例。一般的，班级分组不宜过多，不超过五组，组数太多，小组成员少，不能集思广益，小组之间还会相互干扰，从而降低学生参与小组活动的积极性。小组成员根据具体情况，一般5—8人为宜。在小组开始讨论前，教师要做好讨论的准备，应对不同的情况，同时也要为小组讨论做好引导工作。

第二，讨论过程中教师要专心倾听，谨慎地做出反应。

在课堂讨论进行中，教师要把时间更多地留给学生自主讨论，让学生从独立的思考与合作中受益，对学生的讨论谨慎做出反应。当教师对学生讨论进行评价时，也应客观公正，不能带有个人的感情色彩。在学生课堂讨论的过程中，教师要保持沉默，认真倾听，同时做好笔记，也可以适时地参与学生的讨论，但是教师不能成为讨论的主体，从旁点拨即可，做好引路人。

三、引导探究性学习的策略

美国国家科学教育标准指出："科学探究指的是科学家用来研究自然界并根据研究所获事实证据作出解释的各种方式。"科学探究也指学生建构知识、形成科学观念、领悟科学研究方法的各种活动。《普通高中思想政治课程标准（实验）》明确提出：要结合相关内容，鼓励学生独立思考、合作探究，为学生提供足够的选择空间和交流机会，能够从各自的特长和关切出发，主动经历观察、操作、讨论、质疑探究的过程，富有个性地发表自己的见解，以利于培养求真务实的态度和创新精神。

新教材的编写，都期望学生通过自己的探究性学习，独立地发现问题、研究问题、解决问题。探究性的学习，让学生既可以独立地思考问题，勤动手，主动寻求解决问题的方法，也锻炼学生团队合作，与人交流的能力，培养学生的团队意识。探究性的教学，一般从提出问题开始，可以是教师提出问题，也可以是学生主动提出问题；提出假设；学生寻找信息，对问题进行解释；讨论交流和评价。但是也不能在探究式学习过程中机械地进行这几个步骤，这样就太本本主义，达不到培养学生发现问题、解决问题的能力。探究式教学，既要充分发挥其探究学习的自主性和灵活性，也要充分考量探究学习的价值和方向，防止探究性的学习偏离教学目标的方向。

思想政治教师在课堂教学中运用探究教学策略，要结合学生生活经历与课本知识，生成探究的问题假设。在教师的引导下，学生自主查找相关信息，通过与人交流等不同方式寻求解决问题的方法。探究性的学习，要让学生知道"尽信书，不如无书"，不能让学生把教师讲授的知识当成现成结论，而是通过自主的探究摸索解决问题的科学方法。

四、设计演示教学策略

课堂教学不仅仅是依靠教师的讲授就能完成的，任何学科的教学都需要演示，思想政治课堂教学也不例外。每一种演示媒体都有优点和缺点，所以，课堂教学要依据不同情况选择教学媒体。

(一)运用板书教学策略

板书是一种常规的教学手段，是对一节课内容的高度总结，是对教学目标的落实和强调。优秀的板书设计是这节课的经脉，主次分明，结构严谨，在课堂教学中具有画龙点睛之功效。现在幻灯片的大量运用，在幻灯片上展示了大量的信息，幻灯片可以呈现丰富多彩的图片和视频，以及突出书本上的重难点。但是，幻灯片是一张接着一张、零零散散，缺乏系统的归纳总结，所以，教师在课堂教学中既要充分利用现代化教学工具，又要精心设计板书。特级教师斯霞曾深有体会地说："好的板书对于提纲挈领地了解语文内容，对于把握住课文的关键问题，起着很大的作用。教师必须慎重考虑，精心设计。板书的原则是简单扼要，眉目清楚，切忌随心所欲，杂乱无章。备课时，我常常为设计少而精的板书费一番心血。"

第一，板书问题的针对性。

课堂教学过程中的板书，不是把教材的内容照搬到黑板上，不是孤立的教学活动，而是和其他教学活动同时进行的。因此，板书逻辑要清晰，层次要分明，突出重点。板书设计也不是一成不变的，板书要根据课堂实际情况有目的有计划地灵活运用。板书的目的很好地呈现了教学过程，不同的教学内容要有不同的板书。

第二，板书的整体性。

板书可以是一节思想政治教学活动的引导，也可以是一节思想政治课的总结。板书的设计应是和教学过程紧密联系的，各个要素都要发挥作用，因此，对各个要素都要考虑全面。

第三，板书的前置性和过程性的结合。

所谓前置性，是指在一节思想政治课的课堂教学开始前的教学设计阶段，就应该有一个具体的板书设计，即教师根据教学内容，预设在课堂教学过程中出现的各种情况而事先拟定的板书设计。所谓过程性，是指在教学实施阶段出现的突发状况，教师要冷静应对，做出正确的策略决策。

（二）计算机辅助教学行为策略

现在，各学校的硬件设备日益完善，教师在教学中就要充分利用这些教学设备，探索新的教学模式，不能让这些设备成为摆设。思想政治课的社会主义性质，决定了它有突出的时代性，这样就要充分利用现代教学工具，突显政治学科的时代性。例如，在学习《我国的人民代表大会制度》时，可以播放一些有关我国人民代表大会相关的图片和视频，这样既能活跃课堂，激发学生的兴趣，又能让学生在社会生活中感悟知识，加深理解。

第六节　辅助教学策略

辅助教学行为是指教师在课堂上为完成那些以学生学习状况或教学情景问题为定向的任务所表现的行为。它是为主要教学行为服务的。

一、思想政治课的学习评价策略

思想政治学科考试方式有两种：口试和笔试。考试的目的主要是为了考查学生知识目标的完成情况，同时也考查情感价值观的情况。因为培养目标的不同要求，知识目标已经不是唯一的考查因素，所以，单一的考试已经不能适合素质教学的要求。构建合理的考试体系，考试应以笔试为主，同时也可以有口试、综合能力测试等其他考查方式。

平时日常生活的学习日记、日常观察、口头提问、作业等都是对学生平时的考查。平时考查能够做到及时学习，及时了解学生的学习情况，更早地发现学生在学习中遇到的问题以更好地改进教学。思想政治学科也有定期的考查方式，比如期中考试和期末考试，以及升学考试。定期考查可以系统地评定学生阶段性的学习情况，发现教学中的问题，能够积极地改进教学。

二、培养良好的学习习惯策略

习惯是后天经过反复练习逐渐养成的较为稳定的行为特征，即在一定情境下自动地去进行某种行为的特殊倾向。

(一)需要培养学生课堂动笔的习惯

现在，思想政治学科的考试内容都是联系具体生活，教材上很难直接找到答案。这就需要学生在平时教学勤动笔，一方面，有利于学生正确使用思想政治的术语。学生平时心中所想的用书面表达出来可能会产生歧义，也可能不能达到理论的高度，这些都需要平时课堂教学不断地锻炼；另一方面，对教材知识的重新构建有利于学生独立思考问题。从学生角度来讲，在课堂教学中参与课堂的感官越多，学生在课堂上眼、脑、手、口并用，学习的效率也就上去了。

(二)良好习惯的形成需要反复训练

学生良好的学习习惯不是天生的，是后天养成的，可以通过反复训练让学生产生条件反射，从而培养学生良好的学习习惯。

三、培养学习动机策略

学习动机是推动学生进行学习活动的内在原因，是激励、指引学生学习的强大动力。学习动机指的是学习活动的推动力，又称学习的动力。

（一）激发学生学习的兴趣，学海无涯"乐"作舟

一个学生只有自己对学习产生了兴趣，产生了学习的动机，那么就会积极主动地自主学习，他就有了学习的自觉性和学习的动力。所以，教师在教学中就要让学生懂得学习的重要性，要让他们明白学习的目的不是为了考试。教师可以在平时的教学中寻求新颖的方法，如新鲜的材料、趣味的事例、幽默风趣的语言等，增加教师教学的艺术性。教师对学生态度要和蔼，板书设计要美观，处理突发事件要风趣自然。总之，要让学生感觉到学海无涯"乐"作舟。

（二）教会学生学习，让学生掌握基本的学习方法

学生要想快速获得所学知识，不仅要有学习的兴趣和动机，良好合适的学法也是必不可少的。学生能够找到合适的学习方法，在学习中就会事半功倍。教师在平时的教学中不仅自己要钻研教学方法，也要加强学生学习方法的研究，教会学生学习使学生成为学习的主人，发挥学生的学习的主体性作用，以便学生自主探寻更适合自己的学习方法。

第七节　更新教学理念，进入教育新时代

教育理念，是人们在长期的教育实践中形成的，是教育工作者们对教育的理性认识。社会不断进步，灵活的教育对象不断地吸收新的知识和观念，教育理念也应与时俱进地创新，这是教育事业能够沿着正确的方向长足发展的重要保障。自20世纪以来，世界教育进入新的发展阶段，许多科学的教育理念也应运而生，在实践中发挥作用。

一、教育爱

教育理念发展至今，前途是光明的，道路是曲折的，是通过不断地

对旧教学理念"扬弃"，实现更新。新课标要求，教育不断地从"师本教育"向"生本教育"转化。政治教师们也应该与时俱进，学会用合理的角度去看待教育、看待学生，不断地更新教学理念。教育爱，是一切科学教学理念产生的基础。教育爱，教师的爱，既是教师对学生的一种情感和态度，也是能力的体现。教师对学生的爱，应该是理性的爱，其中没有偏私和纵容。应该对自己的学生充满尊重和信任，这是现代教育的第一原则，无论遇到任何问题，都一视同仁。即便我们的学生不是符合社会评判标准的优等生，在一次次测试和评价中都不尽如人意，教师还是应该用自己的爱心和耐心悉心引导，让孩子能够快乐地成长，用爱呵护、浇灌他们的心灵。师爱，是教育发展的原动力，教师用心了解学生，深入他们的内心世界，达到激励学生，挖掘其主体意识的目的。

二、身教重于言教

新时期的教师，不仅仅是通过教书传授科学文化知识的工具，还应勇于创新，积极钻研业务，一丝不苟地严谨治学，充分发挥教育的育人功能。学生好的品行和高尚的道德品质关乎社会的未来和民族的希望，高中思想政治课程作为培养学生道德发展的重要"基地"，更应在三维目标中突出"德育优先"，树立学生正确价值观的重要性。学生具有"向师性"，教师还应该重视榜样的力量，在教书育人的过程中注重身教重于言教，以正确的行为示范，合理的语言引导，以实现"其身正，不令则行"的效果。

三、和谐教育理念

教师应当积极研究联合国教科文组织，以及世界各国教育专家们提出的科学的教学理念，并能够结合学情有选择性地借鉴。在教学理念中，符合新课标要求，适合当前高中思想政治教学现状的有多种，比如：和谐教育理念，"和谐"在当今世界，已然成为人们普遍追求的境界。建设中国特色社会主义社会也以追求社会和谐为目标。社会和谐发展离不开和谐的教育。高中思想政治课作为公民教育的重要课程，也离不开和谐教育理念来促进学生各方面素质的发展。此理念，强调各个教育要素的统一。运用到实践中，则要求教师既关注学生知识的学习，也关注智力的发展，既关注学生的成长，也关注学生的成才，身心协调发展。和谐教育理念，与新课标提出的三维教学目标相一致。

四、个性教育理念

比如：个性教育理念，与"模式化教育""格式化教育"相对，强调教育的目的在于培养"不一样的人"，尊重每位学生的个性，帮助学生建构独立的人格。个性化教育在高中思想政治课程中的运用，要求教师采用多种多样的教育模式以针对不同学生的性格去选择，去因材施教。学生的个性得到尊重，意识到自身区别于他人的精神属性，有利于最大限度地发挥长处，培养独创性。

五、可持续发展理念

比如：可持续发展的教育理念，在环境理念的基础上诞生，是对环境教育理念的深化和发展。环境保护，无论对哪个国家而言都是关乎生存的议题。联合国教科文组织在提出此概念时，就是为了能够进一步将可持续发展的理念融入到教育活动中，从学生这个充满希望的群体出发，贯彻可持续发展的观念。就高中思想政治教学而言，对可持续教育理念的实践是符合情感、态度、价值观目标的。教师应该在教学设计和实践探究活动中多融入资源的有限性和环境保护的知识。终身教育理念，强调以全体公民为教育对象，强调受教育的时间是人的一生，教育的可以是理论知识，也可以是生活实践。终身教育是科学技术发展，知识不断更新的产物，有利于缩小文化差异，促进教育公平。这一教育理念对高中思想政治教学而言，要求教师以身作则、率先垂范，不断学习新知识、新技能，提升自己去适应社会发展的脚步。学生在教师的带领下，严格要求自己，激发学习动机和判断力、创造力，朝着全面发展的方向努力。

第八节　创新教学艺术，增强教学实效

教育，是一个复杂的词语，其中的内容和形式，可谓包罗万象，丰富多彩。面对这样一项复杂的活动，我们在研究或实践时，必须厘清它的脉络，掌握其中规律。尊重教育的规律，探索教育自身的特征，掌握它的丰富内容和多样形式的过程，称之为教学艺术。能够被称为艺术的教育活动，具备五个特点。形象性，即可以被人们的感官感受、体验到；情感性，可以体现人的情感，并感染人，以情动人；愉悦性，好的教育可以带给人们愉快的体会，感受到学习的乐趣；教育性，为教育者和教育对象提供明确的教育目的，促进人的发展。好的教育和艺术一样，具有创意，给人以美感；创造性也是教育的本质特征，决定着教师教育艺术水平的高低。

一、语言艺术

根据新课标基本理念，教学的艺术主要应该依靠语言、氛围、节奏、机智和合作等方面实现。语言，是人与人交流的基本工具，也是教师开展教育活动的重要途径。吐字清晰，声情并茂，抑扬顿挫，张弛有度的教学语言不仅能帮助学生集中注意力，还能通过语言带入为学生创设教学情境。鉴于此，高中思想政治教师应当从教学语言开始，让自己的课堂充满艺术。具体来说，应当注意结合学生的年龄、层次特点，将教材语言转化为教学语言，在备课时对教材内容进行整合。教材中没有的，却能够帮助学生理解的语言，要增加、完善。艰涩难懂，学生理解困难的内容，要多讲讲。学生已经明白的内容，不讲或简单概括。去伪存真，去粗取精，让自己的教学语言更科学、更动人。在课堂教学实践中，对教案的内容进行感性的加工和理解，加之以肢体语言、口头语言和多媒体等手段的协助，让语言流畅自然，充满活力，成为学生的艺术享受。

二、气氛艺术

教育气氛，指的是在教育活动过程中学生的情绪和情感状态，主要包括积极和消极两种。如果学生能够在教学中，通过学习和体验满足自己的主观需要，随之而来的便是轻松和愉悦，会积极配合教学，营造热情活跃的教育气氛。反之，如果学生在教师的教学中因为教师的教法，或者自身状态的调节，并不能在课堂中满足主观需要，就会呈现焦虑、烦躁的情绪，消极对待课堂和知识，演变成为冷漠沉闷型教育气氛。高中思想政治教学应当趋利避害，用心感受教书育人、桃李芬芳带来的精神愉悦，在奉献中实现自己的人生价值，并运用自己对教育的这份热忱和激情，去带动学生、感染学生，与他们产生情感上的共鸣。以此为基础，尽力为学生打造一个喜闻乐见的课堂，让他们在课堂上体会到来自教师的热爱、理解、信任和欣赏，创造令师生双方都感觉满意、愉快的教育氛围，增强教学实效。

三、节奏艺术

教育节奏，是指教育活动过程中发生的有秩序的连续，既指教育活动对学生刺激的强弱，也指快慢的变化。任何事物都有自身特有的节奏，教育的发展，高中思想政治教育课程的发展，都是有迹可循，有规律可言的。无论是平铺直叙，还是节奏失调，都会令人感到别扭，产生不快的情绪，这是人生理的本能反应。客观的生理反应是人们无法回避的问题，高中思想政治课教学为了能够扬长避短地利用人的生理规律，应该注重节奏对教育所起的至关重要的作用。在课堂教学中注重动静结合，在知识阐述时，注重娓娓道来与慷慨激昂的结合，注重理论知识的学习与实践活动相结合。对学生的要求，也要做到"张弛有度"，富于变化、节奏分明的课堂才能及时调整学生的学习状态，引人入胜，提升学习兴趣，刺激学习欲望。在教学中，也切忌"眉毛胡子一把抓"，对知识点的划分和讲解应注重主次分明，疏密有致。教育节奏的掌控，张与弛的度，需要教师本着实事求是的精神，根据学生的学习实际，具体问题具体分析，以一切时间、地点、条件为转移，及时调整。

四、应激艺术

教育机制，主要是指教师的智慧和能力，尤其是指在教育实践过程中，遇到意外情况时教师所表现的机变才能。教育活动是复杂的，教育对象是灵活的，难免会出现一些让教师措手不及的问题。突发事件来临时，教师以最快的速度做出的应激反应，往往是教学机智的衡量机会。优秀的高中思想政治课堂，不是机械、死板的，优秀的政治教师也不可能仅仅是教学设计的机械执行者。真正合格的教师，即便遇到意料之外的麻烦，也能够临危不乱、随机应变、果断决策、迅速处理。教学机智还体现在教师能够根据学生对教学活动的反馈，及时调整教学计划，不墨守成规。想要真正成为拥有教学机智的教师，需要通过长期的教学实践，积累经验。

五、合作艺术

教育合作，强调在教育中注重师生之间、同伴之间的合作，充分发挥教师的主动性、学生的主体性，密切协作，实现良性互动。想要实现教育合作，首先应该明确师生二者在教育活动中各自扮演怎样的角色，发挥怎样的功能。真实、有效的教育合作应该是将教师和学生放在平等地位，在轻松的氛围中互相了解，培养一致的兴趣和志向，教学相长，合作共赢。教与学、教师与学生的良性合作，对高中思想政治教学而言也是极为重要的。教育由教师和学生构成，二者缺一不可，二者产生冲突也不可。教师和学生必须在沟通交往中找到一个均衡点，学会换位思考，相互谅解，形成合作双赢的态势。这就首先要求教师放下身段，把学生当朋友，甚至是平等地沟通，积极地建议，形成平等的合作关系。教学合作，既能帮助教师减轻教学负担，正确地认识自我、反思教学，又能激发学生学习热情，做好学习的主人。

第九节　利用生活实际，拓展教学时空，建构有意义学习

新课标，顺应新课改的大趋势，响应素质教育要求。学校素质教育，是兼顾学生的身心健康、知识积累、能力提升、道德素质培养、个性发展等方面的综合性教育。为了把学生培养成"真正的人"，具备参与社会、建设社会的各项能力，新课标以素质教育的基本理念为依据，对高中思想政治课程设置和课程内容进行改造。新课标的课程观，要求高中思想政治课堂所教知识点和实践活动，都能够与社会发展的现实紧密联系起来，让教育活动打上生活的烙印。大教学观，也从宏观上强调教学的时间和空间的扩大化。高中思想政治强调的生活化教学，要求将教学活动置于生活的大背景下，将政治学习转化为社会生活的内在需要，激发学生作为生活的主体，去参与有助于生活的强烈学习愿望，从而转化为学习动力。将生活融入高中思想政治课，融入教与学，真正让学生因生活而学习，因学习而更好地生活。

一、课程设置生活化

新课标，将生活化、素质化教学理念有机地嵌入高中思想政治课堂，主要表现在政治教育的核心内容和必修、选修模块的设置两大方面。新课标强调，政治教育的核心内容可以分为两个层次——思想教育和道德教育，即从理论上帮助学生学习基本政治知识，培养政治素养，为将来适应社会奠定理论基础。此外，人们总结理论的目的在于争取以科学的理论去指导实践。认识世界和改造世界，是人类两大基本活动。由此，高中思想政治教学还应教会学生去运用所学知识，在认识世界的基础上解决生活中遇到的各种问题，致力于改造世界。能够通过实践的环节，真正实现改造世界的理论学习才是有效的学习。新课标，将高中思想政治课分为必修和选修两大模块，选修的《经济生活》《政治生活》《文化生活》《生活与哲学》，从题目到教材内容阐述，都选择与学生生活实践和经验息息相关的案例。选修模块注重让学生了

解生活常识，锻炼实践生活能力。

二、教学案例生活化

在实际教学中，广大政治教师应该按照新课标的课程观，尽力让自己的课堂活起来，让政治知识活起来。教师需要将抽象的知识点和形象的生活实例结合起来，让学生在生活化的情境中，感悟政治、学习政治、运用政治，以实现乐学政治的目的。高中思想政治课程四个必修，每一个单元都有综合探究活动，教师应该积极运用这个机会，在教学设计时根据所教班级学情，准备学生所熟知的、感兴趣的相关实际案例，将与学生生活息息相关的事例融入探究活动，并结合合作、讨论、表演等多种方式，激发学生学习兴趣，提升参与积极性。比如，教师在向学生讲授"公民的政治权利与义务"这一课题时，可以在班级内部，创设模拟的教学情境。学习权利，可以在课堂上模拟"选举与被选举"的场景，让学生体验我国公民权利的真实性。学习义务，可让学生观看自古以来在国家面临危难时，民族英雄们保家卫国的图片、视频等，除了帮助学生理解知识以外，也对他们进行情感、态度、价值观的教育。在教学过程中，教师把问题带入之后，将课堂交给学生扮演监督、引导和协助的角色。教师在学生讨论、探究过程中，应及时参与其中，维持秩序，引导方向，信息反馈，达到掌控全局的目的。对于探究的结果，教师应当尽可能地在当堂课内完成总结，从实践到理论，将生活中的事例进行概括，升华为政治课理论知识。从理论到实践，再从实践到理论，顺利、高效地完成认识的两次飞跃。

三、教学情境生活化

政治教学，除了引用生活中的教学案例，在某些特定的章节，条件允许又能保证学生安全的情况下，还可以带学生真正地参与实践。例如，学习《经济生活》关于银行的知识，教师可以与相关银行沟通，为学生创造亲临现场的机会，并找到专业人士为学生讲解银行、储蓄、理财等知识。在学习生产与消费时，可以带学生去参观工厂，了解生产的各个环节和影响因素。《文化生活》中，为了让学生真正明白文化现象的定义和表现形式，可以带领学生身临其境地体会各种文化现象，例如，对自身校园文化的体会，所在小区的社区文化或是参观具有文化价值的旅游景点，甚至是去公园看一场酣畅的广场舞，都可以让学生真正体会到文化现象无时不有、无处不在。如果由于各种条件的限制，不能带着学生走出去，或是这样的机会太少，还可以采用"请进来"的方式，让各领域的专业人士走进我们的政治课堂。例如《政治生活》中，讲到人大代表的权利与义务时，可以请一位人大代表到班级，以自己的亲身经历去给学生讲，这样一来，学生能真正明白政治课教学的内容是与自己的生活息息相关的。

第十节　课后反思，取长补短，优化自我，提升教学实效

反思，简言之，是针对自身的言行、成长过程，适时地回过头审视。通过对过去事情的反省，总结经验，以便于指导将来的行为。就教育活动而言，教师和学生是反思的两大主体。对于教师而言，主要是针对教学设计的合理性、教学过程的有序性、教学结果的实效性等方面进行总结，概括经验，吸取教训的过程，简称"教学反思"。

一、传统反思弊病

传统意义上的教学反思与当前新课标强调的"反思"，无论从性质还是内容上，都是截然不同的。传统的反思中，教师往往倾向于以"题海战术"来检测学生学习效果，希望学生在练习中找出自身的不足。诚然，课后的巩固复习是反思的重要手段，知不知、知多少，一定程度上都会有所体现。教师能够将学生做题反馈的情况作为调整教学活动的依据。然而，反思只有在教师和学生心中内化才能真正地发挥作用。否则一味强调做题的反思是机械、僵化的，加重学生的学习负担，让学生觉得疲惫；死记硬背式的练习又让学生无暇认真审视自己在政治学习中的不足，学生更觉得政治学习枯燥无味，其效果不言而喻。

二、新课程反思优势

新课标认为，有效的课后反思应该是以"以人为本"为根本性质的活动。教师应致力于在反思中真正地发现教与学过程中存在的问题，分析其根源，进而才可能有针对性地解决问题，做到有意义地反思，提升反思活动的实效性。新课程标准强调课后反思的内容应该是多角度的，并提出了一系列具体有效的视角和途径。

三、教师有效反思

教师的反思，既包括"吾日三省吾身"的自省，也包括社会、学校和学生的客观评价引发的客观性思考。对象和形式都是多样的，但一切形式的反思都要本着"一切为了学生，为了学生一切"的原则，反思自身的教学行为，扬长避短，及时作出调整。同时，积极创设多元、有效的反思情境，通过师生、生生心与心之间真诚的交流，在轻松愉悦的氛围中收获学生的评价作为自身教学情况的反馈，以便认清不足，悦纳自我，取长补短，不断进步。

四、学生有效反思

学生，是教学活动的主体，更是灵活的特殊个体，每个学生从性格特点到兴趣爱好都是不同的，正所谓"尺有所短，寸有所长，取长补短，相得益彰"。因此，学生们应在教师、家长和同学的帮助、引导下，对近期或当前学习行为和效果展开自我评价和反思，以期提升学习效果并习得科学的学习方法，养成良好的学习习惯。

新课标，就学生的自我反思方面，从学习的态度、方法、目标等方面提出一系列指导和要求。具体而言，学生应在教师的引导下，从多个视角展开反思。在巩固练习中，学会反思题目与课本知识点的联系，明确出题者意图和考查角度，提升运用知识的能力。教师带领学生一起，在学习过程中，结合学生原有知识构成，对知识进行创新性探究，带着问题去学习，拓宽思路，寻找知识构成的内在规律，打破思维定势，从多角度去理解，迸发最新的、最具创造性的思维，这符合新课标培养学生创造性和综合学习能力的要求。学生在政治学习中，也应充分发挥主观能动性，反思不足，厘清缘由，找出导致学习障碍的干扰因素，如学习兴趣和动机，学习内容的难度，学习时间的安排，卷面书写，或者其他不良主客观因素的影响，在教师和同学的帮助下，有针对性地解决问题，克服不足。

反思的内容，除了教学内容、教学过程和教学结果以外，还应反思教学实效与新课标三维教学目标之间的差距。教师在对自身的行为和结果进行评价和反思时，除了注重学生知识的增长，能力的提升，还应该注重在整个过程中教会学生科学的学法，积极思考，理论与实践相结合。学生，是未来社会的建设者和接班人，除了教会他们科学文化知识，用以指导生活、武装自己，还应注重培养学生的思想政治素养和良好的德行。高中思想政治课，作为学生德育的主体、核心课程，需要教师更多地融入情感、态度、价值观方面的教育。三维目标的实现程度，应当作为教师反思过程中重要且必要的参考。

第十一节　新课标背景下高中思想政治课教师创设情境的改进策略

一、情境创设要加强核心素养培养

核心素养，是指学生在学习某门学科之后应该具备的品格、关键能力及价值观念，目的是让学生适应终身发展需要以及社会发展需要，它是学科育人价值的集中体现。首先，核心素养理念要求教师培养学生的学习能力及关键能力，进而提升学生的综合素质，以此促进学生长久发展。毕竟学生掌握的知识越多，不代表学生的能力越强，也不代表学生的素养越好。高中生的学习压力大，尤其是刚进入高中的高一学生需要学习九门科目，他们会对学习产生麻木，然后忽视自我的长久性发展。其次，新课标明确要求政治教师要重视情境在培育学生核心素养中的作用。因为在政治课中，情境会让学生获得一种独特的感知、体验，可以激发学生强烈的探究动机、问题意识，让学生在体验中、在完成学科任务中提升政治学科核心素养。最后，新课标提出的学业质量标准的评价指向是学科核心素养，也就是学生在真实生活情境中运用政治知识分析、解决问题的能力，将课堂知识迁移运用到真实生活情境的能力和品格。所以说，思想政治课典型情境活动体系的构建是整个评价体系建设的中心。因此，教师在创设高中政治课的教学情境时要加强培养核心素养。需要注意的是，政治教师在进行情境创设前，需要备好教材，在熟悉教材的基础上深度解读教学目标和核心素养，找出教学内容所渗透的价值观，还要厘清和解答学生心中的疑惑。

（一）增强学生的政治认同感

政治认同是高中思想政治学科的第一位核心素养，是指教师要引导学生认同我国的政治，拥护爱戴中国共产党的领导，并让学生在道路、理论、制度及文化方面对中国特色社会主义树立信心。根据相关研究表明，我国79.4%高中生有着较高的政治认同素养和国家意识，说明剩余高中生的政治认同感不强。另外，近些年的高考考核也需要高中生关心时事政治和国家大事，因此，政治教师在创设教学情境时，需要有针对性地、与时俱进地引用国家大事，并让学生学会思考国家大事，从而培养学生的国家意识，并增强学生的政治认同感。

例如，在讲必修3《政治与法治》第二单元第四课第一讲"人民民主专政的本质：人民当家作主"时，选取情境：2019年底，一场突如其来的新冠肺炎疫情袭击了湖北，并在全国迅速蔓延。疫情面前，生命至上，人民的利益是工作的旨归。2020年1月，习近平总书记就疫情防控作出重要指示：各级党组织与广大党员干部必须牢记人民利益高于一切。在党中央的号召下，众多医学工作者投身于疫情防控的前线，用生命保障人民生命，广大人民自觉居家隔离，广大工人积极支援医院建设，海外华侨华人和国内群众捐钱捐物抗击疫情。提问学生：疫情面前，生命至上，人民的利益是工作的旨归。为什么人民利益至上？然后引出本节课的学习内容，并结合材料跟学生解释：我国在抗疫期间坚持人民利益至上是因为我国的国家性质是人民民主专政的国家，人民当家作主是人民民主专政的本质与实质。通过引用疫情防控取得的成功以及国家给确诊新冠肺炎的患者免费治疗等情境，可以让学生看出我国的社会主义民主，是一种维护人民群众根本利益的真正民主。这些情境也可以增强学生对我国国家性质的认同。新冠肺炎疫情是发生在学生身边的，也是当前的重大事件，以此创设情境教学可以让学生深有感触，并引发学生的情感共鸣和情绪体验，还利于让学生领会到中国制度的优越性，并增强学生对我国制度的认同感。

（二）加强培养学生的科学精神

科学精神，指教师引导学生学会和坚持马克思主义的世界观与方法论，并用其指导他们在个人成长、国家发展、社会进步以及人类文明中作出正确的价值判断及行为选择的一种精神取向。培养学生的科学精神，主要就是要使学生学会运用辩证唯物主义及历史唯物主义的基本观点，提高自身的辩证思维能力，培养学生敢于探索、批判质疑及理性思考的基本素养。第一，批判反思精神。引导学生用唯物辩证的思想去审视、剖析并反思各种事件和问题，让学生能够从联系、发展、整体和对立统一等角度去正确认识、解释事物，从而学会理性地解决问题。第二，探索合作精神。引导学生在学习生活中要敢于尝试，勇于迎难而上，学会积极主动思考和分析问题，进而找出解决问题的有效方法，以此培养学生的探索精神和合作精神。第三，求实求真精神。引导学生在学习和生活中重视实践，学会从实践中获得真知并在实践中检验知识。第四，创新精神。政治教师要引导学生密切关注学习、生活和社会中的变化发展着的实际，要敢于突破传统，要注重研究新情况，从而培养学生自身的批判精神与创新意识。

例如，在讲解必修4《哲学与文化》第一单元第三课知识点"联系的条件性"时，创设情境：一只老鼠偶然看见某农民正在安置捕鼠器，就急忙跑到农场里告知其他动物要提防捕鼠器。但农场里的鸡、猪、牛都对这件事置若罔闻。那天晚上，捕鼠器夹住了一条毒蛇，而农民的妻子来察看时意外被蛇咬伤。农民为让他受伤的妻子痊愈，就把鸡杀了炖汤给他妻子补身体。他们夫妻两人的亲戚们听说这件事，纷纷来看望和照顾农民的妻子，农民就把猪杀了招待他们。不久之后，农民的妻子毒发而亡，有许多亲朋好友参加葬礼，所以农民只能杀牛招待他们。一个毫不显眼的捕鼠器竟然使鸡、猪、牛丢了生命。提问学生：这个故事说明了联系有什么特点？通过创设有趣的故事情境，让学生理解联系的条件性，故事说明捕鼠器与其他动物的联系是有条件的，要求我们在用联系的观点看问题时，需要注意联系的条件性，以此培养和增强学生的科学精神。

（三）增强学生的法治意识

法治意识培养指政治教师通过创设相关的情境进行授课，以此引导学生学会尊法、学法、守法、用法，树立在法律面前人人平等的理念，学会在日常生活中依法行使自身的权利以及履行相应的义务，还要学会维护公平正义，从而在社会主义法治国家的建设中自觉地贡献自己微薄的力量。法治意识是指关于法律的知识、技能及情感态度，教师不可能只通过给学生灌输相关的法律条文和案例就可以培养其法治意识，而学生对法律的认可和遵守需要通过思考和探究生动形象的情境来实现。政治教师在创设情境时要以教材为基本依据，"用教材教"。教师要充分挖掘教材中的法律资源以及渗透在其中的法治意识，创设符合高中思想政治新课标要求的情境，并用它培养和增强学生的法治意识。

例如，当讲必修3《政治与法治》第二单元第五课第一框"人民代表大会：我国的国家权力机关"时，可以播放视频——2020年5月28日，十三届全国人大三次会议通过了《中华人民共和国民法典》与《全国人民代表大会关于建立健全香港特别行政区维护国家安全法的法律制度和执行机制的决定》。提问学生：全国人民代表大会在制定民法典和香港国安法的过程中行使了什么职权？这个职权是怎样行使的？创设这个视频情境利于让学生知道中国的立法权是由全国人民代表大会及全国人民代表大会常务委员会行使的，法律的制定过程分为法律案的提出、审议、表决、公布四个环节，以此让学生知道我国制定法律的具体过程有公正性和正当的法律程序。这种类型的情境教学可以让学生学到更多公民应该知道的法律常识，让学生了解法律的同时培养了学生的法治意识。

（四）增强学生的公共参与意识

培养高中生的公共参与意识，意味着政治教师要让学生学会有序地参与公共事务，学会积极主动地行使人民当家作主的政治权利，学会勇于承担相应的社会责任。理论知识学习的最终目的是用来指导实践，学生学习政治知识从短期和长远的目光来看，都是为了更好地参与政治生活、社会生活。模拟现实生活的情境教学可以提高学生解决实际问题的能力，可以促进学生关注社会、适应社会，有助于学生成长为社会主义的建设者和接班人。因此，政治教师需要在政治课堂上模拟和创设一些生活化的情境，让学生通过参与相关政治活动来加强自身的活动体验，从而增强学生公共参与的意识和行为。

比如，在讲必修3《政治与法治》第二单元第六课"基层群众自治制度"的"基层民主实践的途径与方式"时，提问学生："如果你是村委会或者居委会的成员，你可以采取什么方式参与和保障基层民主？"通过提问引导学生得出民主选举、民主协商、民主决策、民主管理和民主监督是实践基层民主的途径。然后，给学生详细解释公民可以如何运用民主选举、民主协商、民主决策、民主管理和民主监督等方式参与村委会或者居委会的民主实践，并让学生在课堂上模拟一次某村的民主选举。通过创设以学生为主体的教学情境进行提问，可以让学生意识到自己是当家人的身份，也可以加深学生对这个知识点的理解，还可以让学生学会积极地、有序地参与基层民主实践，从而增强学生的公共参与意识。

二、情境创设要从学生实际出发

（一）了解学生的认知水平和生活经验

了解学生的认知水平和生活经验，是做好备课的必要前提，也是学情分析的关键部分。所以，政治教师在创设情境时要具体、详细了解学生的认知水平、认知过程及生活经验，要将课本知识与学生的现实生活结合起来。简化真实的情境来创设恰当的教学情境，利于教师把政治教学内容以贴近生活的方式或者具体形象的方式展现，以此缩短学生与政治知识的心理距离，并引起学生的求知欲，从而提高高中政治课堂的教学效果。另外，根据学生之前学习过的知识创设情境进行授课，可以帮助学生理解这个知识点。用生活经验来解释某个知识点，利于加深学生的印象，也利于让学生学会学以致用。

部分政治教师在创设情境时，有时会根据自己的认知，而并没有从学生现有的知识水平与实际生活经验出发，导致创设的情境超出了学生的认知水平与脱离学生实际，从而使这节课的教学没有取得预期的教学效果。比如，在讲解必修2《经济与社会》第一单元第二课第一节"市场调节"知识点时，创设情境"2019年广东省粮食和物资储备局、财政厅计划在中秋期间投放1260吨省级储备冻猪肉"。提问学生："可以用什么手段来解决生猪供应量（有限的资源）与人们巨大需求之间的矛盾？"当学生回答"可以用计划和市场的手段来解决"后，又提问学生："计划经济的主体是谁？市场经济的主体是谁？"全班鸦雀无声，学生都不会回答这个问题。这是因为教师设计的问题超出了学生现有的知识水平，高一的学生基本都不知道计划经济和市场经济的主体分别是谁。这样的情况会打击学生的学习积极性，从而影响这堂课的教学效果。

尤其是在讲必修4《哲学与文化》这本教材时，因为哲学的内容比较抽象，对学生而言难以理解，这更加需要政治教师联系学生的认知水平和生活经验来创设情境，以此帮助学生理解哲学知识。比如，在讲必修4《哲学与文化》第一单元第三课第三框"唯物辩证法的实质与核心"时，政治教师可以举例：物理学中的吸引与排斥、化学中的氧化与还原、社会中的民主与专制、认识中的正确与错误、足球场上的进与攻，还有每个同学既有优点又有缺点，这些都是矛盾。这些情境可以引导学生得出矛盾存在所有事物中，矛盾无处不在，即事事有矛盾。另外，我们在婴儿时期的主要矛盾是饱与饿；在初三时的主要矛盾是读高中与读职业学校；在高中的主要矛盾是选择什么科目参加高考。这可以帮助学生理解"矛盾贯穿于每一事物发展过程的始终，也就是说时时有矛盾"。联系学生的知识水平及生活经验进行情境创设，利于学生理解较为抽象的哲学知识，以及意识到哲学的实用价值，并学会举一反三，从而学会用哲学指导自己的价值判断和行为选择。

（二）尊重学生的个性

新课标要求政治教师在教学过程中要尊重每位学生的个性差异，并挖掘和发展他们的自身能力。首先，高中生个性鲜明，具有较大的个性差异。所以，政治教师在创设情境时，不仅要以高中生的心理发展共性为主，还要尽量关注每个学生的个性差异与个人发展需求的不同，处理好整体与部分的关系。政治教师创设情境时，理应从多种角度、多个层次进行创设，以此满足学生的多元化学习需求，并促进学生的个性化发展。其次，喜好求新求异是高中生的心理特点之一。比较陈旧的教学情境难以引起学生的好奇心和求知欲，所以政治教师在创设情境时，需要紧跟时代，及时更新信息，以此迎合青少年的心理特点。最后，维护学生的情感阅历多样性。政治教师在创设情境时需要考虑与学生进行情感交流，从而让情感因素促进学生的智力发展。毕竟高中思想政治课的知识点几乎都具有非常丰富的情感，教师需要创设恰当的情境，让学生获得情感体验，从而增强学生的学习动力，提升知识运用能力。

比如，在讲解必修2《经济与社会》第二单元第四课"劳动是财富的源泉"知识点时，运用漫画"何以解忧，唯有暴富；何以暴富，唯有做梦；何以做梦，唯有睡觉！"创设情境教学，提问学生：你觉得图片上说的话对吗？结合你身边的实例，说说如何致富。引用比较流行的网络语言创设情境，比较迎合学生求新求异的心理特点，从而激发学生对政治课的学习兴趣。同时，政治教师可以引导学生树立正确的劳动观，并对学生进行正确的价值观引导。除此之外，政治教师还可以引导学生辩证看待网络流行语，从而培养学生的科学精神。

（三）着眼于学生的最近发展区

学生的发展水平包含现有水平与可能发展水平两种，前者指学生在独立学习后能达到的水平，后者指学生在学习的过程中需要借助别人的帮助才能达到的发展水平，这两者之间的差距称为最近发展区。对于简易的问题情境，学生往往不需要深入推敲就能得出答案；对于难度过大的问题情境，容易让学生望而却步，打击学生的自信心，严重的话还会导致学生对政治课失去兴趣。所以说，政治教师在创设情境时，需要考虑学生的最近发展区。这不仅要根据学生的现有发展水平情况，还要考虑到学生各个方面的发展潜力与发展可能性。所以政治教师创设的情境不仅要与学生的生活息息相关，还要在此基础上逐渐加深知识性，以此引发学生探究与思索。需要注意的是，在加强情境知识性的深度时不能过于抽象，对教学难点而言，政治教师应该把问题情境创设得有梯度，让学生循序渐进地探索和解决问题，从而达到他们的可能发展水平。

比如，在讲选择性必修1《当代国际政治与经济》第二单元第五课知识点"构建人类命运共同体"时，引用和展示在不同时段对"人类命运共同体"表述的材料。提问学生："你是如何理解'人类命运共同体'的？分别从是什么、为什么、怎么办的角度分析。"然后，教师以"人类命运共同体是什么？为什么要构建人类命运共同体？怎样构建人类命运共同体？"的思维逻辑归纳和补充学生的作答。这样的教学情境不仅让学生理解"人类命运共同体"的理念是什么，知道构建"人类命运共同体"的原因和必要性，以及要从政治、安全、经济、文化及生态等方面构建人类命运共同体，从而利于培养学生的政治认同及科学精神。用"是什么、为什么、怎么办"的逻辑由表及里，逐渐地加深教学，可以让学生循序渐进地探究问题，利于实现学生的可能发展水平。

三、情境创设原则规范化

(一)凸显学生主体原则

凸显学生的主体原则，指在情境教学的过程中，教师只起教学引导的作用，教师要把学生作为思维活动的主体，以此来创设情境，从而把学生的被动学习转化为主动学习。第一，高中政治学科的核心素养是指人的内在品质及能力，这不是简单地复制和记忆知识就可以形成的。这要求我们在创设情境时，要让学生充分地参与知识的生成过程。第二，《基础教育课程改革纲要（试行）》认为课程要改变其实施过分强调死记硬背与接受性学习的现状，倡导任课教师要引导学生积极主动思考与不断探究，以此培养学生处理信息、合作学习和分析、解决问题的能力。第三，运用情境进行授课，利于凸显学生的学习主体地位。即：情境创设的运用利于教师引导学生主动探究新知识，从而进行新知识的自主构建；还利于提升学生迁移知识的能力，从而转变学生自身的学习、思维方式。

为凸显学生的主体原则，政治教师在创设情境时，首先，要以学生为主体。政治教师在创设情境时要最大限度地调动学生的学习积极性和课堂参与力度，要引导学生各抒己见并进行指导，从而让学生在问题情境中充分发挥学习的主观能动性；其次，要明确情境创设的目的。教学情境创设的目的是让学生去情境中找出知识和发现知识而不是去论证知识，以此深化学生对知识的理解和顿悟。发现知识的过程通常是从特殊的情境得出一般性知识，再在做题时把它运用到特殊的情境中，从而培养学生知识迁移、学以致用的能力；最后，要保护学生的创新思维。教师在设置情境的问题时，应该做好预料之外的准备，比如，在情境教学的过程中，因为学生的知识水平没有达到教师预设的高度而没有得出教师期望的结论时或者出现意外的回答时，教师要保持价值中立，只要学生言之有理，教师就要以多元化评价和鼓励的方式肯定学生的回答，保护学生的创新思维。

比如，在讲必修2《经济与社会》第一单元第一课相关链接"企业经营成功的因素"时，教师可以在课件上设置"刮刮乐"的图片，图片上的资金有1000万元、500万元、200万元和3000万元，让四组的每组同学派一个代表上来刮奖，所得的资金就是自己小组创建公司的资金。刮奖是学生最兴奋和最激动的时刻，利于调动学生参与课堂的积极性，从而让积极情感促进学生的认知发展。然后让学生讨论3分钟：你们小组要成立什么公司？公司的名字叫什么？主要生产什么东西？

同学们的讨论很激烈。A组（资金3000万元），发言代表说：要成立菠萝手机公司，主要生产菠萝手机及其产品，目标是超过美国的苹果手机（全班大笑）；B组（资金200万元），发言代表说：我们小组要开早餐店，公司名字叫作天天吃早餐，主要卖糯米饭、各种各样的粥和包子，还有洋芋粑等小吃（全班同学都笑了，因为在学生时代洋芋粑是美好的味道）；C组（资金500万元），发言代表说：我们要办养猪场，因为今年猪肉的价格贵，可以赚很多的钱，公司名字叫作小米养猪场（大家联想到小米手机，又开始笑了起来）；D组（资金1000万元），代表说：我们小组要成立微软公司，名字叫作中华微软公司，主要负责开发各种软件。

接下来，教师提问学生：那你们打算怎么经营自己的公司，如何让它发展得越来越好？A组：我们菠萝手机的目标是超过美国的苹果手机，我们会用公司的收入高薪聘请高尖端科研人才生产新产品，等公司有钱了也会请明星给我们代言，要在价格、质量、品牌和服务等方面超过苹果手机（全班都大声地笑起来）；B组：我们的天天吃早餐公司，要在某某县开连锁店，主打招牌是洋芋粑，要把它打造成某某县的特色，还有我们要诚信经营，不使用黑心油、不售卖过期的或者劣质的食品，还要讲究卫生；C组：我们的小米养猪场要用人工智能养猪，给每头猪都制定一个身份证，记录它是哪头母猪生的，还有它的体温记录和健康状况，以此监控疾病。另外，我们养猪场的目标是明年养1000头猪；D组：我们的中华微软公司的起步较低，只有1000万元的资金，但是我们可以先成立小的工作室，先接一些任务增加公司的收入，再去收购小米养猪场（全班大笑），再用这些收入扩大公司规模和引进科研人才来开发属于自己品牌的软件。教师在听学生发言的同时，在黑板上书写关键词，然后等四个小组的学生代表发言完之后引导全班学生从经营战略、创新、科学管理、诚信经营等角度总结公司经营成功的战略。在这个情境体验中，让学生通过对"如何经营公司可以让它发展得越来越好？"的主动探究和解答，使学生了解了知识的生成过程，并在感悟知识生成的过程中建构了新的知识体系，以此凸显了学生是学习的主体，还解决了学生对情境参与度不高的问题。但教师让学生在课堂中充分发挥主体性时，也需要对学生加以引导，避免学生的言论偏离教学预设。

（二）引用时事热点原则

高中思想政治课具有明显的时代特征，在高中的会考或者选科"政治"的高考中，都会考查时事热点，其在高中政治的考试中所占分值也不低，甚至还会影响高考语文的作文命题方向。同时，引用时事热点教学利于弥补教材的滞后性，利于增强教学的生动性，从而打造活动型学科课程。另外，引用时事热点素材创设情境，利于增强学生对社会与国家的关心力度，利于增强学生的国家认同感；利于让学生在接触时事政治的同时，掌握需要学习的政治知识，并获得主动运用课本知识参与社会事务的成就感；利于学生把握国家大的时政背景，从而增强学生对社会问题的认识、分析及判断能力。因此，政治教师在创设教学情境时，需要引用一些时事政治素材与社会热点事件。

例如，在讲必修2《经济与社会》第一课"我国的基本经济制度"时，播放视频《盘点2020年中国为经济都做了哪些努力》，并依据2021年对上一年经济趋势展望的资料，让学生思考：2020年中国在疫情防控期间，当世界各国的经济几乎都呈现负增长时，中国经济是如何转化危机成为全球主要经济体中唯一实现正增长国家的？学生回答：因为有国家的政策支持，还有人民集中力量复工复产。教师总结：就根本原因来而言，这与我国的生产资料所有制有关，其可以发挥社会主义集中力量办大事的优势。引用疫情防控期间中国的经济增长情况创设情境，可以让学生看清疫情防控期间全球的经济增长情况，并让其知道我国的经济可以获得正增长是因为我国的生产资料公有制具有一定的优势，从而利于让学生认同我国的基本经济制度。与此同时，这个教学情境的素材选取较新，避免了情境素材时代性不强的问题，还利于让学生学会关心时事政治，增强学生的公民责任意识。

（三）呈现趣味情境原则

运用趣味性的情境授课，可以满足新课标对高中政治课的教学要求。新课标提出，政治教师不仅要提高教学过程中的策略效率，更要让学生在愉悦的课堂氛围中进行积极主动的学习，以此增强学生对学习内容的好感度，加深学生对政治知识的理解。这是因为情感因素虽然没有直接作用于学习过程，但是兴趣、动机对学习有很大的正强化作用，可以让积极情感促进认知活动。所以说，具有趣味性的情境，利于调动学生参与课堂的积极性，让他们积极分析和思考相关的问题情境，从而锻炼自身的思维逻辑。创设趣味性的情境可以运用顺口溜、实物、小说、搞笑漫画以及5分钟的教学动画片等方式，呈现教学情境来激发学生的学习兴趣。

例如，在讲必修2《经济与社会》第一单元第二课"市场规则"知识点时，运用顺口溜"吃荤菜怕激素，吃素菜怕农药，喝饮料怕色素，请问我们还能吃什么？"，并展示相关图片。让学生回答：市场中出现的这些现象有什么危害？如何规范这些市场行为？这些顺口溜揭露了当今市场存在的普遍的食品安全问题，学生对此也是有所了解的，所以他们会觉得这个顺口溜很幽默和搞笑，进而加深对这个知识点的印象。并且还利于提高学生对这节课的参与度。

（四）联系实际生活原则

首先，高中思想政治课是一门应用型学科。这要求我们在学习政治知识之后，将其运用到实际生活中，以此帮助我们维护自身的合法权益和指导我们更好地生活。毕竟，生活处处有政治。因为实际生活通常蕴含多个知识维度，引用它创设情境，便于学生在生活中解读政治知识。其次，情境教学体现了高中思想政治新课标对教学的要求，即教学要基于学生的生活实际经验，要从现实生活阐述理论知识，旨在促进学生的可持续发展。这要求政治教师在创设情境时要联系学生的实际生活，还要着重培养学生的核心素养。最后，新课标指出，高中政治课力求打造活动型学科课程，其注重结合学科逻辑和实践逻辑以及理论逻辑和生活关切。政治教师在创设生活情境时需要通过运用感性与直观的形式再现生活现实，以此反映理性的教学内容。这还可以把学生、教材及教师统一在同一情境中，并为学生提供一种可以引起其情绪体验与生活感悟的心理场景，从而陶冶学生的情感，增强学生理论联系实际的能力，进而培育学生的高中思想政治学科核心素养。此外，需要注意的是，政治教师在联系学生的实际生活创设情境教学时，要避免生活情境创设跟我们的日常生活关联度不高的问题，避免学生对情境产生心理距离。

例如，在讲必修3《政治与法治》第二单元第六课第三框"基层群众自治组织"时，查找资料后以视频的形式引用和创设学生身边的生活情境：在2020年2月份新冠肺炎疫情防控期间，当地A村村民委员会和B街道居民委员会的工作人员积极进行疫情防控宣传教育和消毒工作，把外来的车辆和人员全部劝返，并排查需要隔离14天的医学观察对象。提问学生：A村和B街道的自治组织及其职能分别是什么？教师引导学生得出：A村的自治组织是A村村民委员会，其职能是处理本村的公共事务及公益事业，维护村民的合法权益，协助政府维护社会治安。B街道的自治组织是B街道居民委员会，其职能是办理本区居民的公共事务及公益事业，维护居民的合法权益，协助政府维护社会治安。然后举例补充村委会和居委会的其他职能。运用学生经历过的生活情境创设情境教学，让学生回忆疫情防控期间A村村民委员会和B街道居民委员会所做的事，利于引起学生的情感共鸣而对此感触颇深；也利于让学生更加了解村民委员会与居民委员会的性质和职能，通过回顾A村村民居委会和B街道居民委员会在疫情防控期间主动承担的责任及疫情防控取得的成效，利于让学生领会和认同我国基层群众自治制度与社会主义的优越性。

第十一章　研究与结论

第一节　高中政治教学的结论

新课改基本理念，新课标共同规范，是教育创新，教育顺应时代发展，对前几轮课改和旧教学大纲进行总结和概括，取其精华、去其糟粕的产物。其基本理念和主要观点，都是科学的世界观和方法论，指导人们正确认识世界、改造世界。

新课改为大背景，新课标为具体要求，为高中思想政治课教学提供正确的方向和科学的指导。自二者施行以来，随着实践的深化，高中思想政治教学在师生角色扮演，师生能力提升、素质提高，建立民主型师生关系，应用合理的教法、学法，有效的教学手段，教学资源的利用与开发，教学评价和反思等方面，都给出了多层次的具体要求和建议。让高中政治教学更加灵活、有趣，教师在轻松的气氛中完成教学任务，学生在民主的氛围中，收获知识、技能和正确的价值观。

因思维定势，理解偏差，高考体制等主客观条件的限制，使得新课标要求在实践过程中仍存在着问题与困惑，实际效果与课程目标存在差距。教育事业，是国家屹立于世界民族之林的根基，需要严肃、认真地对待。面对客观差距，需要各级教育行政部门、学校、教师和学生共同关注当前新课标实践的现状，只有齐心协力找出问题、了解问题，才有可能有效地解决问题。无论是各项教育政策的制定者、监督者，还是奋斗在一线的学校教育工作者、身系祖国未来的孩子，都应该对实现新课标教学下定决心，充满信心。

高中政治课作为必修科目之一，有其无可替代的独特价值，但是，最新一轮的高考制度改革给高中政治课教学带来了诸多严峻挑战也是无法回避的。本书通过文献研究、问卷调查和教师访谈获得相关信息，归纳新高考改革背景下政治课教学面临的主要挑战，然后借鉴了前人对高考和高中政治的相关研究，以及新高考改革试点省市的经验，分别从学校管理层面、高中政治教师层面和教师对学生层面提出了应对之策，希望能为正在或即将实施新高考方案的高中政治课教学提供一些参考和预案。

随着新课程改革的不断深入推进，对学生核心素养的培养越来越受到关注和重视。学生整体核心素养的培养落实离不开各个学科核心素养的培养落实。在各个学科中，学科核心素养的落实离不开与具体内容教学的结合。高中政治史内容作为高中历史课程内容的重要组成部分，在培养历史学科核心素养中发挥着重要作用。

针对具体教学内容的有效落实，核心素养的教学策略提出需要具有针对性和可操作性。本书对核心素养视域下高中政治史教学有效教学策略的提出，是在了解高中思想政治教学培养核心素养的重要性和必要性的基础上，深入解读思想政治学科核心素养内涵、知识特点，结合当前高中思想政治教学存在的问题、高中思想政治培养学生核心素养的要求，从教师的教与学生的学两方面出发，针对高中思想政治教学课前、课中、课后三个环节，提出高中思想政治教学中课前准备—指向核心素养、课堂教学—落实核心素养、课后跟进—强化核心素养的有效落实教学策略，并结合具体的教学案例做了详细说明。

对核心素养视域下高中思想政治教学策略的研究，一定程度上丰富了核心素养和高中思想政治教学的理论结构，同时对当前一线教师在高中思想政治教学过程中有效落实核心素养起到一定的借鉴作用。

高中政治课堂，既是政治教师的课堂，也是学生学习的课堂。要想打造高效的政治课堂，教师要不断提高自身素质，提高教学技能和政治专业知识。政治教师在每一堂政治课的课前要做好充分的准备，尽可能联系学生的实际，更多地设想在教学中可能出现的各种情况；在教学过程中要落落大方，尽可能地把所准备的知识点讲得面面俱到，遇到突发情况也能临危不乱，从容应对；在每一节课后要积极进行总结和反思，对这节课出彩的地方能够归纳总结，得以在以后的教学过程中继承和发扬；对于这节课不足之处甚至是失误错误的地方，应该勇于承认，总结经验，在以后的教学中避免出现类似的错误。总之，高效的政治课堂的建设，主动权掌握在教师手里，只有教师不断地努力，学生积极配合，主动学习，教师的教与学生的学和谐统一，才能打造高效的政治课堂。

高效政治课堂的实现方式有很多，也有很多不同的切入点。在传统教育背景下，高中政治学科又是一门"副科"，打造高效的政治课堂显得尤为重要，但同时又是很艰难的。教学活动如何改，改得如何新颖出奇，学生的态度如何的积极努力，各方面能力得到了很大的提高，但是在现有高考制度之下，每年六月的那一考才是评价教学效果的最重要的标准。这就需要广大教师在教学过程中合理把握自己教学理想与现有高考制度的关系，用自己的点点滴滴的行动身体力行影响学生，也希望国家做出实际行动，减轻学生的负担，用高效的课堂来解放学生的身心，让祖国的青少年在快乐中成长，在快乐中学习。

第二节　高中政治教学的启示

高中阶段是提高学生基础知识的关键时期，也是学生迈向人生的重要阶段，对学生的人生价值将产生重大影响。高中政治作为学生认知社会的一门引导学科，可帮助学生形成正确的价值观。随着新课程和新高考的改革，高中政治教学的要求和标准发生了一定程度的改变，所以分析高中政治教学改革背景下的教学调整与问题，探讨高中政治教学的策略与应对之策，对于我们提高高中政治课堂教学效果，提升学生综合素质，大幅度提高高中政治课的教学质量和效益具有重要意义。在结合前文相关阐述和分析的基础上，主要总结了五个方面的高中政治教学启示。

一、新课程背景下的高中政治教学启示

课程改革为教师的教学指明了方向，同时更为教师的教学提出了更加严格的要求，在日常教学中必须深刻反思自己的教学实践，使得教育实践跟得上时代的步伐，跟得上学生综合素养提升的要求。在结合前文相关论述的基础上，对于新课程背景下的高中政治教学有如下启示：

（一）在情景创设中，培养求知意识

新课改强调学生的综合发展，立足于高中思想政治教学这门综合性很强的课程，仅仅让学生们学习简单的知识是远远不够的，更要强调学生思想品德的健康发展和素质修养的全面提升，积极创设教学情景，明确学生应该学什么，明确教师应该教什么还有怎么教的问题。通过教学情境的创设，为学生提供创新的条件、学习的机遇以及良好的氛围，使学生的思维处于兴奋状态，让他们真正能够认识教育过程并且实现全身心参与，既能够激发学生的思维兴趣，又能够促进学生在入情入境中发散思维，提升创新能力，掌握更好的学习方法，提升求知意识。

（二）在激发兴趣中，促进积极学习

新课改强调学生主动学习、主动发展。兴趣是学生学习的内在驱动力，是学生成功的先导，只有真正焕发学生的主体价值，激发学生的学习兴趣，才能够让他们以主动的姿态、探究者的姿态融入知识的学习和探究中来。因此，在日常的教学实践中，教师应该融入更多趣味性的因素，从学生的认知特点、年龄特点出发，激发学生的学习兴趣，让学生带着愉快高涨的情绪，克服学习的困难，让课堂更加活跃，让学生的学习态度更加积极、更加端正，让师生关系更加融洽，让学生的学习效果更佳。

（三）在实践教学中，提升创造力

在新的教育形势下，教师应该逐步适应社会时代发展的规律以及教育规律，落实新课程改革对于日常教学的要求，勇于做政治教学改革的实践者，以新课程理念为指导，优化教学，不断反思，不断解决教学过程中遇到的实际性问题，真正实现教学理论的实践与创新，促进教学实践的发展与提升，脚踏实地走好课程改革的每一条路，不断提升日常教学效果。

二、参与理念下的高中政治教学启示

新课程改革背景下，思想政治教学需要不断改革和创新，以满足学生的实际学习需要，这是构建高效思想政治课堂的必经之路。将参与式教学法应用于高中政治课堂，可以调动学生的学习积极性，让学生主动探究思想政治知识，提高政治素养。结合前文关于高中政治教学中参与式教学方法的相关应用，在此基础上总结了几点教学启发：

（一）以内容的陌生感激发参与兴趣

1.调动好奇心，降低排斥和防御心理

高中思想政治统编教科书贯穿一条主线，即用习近平新时代中国特色社会主义思想铸魂育人，其理论性较强，理解难度较大。高中生虽然具备一定的学习能力，但其理论基础较为薄弱，主动学习能力不足。因此，教师要通过各种各样的方式激发学生的兴趣，提升其主动学习的积极性。

2.提升参与过程的神秘感以增加吸引力

教科书上的理论性文字抽象性、概括性与逻辑性较强，如果教师在授课时只是单纯地结合理论进行分析，讲解一些陈旧的例子，很容易导致学生在学习中觉得思想政治知识枯燥无味，失去学习兴趣。因此，教师要打破学生过去所熟悉的课堂模式，根据授课内容不时地改变形式，给枯燥的政治知识遮一层神秘的面纱，吸引学生的眼球。

3.避免一切旧教学方式的重复

传统的教学方式压抑了学生的积极性和主动性，大多数学生并未真正有效地参与到课堂学习中。为了彻底改变这种状态，教师需要转变传统的教学理念，重新进行角色定位，在教学过程中充分考虑学生的主体性，设置时政演讲、角色扮演、专题辩论等活动，调动学生学习的积极性、主动性和创造性，使学生积极地参与到课堂教学中，真正成为课堂上释放光彩的主人翁。同时，教师也要尊重学生的个性特点，营造轻松、平等、有趣的教学氛围，把教学变成一个非常愉快的过程，使学生更容易融入课堂教学。

（二）做好调动学生参与课堂意愿的设计

1.遵循学生身心发展规律设计蓝图

首先，教师要摸索和总结学生的身心特点，按照学生的认知规律，找准调动学生参与意愿的契合点，据此进行总体设计。其次，教师要对每一位学生进行细致客观的分析，关注学生的内在需要，针对不同学生灵活设计教学。最后，教师要了解影响学生身心发展的外部因素，包括学校、家庭及社会等方面，只有这样，才能更全面地了解学生，设计契合学生身心发展规律的个性化课堂。

2.根据动态学情调整课堂进度

参与式教学具有开放性特点，教学活动一旦发生，就进入一个动态化过程。与此同时，课堂也有了很多不可控因素，如学生生成创新观点时表述不清，自主探究问题时偏离主题，小组合作时角色分工不明确等。参与式教学给学生更多时间和空间上的自由，相应地也需要教师提高驾驭课堂的能力。面对动态生成的思想政治课堂，教师要做好观察者的角色，根据学生回答问题的表述情况、合作探讨的时间长短、课堂气氛的活跃程度等，敏锐地捕捉来自学生的各种信息反馈。在此基础上，教师要适时地进行点拨、讲解，调整原定的教学设计。这样，才能更有针对性地指导学生学习，保证学生的学习活动是围绕主题高效开展的。

三、新课改背景下的高中政治教师专业化发展启示

《普通高中思想政治课程标准》（2017年版2020年修订）明确指出，在高中思想政治课程教育中要注重学生核心素养的培育，教师是实现学生学科核心素养培养的重要主体，教师的专业能力直接决定了学科核心素养的培育效果。从目前高中思想政治课教师专业发展的现状看，还存在一些比较突出的问题，对学生核心素养的培育带来一定的不利

影响，所以在实践中关注高中思想政治课教师专业发展具有十分重要的现实意义。

(一)教育主管部门强化高中思想政治课教师专业发展政策导向

学科核心素养要求高中思想政治课教师在开展课堂教学活动时，需要做到以学生为本，要引导学生通过思想政治课程学习，获得有利于自身终身发展和服务于社会发展的素质及能力。所以在实践中，相关教育主管部门应该根据学科核心素养要求，制定统一的思想政治课程教师专业素质标准，为教师专业发展提供必要的依据。具体来说，高中思想政治课教师专业素养的标准确立可以从专业理念、专业知识、专业能力等方面进行。在专业理念上要求教师需要树立有助于学科核心素养培育的教育思维观念；在专业知识上需要关注高中思想政治教师具备的学科知识体系素养；在专业能力上要关注教师培养学生核心素养的能力，如反思能力、创新能力、科研能力等。

(二)学校强化教师专业化发展规划

高中思想政治教师专业化发展是一个长期、动态、持续的过程。在学科核心素养的目标引领下，为了促进高中思想政治课教师的专业化、常态化发展，从学校层面来说，还应该对教师专业化发展进行整体规划。

第一，学校应该明确高中思想政治教师在不同阶段的发展所需。从年龄的角度看，教师可以分为青年、中年、老年、接近退休四个层面，学校应该根据不同阶段的教师，设置不同的专业发展规划内容。对于青年教师，他们大多具有本科及以上的理论知识水平，对学科核心素养有较高的了解，但是缺乏充足的实践教学经验。而对于中年、老年教师，其本身具有丰富的实践教学经验，教学能力也相对比较强，但这部分教师在接受新知识上却没有青年教师快，很少了解教学前沿内容，所以学校对这部分教师进行专业发展规划时，需要关注教学前沿知识的普及。对接近退休的教师来说，他们具有较强的职业倦怠心理，学校应该注重教师的心理疏导规划。

第二，学校应该结合高中思想政治教师的现有水平，制订相应的专题培训方案，根据教师专业化发展特征，制定相对应的教师专业化发展措施。具体来说，学校可以组织高中思想政治教师开展马克思主义经典专题培训，习近平新时代中国特色社会主义思想专题培训规划，新课程、新课标培训规划，新教材培训规划等，按照学懂、弄通、做实的要求引导高中思想政治教师开展实践活动，促使教师可以将学到的理论内容融入教育实践，促进学生学科核心素养培育。

第三，学校需要建立科学合理的教师专业化发展激励机制，包括物质激励和精神激励两个层面。学校可以通过奖励性绩效等方式来调动高中思想政治课教师的专业发展积极性，根据教师专业发展、学生核心素养培养状况对教师进行奖惩。也可以对专业发展好的教师颁发荣誉证书，树立教师榜样，号召其他教师积极学习等形式来提高教师的职业认同感。

（三）教师个人强化专业化发展的意识和能力

教师专业化发展更多的是建立在教师本身自主发展的前提下，教师的自我发展观念决定了其专业发展程度。所以高中思想政治教师还应该树立正确的专业发展观念，增强自身的专业发展意识，积极主动地发展自身素养。教师要主动提高自身的专业认同感，高中思想政治教师需要对自身的职业有全面认知，要意识到自身教育职责对下一代人才培养、国家发展的重要意义，提高职业自豪感，将自己的职业变成事业。同时，高中思想政治教师还应该提高学习自觉性，要在课余时间主动地学习各种教育理论知识，为自身教育实践提供良好指引。高中思想政治教师应该积极地学习与核心素养相关的政策文件、最新研究成果，充分把握学科核心素养的内涵，结合学生的发展需求科学地开展核心素养培育活动，切实将核心素养培育落实到课堂上。

四、新课标背景下的高中政治教学启示

新课程的主导思想是培养学生的创新能力，让学生的综合素养得到提升。在新课改过程中，必然会遇到许多困难，政治教师要通过社会实践活动、调查研究来解决具体问题。结合前文相关分析，在实际教学过程中，教师还要不断探索先进的教学模式，研究课标和学情，提

高课堂教学效率，进而打造高效课堂。

（一）切实抓好教与学的转变

政治教学要着重培养学生的创新能力和实践能力，让学生由原来的被动接受到自主学习、合作学习、探究学习，进而加强他们政治学科的核心素养。新课标明确规定政治教学要关注青少年的成长，让学生树立正确的人生观、世界观、价值观。我们要改变以往的教学理念，培养学生的创造性思维，建立和谐的师生关系，以学生为主体引导他们在案例剖析中展示答辩能力，在比较中确定论点，在自主探究中提高能力。在教学过程中，教师要利用多媒体教学创设情境，激发学生的学习兴趣，关注学生的长期成长。

（二）主动开发和利用校本课程

新课标要求教师主动开发和利用各种教学资源，整合先进的教学手段，让学生在校本课程的合作探究中获得发展。对于校本课程的开发，教研组先要确定课程计划实施方案，在一周内至少开设一节，一学期至少开设20节校本课程。依据实际情况，充分利用本土文化资源，开发接近学生实际学情的校本课程。

（三）政治课堂应引入社会生活和实践活动

新课标要求学生必须参与社会实践活动。在参与的过程中，有许多问题让学生感到困惑，尤其是人生道路选择方面的问题。面对这种情况，教师可以通过组织实践活动，让学生应用已学的知识来解决具体问题，帮助他们理论联系实际，促其学以致用。

五、新高考改革背景下的高中政治教学启示

在新高考改革背景下，对高中政治课教学的目标、内容、教学实施方式等提出了新的要求，也使政治课教学面临学生选课、提高课程教学成效等许多新的困难和挑战，为了有效应对新高考方案下的政治课教学面临的困难和挑战，需要教师重视增强政治科教学吸引力，运用多种策略来改革政治课教学内容与模式方法，加强对政治课教学研究，不断提升自身综合能力素质，才能更好地提高新高考改革下政治课教

学成效。

(一)"走班"上课

新高考改革下的"3+3"模式或"3+1+2"模式最直接的影响就是走班制的普及。走班制下的教学组织形式不同于传统的教学组织形式，学生可以根据兴趣与学习能力和水平选择符合实际情况的层次班级，不同层次的班级，教学内容和程度要求不同。学生根据选择的考试科目和层次班级到不同的教室上课，每个学生的课表都不一样。走班制在给学生更大的自由学习空间，满足学生的兴趣爱好及个性发展的同时，也给优化政治课教学带来了难题。政治课教师要根据实际情况采取教学方式和班级管理模式。

(二)树立以生为本教学理念

新高考改革注重培养学生的综合素质，在教学上要始终坚持"以生为本"的教育理念，做到学思互动。"以生为本"要求政治课教学从学生的角度出发，充分发挥学生的主体性和积极性，把握学生的心理特点，启发和引导学生主动学习。在政治课堂教学中，既要注重提高学生科学知识水平，又要注重培养学生思考能力和自主学习能力，提高学生综合素质，实现学生全面发展。

(三)提升政治课学科魅力

新高考改革下学生可以自主选择考试科目，政治课教学成效的优劣直接影响学生是否选择政治学科作为考试科目。为保证政治学科的选考人数，必须进一步优化教学成效，提升学科魅力。教师要积极转变教学理念，采取多种教学方法，如案例分析法、情景教学法、体验学习教学法等，运用多媒体教学技术，增强政治课堂的趣味性和吸引力，使学生学有所获、学有所成、学以致用。

参考文献
REFERENCE

[1]张兴伟.高中思想政治课教学研究[M].广州：广东旅游出版社，2019.

[2]苏万永.参与理念下的高中政治课堂教学[M].广州：华南理工大学出版社，2021.

[3]梁淑敏.核心素养视域下高中政治史教学策略研究[D].临汾：山西师范大学，2020.

[4]陈璐.深度学习视野下高中思想政治课堂教学策略研究[D].武汉：中南民族大学，2019.

[5]何雨韩.新高考改革背景下高中政治课教学面临的挑战与对策研究[D].重庆：重庆师范大学，2019.

[6]蒋李玉.高中政治课教学实践与新课标要求存在的差距及策略研究[D].南昌：江西师范大学，2016.

[7]顾冰燕.新课改及专业化视角下的高中政治教师专业发展研究[D].福州：福建师范大学，2014.

[8]范惠.高中政治《文化生活》课程教学策略探讨[D].新乡：河南师范大学，2013.

[9]陈轲.高中政治课高效教学策略研究[D].天津：天津师范大学，2013.

[10]李梅姬.多元智能理论视野下高中政治课堂教学策略研究[D].广州：广州大学，2012.

[11]郭志乐.浅谈高中政治新课改实施中的问题与思考[J].新课程（下），2018（10）：126-127.

[12]程优.新高考改革背景下高中政治课教学面临的挑战与对策研究[D].重庆：重庆师范大学，2016.

[13]朱榴.新课标背景下高中思想政治课情境教学的情境创设研究[D].贵阳：贵州师范大学，2021.